# ZWISCHEN *Mäander* UND *Taurus*

*SYBILLE HAYNES*

# ZWISCHEN *Mäander* UND *Taurus*

*eine archäologische Reise in Kleinasien*

*PRESTEL VERLAG*
MÜNCHEN

Die Originalausgabe
erschien unter dem Titel ›Land of the Chimaera‹
bei Chatto & Windus in London



Die Übersetzung besorgte die Autorin

ISBN 3791303791
Passavia Druckerei GmbH Passau
1977

*Für Denys*

INHALT


| | |
|---|---|
| Vorwort | 9 |
| Herakleia am Latmos | 11 |
| Euromos | 18 |
| Milâs – Mylasa | 23 |
| Bodrum – Halikarnassos | 30 |
| Das Mausoleum | 34 |
| Fahrt über den Keramischen Meerbusen | 44 |
| Knidos | 47 |
| Von Karien nach Lykien | 60 |
| Fethiye – Telmessos | 66 |
| Das Xanthos-Tal und das Letoon | 76 |
| Pinara und Tlos | 84 |
| Xanthos I *Die lykische Akropolis* | 103 |
| Xanthos II *Das Nereidenmonument* | 116 |
| Xanthos III | 124 |
| Patara | 135 |
| Kaş – Antiphellos | 140 |
| Demre – Myra | 146 |
| Finike – Limyra | 163 |
| Die Akropolis von Limyra | 174 |
| Alt-Antalya | 190 |
| Termessos | 197 |
| Von Pamphylien nach Phrygien | 209 |
| Wieder in Hierapolis | 214 |
| Nysa | 230 |
| Klaros und Notion | 239 |
| Aussprache türkischer Buchstaben | 248 |
| Erklärung der Fachworte | 248 |
| Bibliographie | 252 |
| Verzeichnis der Farbtafeln, Abbildungen, Pläne und Karten | 254 |
| Nachweis der Farbtafeln, Abbildungen, Pläne und Karten | 259 |
| Register | 260 |
| Karte der Stammeslandschaften Kleinasiens | 268 |
| Karte von Lykien | 270 |
| Karte der südwestlichen Türkei | nach S. 272 |

1 *Bellerophon, auf dem Pegasos reitend, im Kampf gegen die Chimaira. Melisches Terrakottarelief. (Um 470/460 v. Chr. Höhe 12 cm)*

# VORWORT

πρόσθε λέων, ὄπιθεν δὲ δράκων, μέσση δὲ χίμαιρα

»Vorne ein Löwe, hinten eine Schlange und in der Mitte eine Ziege«: so beschreibt Homer im 6. Buch der Ilias das Aussehen des Ungeheuers Chimaira. Von den mythischen Taten des Helden Bellerophon in Lykien war die Tötung dieses dreiköpfigen, feuerspeienden Untiers die berühmteste. Aber obgleich Bellerophon die Chimaira erschlug, lebte ihr Name und ihr Bild fort, auf immer mit der Landschaft des südwestlichen Kleinasien verbunden, dort wo das Mittelmeer um die acht felsigen Kaps des Kragosgebirges brandet. Noch etwa sieben Jahrhunderte nach Homer schrieb der griechische Geograph Strabon: »Die Sagen von der Chimaira beziehen sich auf diese Berge, und in der Gegend befindet sich eine Schlucht zum Meer hin, die Chimaira genannt wird.«

Diese abgelegene Region der Türkei hatte von Kindheit an meine Vorstellung beschäftigt, seit uns abends beim zu Bett gehen statt Märchen griechische Mythologie vorgelesen worden war. Später brachten lange Jahre der Arbeit im Britischen Museum enge Vertrautheit mit Monumenten und Skulpturen, die ursprünglich von klassischen Fundorten in Karien und Lykien stammten; und der Wunsch, den Spuren der Reisenden und Gelehrten des 19. Jahrhunderts zu folgen, die diese Gegenden besucht und Antiken von dort mitgebracht hatten, wurde unwiderstehlich.

Als mein Mann und ich 1961 die Türkei zum ersten Mal im Wagen bereisten, war der äußerste Südwesten nur mit einem Jeep zu erreichen, und wir gelangten nicht weiter als Didyma. Ein Jahrzehnt später fanden wir die Straßen um so vieles verbessert, daß es möglich war, das sagenhafte Land der Chimaira in einem gewöhnlichen kleinen Auto zu besuchen.

Dieses Buch ist eine Chronik unserer Fahrt jenseits von Didyma nach Süden und Osten. Obgleich von vielen der wichtigsten archäologischen Stätten der südwestlichen Türkei die Rede sein wird, ist kein Versuch gemacht worden, mit gelehrten Veröffentlichungen oder Reiseführern zu wetteifern. Im wesentlichen besteht das Buch aus einem persönlich gehaltenen Bericht über einen höchst interessanten und erfreulichen Monat; daneben aber hoffe ich, daß es nützliche geschichtliche, archäologische und praktische Hinweise für Reisende bietet, die diese Gegend erleben und sich gleichzeitig eine Vorstellung von den antiken Monumenten, die einst dort standen, machen möchten.

# HERAKLEIA AM LATMOS

Beş Parmak Dağ, ›Fünf-Finger-Berg‹, ist die türkische Bezeichnung für den wild gezackten Kamm des Latmosgebirges, das die weite Küstenebene des Mäanderflusses im Südosten beherrscht. Diese Kette von Granitschroffen hatte uns schon während früherer Besuche von Priene und Milet nach Karien hinüber gelockt, vor allem, da die Ruinen einer antiken Stadt, Herakleia am Latmos, in der geröllbestreuten Bergflanke am Ostende des Bafa-Sees (Bafa Gölü) versteckt liegen. Vor zehn Jahren war Herakleia nur mit einem Boot zu erreichen. Heute kann man mit Leichtigkeit mit dem Auto dort hingelangen; und wir beschlossen hier auf unserer Fahrt nach Süden den ersten Halt zu machen.

Ursprünglich hieß die Stadt Latmos, wie das Gebirge, das sich über ihr auftürmt; erst im 4. Jahrhundert v. Chr., nach ihrer Eroberung durch Mausolos von Karien, erhielt sie den Namen Herakleia. In der Antike hing der Bafa-See mit dem Meer zusammen und war als ›Latmikos Kolpos‹ bekannt. Aber die rastlose Schwemmtätigkeit des Mäander füllte schließlich die tief eingeschnittene Meeresbucht mit Ablagerungen, und Herakleia verlandete, wie ihre mächtigere Nachbarstadt im Westen, Milet. Der anfänglich wohlhabende Hafen Herakleia hatte im 1. Jahrhundert v. Chr. nur noch einen Ankerplatz. Als diese Bucht der Ägäis schließlich zum Binnensee geworden war und die Stadt, die kein fruchtbares Hinterland besaß, vom Meer abgeschnitten blieb, setzte ein unvermeidlicher wirtschaftlicher Niedergang ein.

Im frühen Mittelalter wurden die höhlenreichen Schroffen des Latmos-Gebirges zur Zuflucht von Eremiten, die von den arabischen Eroberern aus ihren Einsiedeleien in der ägyptischen und syrischen Wüste vertrieben worden waren. Während des 8. und 9. Jahrhunderts n. Chr. erwuchsen blühende Klostergemeinschaften an den Berghängen und auf den Inseln des Sees, die zum Schutz gegen Sarazeneneinfälle stark befestigt waren. Das Vorrücken der Seldschuken in Kleinasien bedrohte jedoch die Existenz der Einsiedler und Mönche um Herakleia in zunehmendem Maße, und im Jahr 1079 verließ der Abt Christodoulos den Latmos und gründete 1088 das Johanneskloster auf der Insel Patmos. Trotz eines begrenzten Wiederauflebens der christlichen

Gemeinden im 12. und 13. Jahrhundert hatte sich der Islam im frühen 14. Jahrhundert im westlichen Kleinasien ganz durchgesetzt, und die freskengeschmückten Kirchen und Grotten im abgelegenen Latmosgebiet verfielen und gerieten in Vergessenheit. Die ersten Europäer, die die antike Stadt wieder besuchten, waren Expeditionsmitglieder der ›Society of Dilettanti‹ im Jahr 1764; und zu Beginn unseres Jahrhunderts wurden die Ruinen systematisch von deutschen Archäologen aufgenommen, deren Veröffentlichungen Herakleia als eine der landschaftlich schönsten aller alten Städte bekannt werden ließen.

Wir genossen unseren ersten Blick auf den Bafa-See, silberblau unter den schattenzerklüfteten Flanken des Latmos, von der luftigen Terrasse des deutschen Grabungshauses in Akköy, das einen prachtvollen Überblick über die Mäanderebene gewährt. Östlich von Akköy nahmen wir die neue Asphaltstraße nach Milâs und überholten schwerfällige Bauernwagen, deren schräge Seitenwände aus mit grünen Zweigen durchflochtenen Latten bestanden, während andere mit Decken aus schwarzer Ziegenwolle ausgeschlagen waren. Auf einem steinigen Fleck neben der Straße drosch ein alter Mann sein Korn, indem er mit einem von zwei Pferden gezogenen hölzernen Schlitten, in dessen brettartige Unterseite Feuersteinsplitter eingelassen waren, auf den Ähren herumfuhr. Gelegentlich trieb eine Wolke von DDT aus dem Mäanderschwemmland zu uns herauf. Jahrhundertelang war diese Ebene ein Fiebersumpf, bis das Land entwässert und zu einem wichtigen Produktionsgebiet für Baumwolle wurde. Leider haben sich jedoch schon widerstandsfähige Anopheles-Moskitos entwickelt, und die Malaria ist bereits wieder – wenn auch noch vereinzelt – in die Dörfer zurückgekehrt.

Nach einer Weile verließen wir die Mäanderebene, und die Straße wand sich nun zwischen niedrigen Hügeln dahin, die mit schütterem Nadelholz bewachsen waren; in seinem Schatten hatten Nomaden ihre schwarzen Zelte aufgeschlagen. Als die Straße sich zum Südufer des Bafa-Sees hin senkte, wurde die Vegetation wesentlich reicher. Hier waren die Abhänge mit prächtigen Oliven, Tannen und Steineichen bedeckt. Plötzlich kam links der Straße neben einer verknorpelten alten Olive ein weißgekalktes Grab in Sicht. Der grüne Turban, der um einen Stein am Kopfende gewunden war, kennzeichnete es als das Grab eines islamischen Heiligen. Der Baum war ein Çaputlu ağaç, ein

›Lumpenbaum‹; seine Zweige hingen voll weißer und farbiger Stoffstreifen, die von Pilgern hier hinterlassen worden waren als Andenken an ihren Besuch der geweihten Stätte.

Im Dorf Bafa führt ein Pfad von der Straße ab nach links durch bebaute Felder, in denen winzige turmartige Häuser in einer Fülle von Obstbäumen, Weinstöcken, Mais und Tabak fast ersticken. Im Graben neben dem Weg stampften Pumpen, die das paradiesische Tal bewässerten. Der krasse Gegensatz zwischen dieser fruchtbaren kleinen Welt und der öden Wildnis am sandigen Ostrande des Sees läßt einen fast den eigenen Augen mißtrauen. Die ragenden Flanken des Latmos zur Rechten sind mit gigantischen Granitblöcken bedeckt, die in einem urzeitlichen Erdbeben wie eine Lawine von den zerklüfteten Schroffen herabgestürzt sein müssen.

2 *Felseninsel im Bafa-See.*

Hier am östlichen Ende des Sees bilden die Ausläufer des Latmos ein Vorgebirge, dessen charakteristische Umrisse draußen im Wasser von einer Felseninsel, gleichsam wie von einem Echo, wiederholt werden. In der Antike war diese Insel mit dem Ufer durch die Mauern von Herakleia verbunden, deren prächtiges Quaderwerk auf lange Strecken erhalten ist und von zahlreichen viereckigen Türmen beherrscht wird. Aus strategischen Gründen umschloß dieser Mauerring nicht nur die nach einem regelrechten Schachbrettmuster geplante Stadt, sondern auch ausgedehnte Gebiete des unbebauten Berghanges. Isolierte Festungen und Wachttürme, die sich auf einsamen Felskuppen erheben, erwecken den Eindruck, daß die Stadt ein weit größeres Ausmaß hatte, als es tatsächlich der Fall ist.

Keine Inschrift oder sonstige Quelle ist erhalten, aus der wir entnehmen könnten, wann die Befestigungen errichtet worden sind. Einer einleuchtenden Theorie zufolge soll Mausolos, der griechenfreundliche karische Herrscher, für ihre Erbauung verantwortlich gewesen sein, nachdem er sich Herakleia im 2. Viertel des 4. Jahrhunderts v. Chr. einverleibt hatte. Die deutschen Ausgräber jedoch neigen zu einer späteren Datierung, etwa um 300 v. Chr., als in den Wirren nach Alexanders Tod Herakleia und Umgebung in den Besitz von Pleistarch, dem Bruder des Kassander von Makedonien, gelangte und einen Pufferstaat zwischen den Gebieten von Alexanders Nachfolgern Lysimachos und Seleukos bildete. Wann immer die Befestigungen erbaut worden sein mögen, ihr Schöpfer war ein Genie, der ein Auge sowohl für strategische Vorteile als auch für landschaftliche Schönheit besaß. Die Eleganz und Stärke, mit der diese Mauern die Steilhänge erklimmen, ist erstaunlich. An Stellen, wo die Mauerblöcke völlig verschwunden sind, kann man noch klar die Einarbeitungen in den Felsboden für die unterste Quaderschicht erkennen, die wie Treppenstufen für übermenschliche Wesen die Berghalden hinaufführen.

Wenn die blendende Mittagssonne beginnt den Kamm des Latmos in eine schemenhafte Silhouette aufzulösen, fällt es leicht sich vorzustellen, wie die Mondgöttin Selene einst von diesen leuchtenden Zinnen herabstieg, um den schlafenden Sterblichen Endymion zu küssen, der im Mythos mit diesem Ort verbunden ist.

In der Tat ist auf dem buschbestandenen Hang rechts oberhalb des modernen Weges, der von der Unterstadt am Seeufer zum Dorf Kapıkırı hinaufführt, ein Heiligtum des Heros Endymion identifiziert worden. Dieser Bau ist von höchst ungewöhnlicher Form und unterscheidet sich von den meisten griechischen Tempeln auch in seiner Orientierung nach Südwesten. Fünf unkannelierte Säulen zwischen zwei Eckpfeilern, alle aus dem grauen Stein der Umgebung, bilden eine tiefe Vorhalle. Die dahinter liegende Cella des Tempels weist im Inneren zwei unsymmetrisch plazierte Säulen auf und endet in einer halbkreisförmigen Apsis, die großenteils von den riesigen hier anstehenden Granitfelsen gebildet wird und nur zum Teil aus Quadermauerwerk besteht. Ursprünglich muß das Gebäude überdacht gewesen sein, vielleicht mit großen Steinplatten, ähnlich wie das merkwürdige, grottenartige Kulthaus am Abhang des Kynthos auf der Insel Delos. Beide Heiligtümer erwecken den Eindruck von beabsichtigter Primitivität und stammen wohl aus hellenistischer Zeit, romantische Schöpfungen, die die grobschlächtige Bauweise einer längst vergangenen Zeit heraufbeschwören wollen.

Das Örtchen Kapıkırı hat sich in den Ruinen des hochgelegenen nördlichen Teils der antiken Stadt eingenistet, wo die meisten öffentlichen Gebäude von Herakleia lagen. Vom antiken Rathaus sind an drei Seiten des rechteckigen Innenraums noch Reste niedriger Sitzstufen erhalten und auch ein paar von Unkraut und Olivenschößlingen überwucherte Säulentrommeln.

Ein gutes Stück jenseits davon, nach Nordosten zu, liegen die dürftigen Überbleibsel eines Theaters und eines Brunnenhauses. Westlich vom Rathaus dient die große ebene Fläche der ehemaligen Agora der modernen Dorfschule als Spielplatz. An der Südseite wird der antike Marktplatz von einem gut erhaltenen zweistöckigen Bauwerk begrenzt, das in Läden untergeteilt ist. Das prachtvolle Mauerwerk dieser Markthalle ist ein ausgezeichnetes Beispiel für die hohe Qualität der öffentlichen Bauten hellenistischer Zeit.

Weiter nach Westen hin zeichnet sich der Athenatempel auf seiner Felskuppe gegen den Himmel ab. Trotz seines heute etwas strengen, kastenartigen Aussehens beeindruckt der Tempel durch seine unvergleichliche Lage und sein edles Mauerwerk. Die Cella ist fast zur Gänze erhalten, doch von den Säulen des Pronaos findet sich kaum mehr eine Spur. Links vom Eingang liegen die Reste einer Inschrift mit der Weihung an Athena in schön gemeißelten griechischen Buchstaben. Kürzlich sind Fragmente von den Antenblöcken des Tempels am Hang unterhalb gefunden worden. Die darauf erhaltenen Inschriften mögen neues Licht auf die noch kaum bekannte Geschichte der Stadt werfen.

Tief unterhalb des Tempels, und vom Festland nur durch einen schmalen Streifen stillen Wassers getrennt, liegt die kleine

Insel, die einst von der Stadtbefestigung mit eingeschlossen war. Am Nordostende der Insel sind im felsigen Grund noch Spuren der stufenartigen Einarbeitungen für die unterste Steinlage der Mauer erkennbar, während die Ruinen der zinnenbekrönten byzantinischen Inselfestung wiederverwendete Säulentrommeln und Bruchstücke von einem dorischen Fries aufweisen.

Eine größere byzantinische Burg liegt in der Ausbuchtung der Stadtmauer, die das Vorgebirge im Südteil der Stadt befestigt. Ihre verfallenden, von Ilex und Steineichen überwucherten Tore und Fenster blicken zum Wasser hinunter über Steilhänge, die von rechteckigen, aus dem Felsen gehauenen Trögen bedeckt sind: Sarkophage der »barbarisch sprechenden Karer«, wie Homer sie nannte. Nur einige der schweren Sarkophagdeckel liegen noch zerstreut umher. Hier, wie auch anderenorts in diesen Breiten, ist die Küstenlinie seit der Antike abgesunken, und die zutiefst liegenden Gräber sind jetzt vom Wasser bedeckt, dunkel zitternde Schatten unter der Oberfläche, die vom Mittagswind zu Silber gerauht wird.

Draußen im See gegen Westen erhebt sich eine weitere niedrige Insel mit den gestrüppbedeckten Ruinen byzantinischer Klöster; und jenseits davon senken sich die Bergsilhouetten dem Mäandertal zu, das im Hitzedunst verschwimmt.

*3 Herakleia am Latmos. Athenatempel.*

# EUROMOS

Am nächsten Morgen fuhren wir vom Bafa-See weiter nach Süden in Richtung Milâs. Die Straße windet sich zunächst durch bewaldetes Hügelland, wo sich das in der Frühsonne glänzende helle Grün der Aleppokiefern von dunkleren Nadelhölzern abhebt, und senkt sich dann in eine fruchtbare Ebene. Unser erstes Ziel war die karische Stadt Euromos, die in der Antike enge Beziehungen mit Mylasa, dem modernen Milâs, unterhielt, und am Nordende dieser Ebene lag.

Südlich vom Dörfchen Selimiye, links der heutigen Straße, breitete sich einst Euromos aus, zu erkennen an überwachsenen Säulentrommeln und Mauerresten. Jenseits dieser Ruinen, einige hundert Meter östlich im tiefen Schatten eines kleinen Seitentales, erheben sich die grau verwitterten Säulen des Zeustempels. Ein großes Zelt unter den Olivenbäumen dort kündigte uns an, daß wir das Glück hatten, türkische Archäologen unter der Leitung von Dr. Serdaroğlu bei der Arbeit anzutreffen, von denen wir in kollegialster Weise empfangen und geführt wurden.

Von den Tempeln Kleinasiens, deren Mehrzahl schwer durch Erdbeben gelitten hat, ist der Zeustempel von Euromos einer der besterhaltenen. Sechzehn der korinthischen Säulen des Umgangs, von denen sich ursprünglich sechs an den Schmal- und elf an den Langseiten befanden, stehen noch aufrecht und tragen Teile des Gebälks. Eine Anzahl der schlanken Schäfte ist unkanneliert geblieben, da der Tempel offenbar nie ganz vollendet worden ist. Tafeln mit Weihinschriften, die an vielen der Säulen eingemeißelt sind, verkünden, daß sie von Beamten und Privatpersonen gestiftet wurden.

Von der Tempelcella befinden sich nur noch die Grundmauern, drei Statuenbasen und die hohen Monolithen der Türpfosten an ihrem ursprünglichen Ort. Eine beträchtliche Zahl der schön behauenen Blöcke der Cellawände liegen jedoch noch verstreut innerhalb des Säulenumgangs, und unsere türkischen Kollegen erklärten uns, daß sie im Begriff sind, den Bau so weit wie möglich mit den erhaltenen Blöcken wieder aufzurichten. Leider ist vieles auf immer verschwunden. Als im Jahre 1764 Richard Chandler, der Leiter der ersten Expedition der ›Society of Dilettanti‹, nach Euromos kam (das er fälschlich mit Labraynda identifizierte) und

*4 Euromos. Der Tempel des Zeus.*

den Tempel untersuchte, beklagte er, »daß seine Marmorteile, sozusagen stückweise, in den Kalköfen dahingeschmolzen sind, die sich bei der Ruine noch in Gebrauch befinden«. Der Bedarf an Kalk für den Bau und den weißen Verputz der Dorfhäuser muß als traurige Erklärung für den Verlust unzähliger antiker Marmorbauten im ganzen Mittelmeergebiet gelten.

Die türkischen Ausgräber tun nicht nur ihr Bestes, um den Tempel von Euromos zu konsolidieren, sondern ihre Untersuchungen haben auch neues Licht auf seine Geschichte fallen lassen. Der erhaltene Bau, der aus dem 2. Jahrhundert n. Chr. stammt, ersetzte einen früheren Tempel aus hellenistischer Zeit. Eine Inschrift, die während der Reinigungsarbeiten an den Fundamenten des Tempels gefunden wurde, bezieht sich auf Zeus Lepsynos; dieser ungriechische Beiname des Zeus läßt vermuten, daß Zeus das Heiligtum von einer alten Lokalgottheit übernommen haben muß.

Vor der Ostseite des Tempels sind ein großer viereckiger Altar und zwei Basen ausgegraben worden, deren frisch rötlich-weiß schimmernder Marmor vom düsteren, verwitterten Grau des Tempels stark absticht. Sie stammen aus derselben Zeit wie der verschwundene hellenistische Vorläufer des jetzigen Baus. – Funde aus einer noch früheren Periode sind kürzlich am Nordwestende des Tempels zu Tage gekommen: archaische Terrakottaplatten, die vermutlich von einem Architekturfries stammen und mit Reliefs von Pferdegespannen, Rebhühnern und vegetabilen Motiven geschmückt sind; und zudem eine Anzahl von Votivfiguren.

Die antike Stadt Euromos liegt etwas nördlich des Tempels. Ein Theater, ein ursprünglich mit Säulenhallen geschmückter Marktplatz und Thermen sind identifiziert worden, aber keiner dieser Bauten ist bis jetzt ausgegraben. Oliven, Nadelhölzer und Macchia bedecken das ganze Areal innerhalb der Stadtmauern, die aus hellenistischer Zeit stammen. Ein massiver Rundturm aus schönen Quadern erhebt sich auf einem Abhang unweit des Tempels über das Gebüsch; die Steinbearbeitung erinnert an die Mauern von Herakleia.

Die Friedhöfe von Euromos erstrecken sich in der Ebene südwestlich des Tempels. Zahlreiche karische Gräber liegen zu Seiten des Pfades, der vom Heiligtum zur asphaltierten Straße führt, und in den angrenzenden Feldern. Einige sind aus dem anstehenden Felsen gehöhlt, andere zum Teil unterirdisch aus Hausteinen gebaut und mit riesigen Steinplatten überdeckt. Schon in der Antike ausgeraubt und heute meist mit Schutt und Unkraut gefüllt, harren die meisten noch der wissenschaftlichen Untersuchung.

5 *Milâs. Römisches Stadttor.*

# MILÂS – MYLASA

Milâs, das antike Mylasa, war die bedeutendste unter der relativ kleinen Anzahl von Städten innerhalb Kariens. Es liegt etwa zwölf Kilometer von Euromos entfernt am Nordrande eines fruchtbaren, von Bergen umgebenen Beckens. Der griechischen Überlieferung nach waren die Karer, die ursprünglich auf den ägäischen Inseln gesessen hatten, Einwanderer in Kleinasien. Die Karer selbst hingegen behaupteten, daß sie ein einheimisches und mit den Mysiern und Lydern verwandtes Volk seien.

Die Karer wohnten offenbar meistens in kleinen Siedlungen, auf Bergeshöhen und in Hirtendörfern. Da sie vom Zentrum der persischen Macht, der sie seit der Mitte des sechsten Jahrhunderts vor Christus untertan waren, relativ weit entfernt lebten, genossen sie mit Duldung des Großkönigs einen gewissen Grad von Unabhängigkeit unter einheimischen Herrschern. Der erste uns bekannte dieser karischen Tyrannen war Oliatos, Sohn des Ibanollios, der um 500 v. Chr. in Mylasa regierte. Doch die berühmteste Lokaldynastie war die der Hekatomniden, deren Aufstieg im 4. Jahrhundert v. Chr. tiefgreifende Veränderungen für Karien mit sich brachte.

Hyssaldomus, Hekatomnos und Mausolos waren tüchtige Herrscher und geschickte Politiker, die, obgleich dem Namen nach Satrapen des Perserkönigs, sich weitgehender Selbständigkeit erfreuten. Als Mausolos, der bedeutendste Sproß der Dynastie, nach dem Tode seines Vaters im Jahre 377 v. Chr. zur Herrschaft gelangt war, begann er überlegt und rücksichtslos Karien zu hellenisieren. Nachdem er sein Gebiet beträchtlich vergrößert hatte, verlegte er seine Hauptstadt von Mylasa nach der griechischen Hafenstadt Halikarnassos, die er in grandiosem Ausmaß neu erbaute. Nichtsdestoweniger blieb Mylasa eine wichtige Stadt und, nebst dem ihr benachbarten Heiligtum Labraynda, das Mausolos und sein Bruder Idrieus mit prächtigen neuen Bauten ausstatteten, der religiöse Mittelpunkt Kariens.

Da Mylasa seit der Antike ununterbrochen bewohnt war, haben sich nur dürftige Reste von den vielen Tempeln erhalten, für die es einst berühmt war. Zum Tempel des Zeus Karios gehörte vielleicht das Teilstück eines Unterbaus aus schönem Quaderwerk, das nur noch eine einzige korinthische Säule trägt.

6 *Labraynda. Blick auf eine Tempelterrasse.*

Der Tempel von Augustus und Roma zum Beispiel, den die Reisenden Spon und Wheler noch sahen, als sie Milâs 1675 besuchten, war schon vor dem Jahr 1765, als Chandler, Revett und Pars vergeblich danach suchten, niedergerissen und als Baumaterial für eine Moschee benutzt worden.

Zwei Monumente aus römischer Zeit hingegen, von denen Pars hübsche Aquarellskizzen machte, die sich heute im Britischen Museum befinden, sind recht gut erhalten. Das eine ist ein Torbogen im Nordostteil der Stadt, der aus dem 1. Jahrhundert v. Chr. stammt und Baltalı Kapı, das ›Axt-Tor‹, genannt wird, nach der Doppelaxt, die auf dem Schlußstein des Bogenscheitels ausgehauen ist. Die Axt war das Symbol von Zeus Labrayndos, dem karischen Gott, der auf Münzen von Mylasa als Kriegsgott mit Axt und Speer erscheint. Er war die Hauptgottheit, die im Heiligtum von Labraynda verehrt wurde, ein Ortsname (auch in der Form: Labranda, Labraunda), von dem man vermutet, daß er mit dem Wort ›labrys‹, die Doppelaxt, zusammenhängt. Das Heiligtum liegt in der dicht bewaldeten Berglandschaft im Norden von Mylasa, und der Torbogen mag der Ausgangspunkt der gepflasterten Heiligen Straße nach Labraynda gewesen sein.

Das zweite gut erhaltene antike Denkmal von Milâs ist ein eleganter Grabbau am Südabhang des westlich der Stadt gelegenen Hıdırlık-Berges, der in hellenistischer und römischer Zeit als Friedhof diente. Das Grab ist im Ort als Gümüşkesen, der ›Silberbeutel‹, bekannt und erhebt sich auf einem staubigen kleinen Hügel zwischen ein paar Zypressen. Zum Vorbild diente ihm zweifellos das Mausoleum von Halikarnassos, der unvergleichlich größere und reichere Grabtempel des Mausolos, von dem aber nur Fundamente erhalten sind. Doch wir besitzen Beschreibungen von römischen Schriftstellern, aus denen hervorgeht, daß das bescheidenere Grab in Milâs seine Hauptmerkmale offenbar recht getreu wiedergibt.

Die Grabkammer befindet sich in einem hohen, viereckigen Sockelgeschoß aus schönem Haustein, das durch eine Tür vom Niveau des Erdbodens aus zugänglich ist. Im Inneren stehen mächtige Pfeiler, die den Boden des Obergeschosses tragen; dieser weist eine Öffnung auf, durch welche Trankopfer in die Grabkammer gegossen werden konnten. Je zwei korinthische Doppelsäulen zwischen Eckpilastern auf allen vier Seiten bildeten das Obergeschoß, in dem sich Statuen der Verstorbenen befunden

*7 Milâs. Karisches Grabmonument (›Gümüşkesen‹).*

haben mögen. Der Bau wird von einer heute recht beschädigten niedrigen Stufenpyramide bekrönt; jede ihrer fünf Stufenlagen besteht aus vier Steinplatten, die diagonal über die Ecken der darunter befindlichen verlegt worden sind. Die kuppelartige Unterseite dieser Pyramide, der man vom Erdboden aus ins Innere schauen kann, war reich mit gemeißelten geometrischen und vegetabilen Motiven geschmückt, die ursprünglich farbig waren.

Die Gegend der antiken Nekropole um das Gümüşkesen ist in letzter Zeit von Ansiedlern ohne Rechtstitel, den sogenannten ›Gecekondu‹, in Besitz genommen worden, die aus verarmten ländlichen Gegenden kommen und sich hier über Nacht eine Notunterkunft errichten. Einem alten Gesetz zufolge kann die Lokalverwaltung nichts unternehmen, um diese improvisierten Hütten niederzureißen, wenn es den Erbauern gelungen ist, sie zu überdachen. Haben sie erst einmal ihr Dach über dem Kopf, dann können die Neuankömmlinge ihre Baracken nach und nach verbessern. Die Kinder der Gecekondu umdrängten uns, als wir den Grabbau besichtigten und boten uns hastig gepflückte Blumen im Tausch für Süßigkeiten an.

Auf Suche nach einem Eßlokal begaben wir uns ins Zentrum von Milâs, wo steile Gäßchen und Bazarstraßen angenehm kühl im Schatten von Weinlauben lagen. In Mahmuds Restaurant, dessen geräumiger Saal mit Stilleben und Landschaften eines lokalen Meisters im Stil des Zöllners Rousseau geschmückt war, bekamen wir, da die Fleischer von Milâs gerade streikten, ein köstliches vegetarisches Mittagessen.

Es war Markttag, und die Stadt wimmelte von Bauern und Landarbeitern aus der Umgebung. Auf einem Platz, den eine Moschee und ein alter ›Han‹ (Herberge) begrenzen, lagen Haufen der verschiedensten Getreidesorten, auch Mais, auf große Tücher geschüttet und leuchteten in Farben von blassem Gold bis zu kräftigem Orange.

Im gepflasterten Hof der Herberge drängten sich Maultiere und Esel der Bauern mit hängenden Köpfen in einem ständig schmaler werdenden Streifen von Schatten zusammen. Steinerne Stufen in einer Ecke führen hinauf zum Halbdunkel einer wackeligen hölzernen Galerie, die um alle vier Seiten des Hofes läuft und zu den dahinter liegenden kleinen Zellen für die Reisenden Zugang gewährt. Ein alter Weber hatte hier oben seinen primitiven

Webstuhl aufgeschlagen und fertigte hübsches grobes Tuch aus Ziegenwolle – schwarz mit schmalen weißen Streifen – aus dem sein Lehrjunge sogleich Satteltaschen nähte und an die ländlichen Gäste des Han verkaufte.

*8 ›Han‹ in Milâs.*

# BODRUM – HALIKARNASSOS

Südlich von Milâs erstreckt sich die buchtenreiche Halbinsel von Halikarnassos nach Westen, deren Waldhügel und Felskuppen mit den Ruinen zahlloser antiker Siedlungen und Fluchtburgen der Leleger bedeckt sind. Die Herkunft der Leleger ist umstritten. Herodot und Strabon behaupten, daß sie zur selben Rasse wie die Karer gehörten, während Homer von ihnen als einem gesonderten Volk spricht, das in der südlichen Troas saß. Strabon zufolge gründeten sie acht Städte in der Nähe des dorischen Halikarnassos. Mit Ausnahme von Myndos und Syangela sind alle diese Städte im 4. Jahrhundert v. Chr. aufgegeben worden, als Mausolos ihre widerstrebenden Einwohner gegen den Protest des Karischen Bundes umsiedelte, um seine neu erwählte Hauptstadt Halikarnassos zu vergrößern.

Diese unzugänglichen, verlassenen lelegischen Siedlungen hat kürzlich Dr. Radt, ein junger deutscher Archäologe, untersucht und Pläne und Aufnahmen von antiken Bauernhöfen, Weilern, Zitadellen und Gräbern mit steinernen Kraggewölben veröffentlicht. Obgleich die kurvenreiche Fahrstraße hart an einigen dieser lelegischen Orte vorbeiführte, konnten wir vom Wagen aus keinen auf den bewaldeten Hügeln erkennen. Die einzigen Bauten, die gelegentlich auf trockenen Hängen in Sicht kamen, waren blendend weiß gekalkte türkische Zisternen: kreisförmig im Grundriß und flach überkuppelt mit niedrigen Eingängen, erinnern sie in der Form stark an lelegische Kuppelgräber.

Als wir durch höhere, dicht von Nadelwald bedeckte Zonen fuhren, fiel uns auf, daß die Borke vieler Stämme am Fuß mit in Fischgrätenmuster angeordneten Einkerbungen versehen war. Das dort heraussickernde Harz sammelte sich in offenen Dosen und schwängerte die Luft mit seinem charakteristischen Geruch. Bald darauf schimmerte das Meer durch die Bäume, und der Wald wich Olivenhainen und bebauten Feldern, die sich zum Hafenort Bodrum, dem alten Halikarnassos hin senkten.

Der römische Architekt Vitruv, der Halikarnass gekannt haben muß, sagt von der Stadt, daß sie »die runde Form eines Theaters« habe; diese Beschreibung ist äußerst zutreffend, wenn man den kreisförmigen Hafen als die Orchestra eines antiken Theaters betrachtet und die umgebenden ansteigenden Hänge als das Auditorium. Keiner der Bauten, die Vitruv erwähnt, hat sich jedoch erhalten, und obgleich der moderne Ort die Form seines Vorläufers beibehalten hat, besteht er heute nur aus kleinen türkischen Häusern und Läden mit weiß gekalkten Wänden und roten Ziegeldächern, ein paar Moscheen und einigen netten Hotels und Restaurants am Kai.

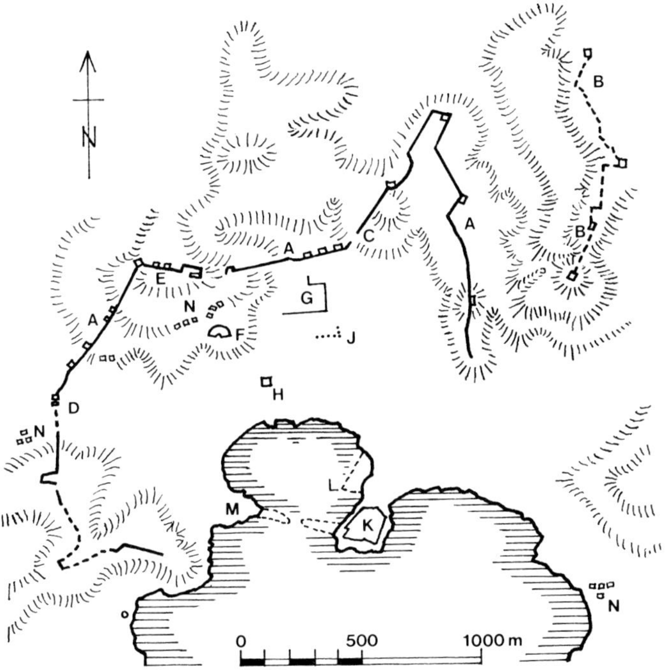


*Plan von Halikarnassos*

| | | | |
|---|---|---|---|
| A | Mauerring | H | Lage des Mausoleums |
| B | Außenbefestigungen | J | Kolonnade |
| C | Tor | K | Kastell St. Peter |
| D | Myndos-Tor | L | Mauer unter Wasser |
| E | Gök-Tepe | M | Arsenal |
| F | Theater | N | Gräber |
| G | Große Terrasse | | |

Auf der Landzunge, die den östlichen Teil des Hafenbeckens umfaßt, erhebt sich die riesige Masse des Kastells St. Peter, das vom Johanniter-Orden im 15. Jahrhundert hier errichtet wurde. Diese leicht zu verteidigende Stelle war zweifellos schon von den ersten dorischen Siedlern ausgewählt worden und ist über die Jahrhunderte hin die Zitadelle geblieben.

In einem großen Bogen schwingt die Küstenlinie von der Burg im Osten zu einer Landzunge im Westen, die vormals vom türkischen Zeughaus eingenommen wurde. Innerhalb der verfallenen Mauern des Arsenals wird, wie vermutlich schon seit Jahrtausenden, noch heute eine Schiffswerft betrieben.

Jenseits dieser kleinen Landspitze liegt ein steiniger Strand am Fuß eines steilen Felsengupfes; droben haben sich noch Reste der Mauer erhalten, mit der Mausolos seine neue Hauptstadt befestigte. Irgendwo hier in der Nähe der Landzunge muß sich die Salmakis-Quelle befunden haben, die in der Antike für die verweichlichende Wirkung ihres Wassers berüchtigt war.

Im Süden der Bucht von Bodrum erstreckt sich der düstere Felsrücken von Kara Ada, der ›schwarzen Insel‹, und jenseits davon zieht sich wie ein lavendelfarbener Schatten der Umriß der knidischen Halbinsel westwärts gegen Kos hin.

Herodot, der ›Vater der Geschichte‹, der in der 1. Hälfte des 5. Jahrhunderts v. Chr. in Halikarnass geboren wurde, wird sich viele Male dieses Panorama ins Gedächtnis zurückgerufen haben, als er im Exil in Samos und schließlich im fernen Thurii in Süditalien lebte. Hier in seiner Vaterstadt gewinnt man eine Ahnung von den vielschichtigen Einflüssen, die sich auf Herodots weltoffenen und toleranten Geist ausgewirkt haben müssen; und es ist vielleicht kein Zufall, daß ein intellektueller Fortschritt, wie ihn die Schöpfung der Geschichtsschreibung darstellt, hier in den Küstengebieten Kleinasiens stattgefunden hat, wo Festland, Meer und Inseln auf eine Weise ineinandergreifen, die zum Reisen und dem Austausch von Ideen anregt, und wo das Nebeneinanderleben der verschiedensten Rassen und Regierungsformen für die Entwicklung eines historischen Empfindens einen mächtigen Antrieb dargestellt haben muß.

*9 Blick über Bodrum-Halikarnassos und das Kastell St. Peter.*

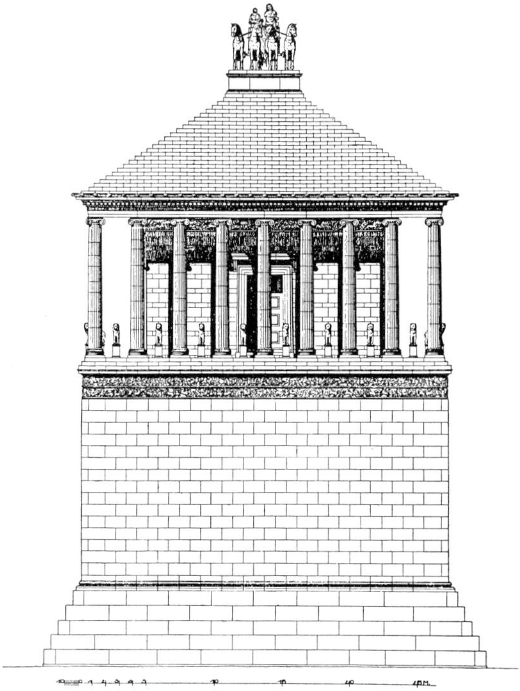

10 *Bodrum-Halikarnassos. Das ›Mausoleum‹. Rekonstruktion der Ostansicht.*

Bodrum bedeutet auf türkisch ›unterirdisches Gewölbe‹ oder ›Verließ‹ – ein Name, der dem Ort vermutlich von den türkischen Eroberern verliehen wurde, die noch zahlreiche Reste von alten Bauten und ihren Kellerfundamenten vorgefunden haben müssen. Der berühmteste Bau von Halikarnass war das Grab, welches um 353 v. Chr. Artemisia, die Witwe und Schwester des Mausolos, für ihn errichtete. Das ›Mausoleum‹, wie es hinfort genannt wurde, war eines der sieben Weltwunder, und das Wort nahm die allgemeine Bedeutung von ›Monumentalgrab‹ an. Aus antiken Schriftquellen erfahren wir, daß es ein rechteckiger Bau war, der auf einem hohen Sockel stand und von einem Säulenkranz aus 36 ionischen Säulen umgeben war; dieser trug eine Stufenpyramide mit einem Viergespann auf der Spitze. Die Gesamthöhe belief sich auf etwa 42 m. Pytheos und Satyros waren die Architekten, und mit dem Skulpturenschmuck wurden die vier berühmten griechischen Bildhauer Leochares, Bryaxis, Skopas und Timotheos betraut.

Vitruv berichtet, das Mausoleum habe auf einer breiten Terrasse gestanden, etwa in der Mitte und in halber Höhe des Hanges, den er als das Auditorium eines von der Natur geschaffenen Theaters beschreibt. Diese beherrschende Position muß schon, als man die Pläne für Mausolos' Neubau der Stadt entwarf, für den Bau vorgesehen worden sein. Vermutlich war er bereits ursprünglich nicht nur als Grab für Mausolos, sondern als Denkmal für das Geschlecht der Hekatomniden gedacht.

Das Mausoleum blieb offenbar bis ins 15. Jahrhundert n. Chr. verhältnismäßig gut erhalten, stürzte dann aber durch Erdbeben ein. Seine Zerstörung wurde durch die Johanniter vollendet, die es als Steinbruch benutzten, als sie Anfang des 16. Jahrhunderts ihre Burg vergrößerten. Der Standort des Mausoleums geriet danach ganz in Vergessenheit. Im Jahre 1749 gelang es dem englischen Reisenden Richard Dalton Zugang zum Kastell zu gewinnen, und er entdeckte eine Anzahl in der Festung vermauerter Reliefplatten von einem Fries, der seiner Ansicht nach vom Mausoleum stammte. Im Jahre 1846 erhielt Sir Stratford Canning, der britische Botschafter in Konstantinopel, vom Sultan Erlaubnis, dreizehn dieser Platten zu entfernen, die danach dem Britischen Museum geschenkt wurden.

In London erweckten diese Skulpturen großes Interesse, insbesondere das eines jungen Assistenten im ›Department of Antiquities‹ des Britischen Museums, C. T. Newton; er nahm sich vor, den Ort wiederzuentdecken, an dem das Mausoleum sich ursprünglich erhoben hatte. Newton konnte diesen Plan aber erst 1857 verwirklichen. Die dazwischenliegenden Jahre hatte er im Konsulatsdienst verbracht und die sich ihm dabei bietende Gelegenheit ergriffen, Ausgrabungen auf den ägäischen Inseln zu machen und Bodrum zu besuchen. Seine Grabungstätigkeit in Halikarnassos begann jedoch erst 1856; im Laufe dieses Jahres wurden an verschiedenen Stellen im Dorf, von denen frühere

Gelehrte behauptet hatten, daß sie der wahrscheinlichste Standort des Mausoleums gewesen seien, erfolglose Untersuchungen angestellt. Im Winter 1856/57 beschlossen Newton und sein Kollege Kapitän R. Murdoch Smith an einem Punkt zu graben, der ihrer Meinung nach besser mit Vitruvs Beschreibung der Lage übereinstimmte. Der Platz war mit kleinen Häusern und Gärten bedeckt und lag ungefähr 130 m nördlich vom ›Konak‹ des Aga, einem ehemaligen Sitz des lokalen Gouverneurs.

Als Newton bald nach Beginn der Arbeit auf die im Felsgrund eingearbeiteten Fundamente eines riesigen Baus und auf Unmengen von zertrümmerten Marmorskulpturen stieß, von denen einige in Größe und Stil den im Kastell vermauerten Reliefs entsprachen, fühlte er sich fest überzeugt, das Grab von Mausolos gefunden zu haben. Weitere Ausgrabungen führten zur Entdeckung zahlreicher griechischer Originalplastiken von außergewöhnlicher Schönheit und Qualität, die sich heute im Britischen Museum befinden.

Zu den eindrucksvollsten Stücken gehören die überlebensgroßen Gewandstatuen eines Mannes und einer Frau und Fragmente eines gigantischen Marmorpferdes; Newton fand sie zertrümmert in einer Sturzlage, die annehmen ließ, daß diese Skulpturen aus großer Höhe herabgefallen waren. Es ist vorgeschlagen worden, die männliche Figur, die erstaunlich individuelle Züge trägt, mit ›Mausolos‹ zu identifizieren und die weibliche Figur mit ›Artemisia‹: beide könnten in dem Viergespann gestanden haben, von dem wir wissen, daß es den Grabbau bekrönte. Des ›Mausolos‹ Haare, die in langen Strähnen auf seine Schultern fallen, sowie sein Schnurrbart und der kurz gehaltene Backenbart kennzeichnen ihn als Nichtgriechen. Das schwerblütige, doch edle Gesicht mit seinen breiten Brauenbogen und den tiefliegenden Augen drückt von Intelligenz gebändigte, starke Willenskraft aus. Dies ist eines der ersten wirklichen Porträts, die uns erhalten geblieben sind, – das Bildnis einer bestimmten Persönlichkeit, nicht mehr allein Darstellung eines idealen Typs. Das Gesicht der ›Artemisia‹ – eine Mantelfigur, die in der Größe der des ›Mausolos‹ entspricht – ist unglücklicherweise sehr beschädigt; nur ihre Stirn und der steif, in persischer Manier stilisierte Lokkenkranz darüber sind erhalten. Einige der anderen, in Bruchstücken aufgefundenen Figuren, darunter ein prachtvoller Reiter auf einem galoppierenden Pferd, tragen persische Kleidung; ein

*11 Mausolos. Marmorstatue. (Um 350 v. Chr. Höhe 3 m)*

Hinweis, – obgleich die Skulpturen im Stil rein griechisch sind – daß ihr Auftraggeber zumindest nominell von einem orientalischen Herrscher abhing. Diese Statuen stellten vermutlich weitere Familienmitglieder der Hekatomniden und persische Würdenträger dar.

Zum Skulpturenschmuck des Mausoleums gehörten drei Friese: der eine schildert die Kämpfe zwischen Griechen und Amazonen, der zweite den Kampf zwischen Lapithen und Kentauren und

12 *Kampf zwischen Griechen und Amazonen. Reliefplatte eines Marmorfrieses am Mausoleum.*

der dritte ein Wagenrennen. Der ›Amazonenkampf‹ umlief den hohen Sockel des Grabbaus – eine architektonisch ungewöhnliche Position für einen Fries, die sich auch in der lykischen Architektur findet; von daher hatte der Erbauer des Mausoleums die Anregung höchstwahrscheinlich übernommen. Der ›Kentaurenkampf‹ schmückte den obersten Teil des Baus. Die Oberfläche des sehr fragmentarisch erhaltenen Frieses mit dem ›Wagenrennen‹ ist relativ wenig verwittert; er muß sich deshalb an geschützter Stelle innerhalb des Säulenkranzes oder sogar im Innern des Gebäudes befunden haben. Das dargestellte Thema mag Beziehung zum Heroenkult haben, da Wettkämpfe, insbesondere Wagenrennen, eine wichtige Rolle im antiken Begräbnisritual spielten, und der Tote auf einem Viergespann als Symbol seiner Heroisierung gegolten zu haben scheint.

Die großen stilistischen Unterschiede, die sich innerhalb des Amazonenfrieses erkennen lassen, verleihen der Überlieferung Glaubwürdigkeit, derzufolge jeder, der von Artemisia beauftragten vier Bildhauer für eine Seite des Mausoleums verantwortlich war. Selbstverständlich wird jeder der Meister auch eine Anzahl von Gehilfen beschäftigt haben.

Vom Palast des Mausolos, der aus Ziegeln und Marmor erbaut war, hat sich nichts erhalten, und sein genauer Standort ist umstritten. Er muß sich jedoch irgendwo auf der Landzunge befunden haben, die den Haupthafen von der flacheren Bucht, östlich der Halbinsel mit dem Kastell, trennt. Wir wissen nämlich, daß Mausolos bei seiner Residenz einen geheimen Hafen besaß, der mit dem großen Hafen durch einen künstlichen Kanal verbunden war. Mit Schiffen, die in diesem geheimen Hafen verborgen lagen, überraschte und besiegte die gerade verwitwete Artemisia im Jahre 352/51 v. Chr. eine rhodische Flotte: voller Zuversicht, es werde ein Leichtes sein, Karien an sich zu reißen, das nur von einer Frau regiert wurde, waren die hochmütigen Rhodier schon in den Haupthafen eingelaufen. Um sie zu demütigen, ließ die siegreiche Herrscherin auf der Insel Rhodos als Zeichen ihres Triumphes ihr eigenes Denkmal errichten.

Diese Selbstverherrlichung eines Potentaten mutet bereits hellenistisch an. Die Hekatomniden waren auch in anderer Hinsicht bahnbrechend: sie übernahmen aus dynastischen Gründen den alten pharaonischen Brauch der Geschwisterehe, die bei den Ptolemäern in Ägypten dann zur Norm wurde; sie waren rastlose Bauherren, gründeten oder verpflanzten Städte, zogen Dichter und bildende Künstler an ihren Hof. So wurden Mausolos und Artemisia beispielgebend für die Herrscher der hellenistischen Welt.

Den Platz, auf dem das Mausoleum gestanden hat, erreicht man über eine von der Hafenmoschee nach Norden führende gepflasterte Dorfstraße; er ist unauffällig und wird von bescheidenen Häusern und ummauerten Gärten fast verborgen. Newton würde sich hier noch wie zu Hause fühlen: die sepiafarbenen Fotos, die er vor mehr als hundert Jahren von seinen Grabungen hat machen lassen, zeigen dieselben kubischen Häuschen aus Bruchsteinmauerwerk im Schatten von Oliven- und Feigenbäumen.

Wir schauten in die Gräben, in denen kürzlich durch dänische Archäologen prachtvolle Reste der großen marmornen Umfassungsmauer und die aus dem Felsen gehauenen Fundamente des Mausoleums sowie einige frühere Grabanlagen freigelegt worden sind. Da forderte uns die Besitzerin eines der kleinen Häuser zum Eintreten auf. Das blitzsaubere Innere enthielt nur zwei Räume: rechts eine Wohnküche mit offenem Herd und langem Sitzdivan zu ebener Erde, links ein etwas erhöhtes, nur mit Matten ausgelegtes Schlafzimmer. Hier hat sich der anspruchslose Nomadenbrauch der Türken noch erhalten: Bettgestelle gibt es nicht, sondern nachts werden Kissen und Decken auf dem Boden ausgebreitet – tagsüber verstaut man sie in einem Schrank unter dem Schlafplatz. Die Besitzerin, eine ansehnliche blonde Frau von etwa vierzig Jahren, in Pluderhosen, Kleid und Kopftuch aus verblichener geblümter Baumwolle, gestattete uns, eine Aufnahme von ihrem Haus zu machen, weigerte sich aber standhaft, selbst fotografiert zu werden.

Wir überquerten den kahlen, offenen Platz der Ausgrabung, wo ein paar einsame Säulenstümpfe und Mauerblöcke die einzigen Zeugen vom Grabbau des Mausolos sind, und erklommen die Flanke des Gök Tepe, eines gestrüppbedeckten Felshügels, der Bodrum im Nordwesten beherrscht.

Auf halber Hanghöhe befinden sich die Reste des Theaters von Halikarnassos. Das Bühnenhaus ist völlig verschwunden, aber die Mulde des Zuschauerraumes ist deutlich zu erkennen, und streckenweise liegen noch die gekurvten steinernen Sitzstufen im Schatten von Valloniaeichen und Olivenschößlingen.

In der senkrechten Felswand, die sich oberhalb des Theaters erhebt, öffnen sich die dunklen Grotten karischer Gräber. Als wir zu ihnen hinaufgeklettert waren, fanden wir die grob ausgehauenen Kammern mit auf drei Seiten umlaufenden Bänken ziemlich beschädigt und von der jahrhundertelangen Benutzung durch Hirten und Herden geschwärzt. Aber der Blick zurück durch den Bogen des einen Grabeinganges über die Bucht hinweg war herrlich: weiß und mächtig hob sich das Kastell vom tiefvioletten Rücken der Insel Kara Ada und der blasseren fernen Kette der knidischen Halbinsel ab.

Der Gipfel des Gök Tepe, des ›Himmelshügels‹, war von Mausolos in seine große Stadtbefestigung einbezogen. Eine Geländeterrasse hier oben läßt vermuten, daß einst ein Tempel dort stand; aber keinerlei Spur hat sich erhalten, und es ist ungewiß, ob dies der Standort des Arestempels war, den Mausolos in Halikarnassos errichten ließ. Ares, der griechische Kriegsgott, mag hier mit dem stets bewaffnet dargestellten Zeus Stratios von Labraynda identifiziert worden sein.

# DAS KASTELL VON BODRUM

Das Kastell St. Peter ist aus Steinen des Mausoleums erbaut, was dessen Vernichtung besiegelte. Heute dient es – sehr im Gegensatz dazu – der Erhaltung von Antiken. Mit viel Geschick hat man den riesigen Komplex aus Gräben und Mauern, Türmen und Kirchenräumen, der von den Johannitern 1522 aufgegeben und dann von den Türken als Festung und Gefängnis benützt worden war, jetzt als Museum eingerichtet.

Der Zugang führt durch den westlichen Graben zwischen Mauern, die mit den steinernen Wappen der Kreuzritter geschmückt sind. Hier bereits sieht man sich von zahlreichen antiken Sarkophagen, Grabsteinen, Altären und verwitterten Skulpturen umgeben. Weitere Statuen, darunter ein fragmentarischer archaischer Kouros, sind auf den oberen Höfen und Terrassen zwischen der ehemaligen Burgkapelle und den Bauten aufgestellt, die sich um den ›Französischen‹ und den ›Italienischen Turm‹ drängen. Die hier angepflanzten Agaven, Hibiskussträucher und Bougainvillea mildern den grellen Widerschein der Sonne von den zinnenbekrönten Mauern.

Die erhaltenen Gebäude sind sehr hübsch in kleine Museumsräume verwandelt worden, von denen jeder einem anderen Thema gewidmet ist. Das besonders interessante Unterwassermuseum enthält auf dem Meeresgrund gemachte Funde, die von der Bronzezeit bis zum Mittelalter reichen. So ist die Ladung eines syrischen Handelsschiffes ausgestellt, das um 1200 v. Chr. beim Kap Chelidonia in Lykien sank und 1960 durch Archäologen vom Pennsylvania University Museum gehoben wurde. Diese Ladung kam vermutlich aus Zypern und bestand aus einer Menge Kupfer- und Bronzebarren, die in Form von Ochsenfellen gegossen waren: das Rohmaterial einer wandernden Bronzewerkstätte, deren Werkzeuge und Fertigprodukte sich ebenfalls zum Teil erhalten haben. Ein späteres griechisches Wrack enthielt die reizende Bronzefigur eines Negerjungen; und von einem gesunkenen byzantinischen Schiff ist ein in den Formen erstaunlich vielfältiger Satz von Haushaltsgeschirr und tragbaren Tonöfchen heraufgebracht worden. – Man sieht primitive Steinanker und daneben rostzerfressene eiserne; die letzteren sind häufig von dicken Meeresablagerungen und Muscheln überkrustet, was ihre Form erhalten hat. Bei vielen dieser Gegenstände handelt es sich um Zufallsfunde, die von den Schwammfischern der Gegend gemacht worden sind; doch besonders bemerkenswert und aufschlußreich sind die durch archäologisch geschulte Taucher gehobenen und von Fachleuten restaurierten Stücke.

Die Karische Abteilung des Museums enthält Funde aus der Umgebung von Bodrum und aus dem südlichen Karien. In den letzten Jahren haben die Arbeiten türkischer Gelehrter neues Licht auf die Frühgeschichte dieses Gebietes geworfen. Eine Anzahl mykenischer Vasen sind in Müsgebi westlich von Bodrum ausgegraben worden; und geometrische Vasen und ein Tonsarkophag aus dem 9. und 8. Jahrhundert v. Chr sind die handgreiflichen Beweisstücke für die von antiken Schriftstellern überlieferte Meinung, daß dorische Kolonisten Halikarnassos gegründet haben.

Zu den herrlichsten Gegenständen im Museum gehört eine Reliefplatte aus dem Amazonenfries des Mausoleums; in eine Mauer des westlichen Kastellgrabens verbaut, wurde sie 1964 entdeckt. Dargestellt ist ein griechischer Krieger, der eine zusammenbrechende Amazone niedertritt und ihren Kopf am Helm zurückreißt. Das Gewaltsame der Handlung des Griechen wird gemildert von der Schönheit der Bewegung seines nackten Körpers; vor leerem Hintergrund entfaltet sie sich mit der Eleganz eines Tänzers. Dieses Relief schließt sich an drei zusammengehörige, von Newton auf der Ostseite des Mausoleums gefundenen Friesplatten an. Daß man erst kürzlich eine solche Entdeckung noch hat machen können, erhellt, welch vielfältiges Schicksal die Skulpturen erlitten haben und läßt hoffen, daß die Mauern des Kastells noch weitere Überraschungen bergen. (Eine wohl von den Johannitern verschleppte Friesplatte befindet sich im Museum von Rhodos.)

Eine Abteilung für islamische Altertümer ist geplant. Im Arbeitsraum des Museumsdirektors wurde uns eine Sammlung türkischer Metallarbeiten – getriebene Kupferkannen, Kerzenhalter, Teller und Kamelglocken – gezeigt, die noch der Aufstellung harren.

Der höchste Teil des Kastells liegt auf der Ostseite zwischen Mauern und Türmen – ein Felsenplateau, das die Mittagshitze in einen Schmelztiegel verwandelt. Wir erstiegen zuerst den runden ›Schlangenturm‹ und konnten von dort oben auf die ganze Stadt

*13 Bodrum-Halikarnassos. Die am Kastell von St. Peter verbaute Reliefplatte des Amazonenfrieses vom Mausoleum.*

und ihre beiden Häfen herabsehen, die im Sonnenglanz gebreitet lagen. Im Haupthafen, nahe dem Kastell und der Landzunge, kann man die mächtigen, rechteckigen Fundamente antiker Molen erkennen, die im durchsichtigen Aquamarin des Wassers schimmern; man hat angenommen, daß dies die Substruktionen von Mausolos' geheimem Hafen seien, aber, wie wir schon sahen, lag dieser mit größerer Wahrscheinlichkeit auf der Ostseite des Isthmos, dort wo sich heute eine weitere Schiffswerft befindet.

Über den glühenden inneren Burghof gelangten wir zum stark beschädigten ›Englischen Turm‹, der sich prachtvoll auf der felsigen Südspitze der Landzunge erhebt. Es besteht der Plan, ihn zu restaurieren, aber noch fehlen die Mittel; die zahlreichen Inschriften und heraldischen Embleme der englischen Ritterschaft an den Wänden des rechteckigen Innenraums sind in bedauerlicher Weise den Unbilden des Wetters preisgegeben.

# FAHRT ÜBER DEN KERAMISCHEN MEERBUSEN

Man braucht etwa drei bis fünf Stunden mit dem Schiff von Bodrum nach Knidos; die Dauer der Überfahrt hängt von der Stärke des ›Imbat‹ ab, des vom Meer her wehenden Windes, der in der Ägäis im Sommer vorherrscht. Wir hatten uns mit dem Kapitän eines Motorkaïks geeinigt, am nächsten Morgen schon vor Sonnenaufgang nach Knidos aufzubrechen.

Um vier Uhr früh liefen wir zum Hafen, über uns ein ungeheurerer, von Sternen funkelnder Nachthimmel. Zu dieser Stunde raschelte nur längs der Uferpromenade der Hauch einer Brise in den Palmen, die der Dichter Cevat Şakir, der ›Fischer von Halikarnass‹, während seines Exils hier gepflanzt hat.

Nicht eine Menschenseele rührte sich am Hafen, in dem elegante kleine Yachten und stämmige Kaïks still neben der finsteren Masse des Kastells lagen. Ein herrenloser Hund schlich vorbei; mehrere Katzen strichen an der mondweißen Mauer der Moschee entlang, und in der Ferne ertönte der erste Hahnenschrei. Nach einer Weile kam der Muezzin auf einem Fahrrad an, erstieg das Minarett und bald erschallte von dort oben sein Ruf zum Frühgebet.

Ein blasser Streif von Morgen zeichnete sich hinter den Hügeln im Osten ab, und die Sterne begannen zu verbleichen. Inzwischen war es fünf Uhr geworden und eine Anzahl amerikanischer und italienischer Reisender, die mit uns die Kosten für das Kaïk geteilt hatten, kamen trüppchenweise am Kai an und warteten ebenfalls. Ihrem Anführer gelang es schließlich einen schlafenden Schiffsjungen zu wecken und auf die Suche nach dem unpünktlichen Kapitän zu schicken. Mittlerweile war der Muezzin von seinem Minarett heruntergeklettert und am Hafen entlang zur nächsten Moschee geradelt, von wo nun wiederum sein Ruf über das dunkle Wasser klang.

Plötzlich begann der Horizont im Osten rosa aufzuleuchten, und mit dem stärker werdenden Licht erhob sich ein frischer Wind, der das stille Hafenbecken jählings in einen brodelnden Kessel voll scharfer kleiner Wellen verwandelte: der Imbat hatte sich erhoben, bevor das unserer Schiffsmannschaft gelungen war.

Endlich erschien der Kapitän; aber kaum war er an Bord gekommen, mußte er auch schon wieder nach Hause zurück, um die vergessenen Schiffspapiere zu holen. Dann wurde der Schiffsjunge nach Brot und Wasser ausgeschickt, und schließlich mußte der Hund des Kapitäns dazu bewogen werden, an Land zu gehen. Jaulend und erbarmungswürdig zitternd wurde er schließlich auf den Kai getrieben, und wir machten los.

Nachdem wir uns auf dem Dach der Kabine, wo das starke Rollen des Schiffs weniger zu fühlen war, zwischen Mast und niedriger Reeling verspreizt hatten, genossen wir den Anblick einer sich durch das wachsende Licht und bei zunehmender Fahrt ständig verändernden Küstenlandschaft. Hinter der düsteren Silhouette der lelegischen Hügel erglomm der Himmel nun in warmem Orangeton. Mit überraschender Plötzlichkeit schoß dann im Osten ein feuriges Strahlenbündel in den Himmel, und die riesige, blendende Sonnenscheibe schwebte über der bewaldeten Bergkette. Die unruhig façettierte Oberfläche der tiefblauen Wellen fing wie tausend zersplitterte Spiegel den Glanz auf und warf ihn zurück.

Im Norden erglühte die reich gegliederte Küstenlinie der Halbinsel von Bodrum in durchsichtigen Lila-Schattierungen, während die karischen Hügel im Süden in schmelzende Töne von Honig und Gold getaucht schienen. Hinter uns, noch wie von nächtlichen Schatten gefangen, wichen Hafen und Kastell von Bodrum fast ins Unsichtbare, bis die Sonne hoch genug gestiegen war, um auch ihnen Farbe und Leben zu verleihen.

Vor uns im Südwesten lag Kos, dessen sonnengebleichter, felsiger Bergrücken sich auf der dem Festland zugekehrten Seite zu einer grünen Ebene hin senkt. Wir begegneten einem kleinen griechischen Dampfer auf seinem Wege dorthin. Obgleich die Insel nicht mehr wie zu Hippokrates' Zeiten ein Zentrum der Heilkunde und Krankenpflege ist, so zieht sie heute doch viele griechische Touristen an, die ihre antiken Ruinen und klassische Schönheit zu schätzen wissen.

Die Geschwindigkeit unseres Kaïks machte den verspäteten Aufbruch wieder gut. Innerhalb von drei Stunden hatten wir den Keramischen Meerbusen überquert, und ein heftiger Landwind, der ›Meltem‹, schüttelte nun unser Schiff. Kap Krio, die Westspitze der knidischen Halbinsel, türmte sich über uns. Dieses Felsenkap war ursprünglich eine Insel; aber schon in der Antike hatte man durch Aufschüttungen die Meeresenge so verschmälert, daß sie überbrückt werden konnte. Jetzt ist sie vollends verlandet.

Das windgepeitschte Vorgebirge, auf dem sich jetzt ein Leuchtturm erhebt, wurde von den alten Seefahrern gefürchtet. Wem aber die gefährliche Zufahrt geglückt war, der wurde belohnt: er konnte zwischen zwei guten Häfen wählen. Unser Kaïk kämpfte sich langsam um die Spitze und erreichte die geschützte Bucht des Südhafens.

# KNIDOS

Knidos gehörte der ›Dorischen Hexapolis‹ an, einem Sechs-Städtebund der südlichsten griechischen Siedlungen an der Westküste Kleinasiens, zu dem anfangs die Städte Lindos, Ialysos und Kamiros auf Rhodos, die Insel Kos und Halikarnassos zählten. In regelmäßigen Zeitabständen trafen sich die Bundesmitglieder auf dem Gebiet von Knidos, um das Fest zu Ehren des triopischen Apollon zu begehen. (Der Beiname des Gottes bezieht sich auf den Ort Triopion, wo der Tempel des Apollon lag; dieses Heiligtum muß sich im Westen der knidischen Halbinsel befunden haben, ist aber bis jetzt noch nicht entdeckt worden.) Halikarnassos wurde jedoch aus dem Bund ausgestoßen, als einer seiner Sieger namens Agasikles sich weigerte, den im Wettkampf gewonnenen Preis, einen bronzenen Dreifußkessel, im Heiligtum des Apoll zu weihen, wie es Brauch war, und die Trophäe stattdessen selbst behielt. Danach war Knidos das einzige festländische Bundesmitglied der Dorischen Liga, die von nun an ›Pentapolis‹, Fünf-Städtebund, genannt wurde.

Die geographische Lage von Knidos brachte es mit sich, daß seine Verbindungen zu dem griechischen Festland, zu den Inseln und zum Westen stets besser waren als die mit Anatolien, von dem es durch eine schmale, lange und gebirgige Halbinsel getrennt war. Im frühen 6. Jahrhundert v. Chr. ließen sich knidische Kolonisten für kurze Zeit an der Nordküste Siziliens nieder, von wo sie aber bald durch die alteingesessene Bevölkerung vertrieben wurden; doch fanden sie schließlich eine neue Heimat auf der Insel Lipari. Knidische Weihgeschenke im Apollonheiligtum zu Delphi, wo die Stadt ein Schatzhaus und eine prächtige Versammlungshalle mit Fresken von Polygnot, dem berühmten Maler des 5. Jahrhunderts v. Chr., errichtet hatte, beweisen, daß ihre Bürger das Orakel oft befragten und häufig Sieger in den Pythischen Wettkämpfen waren. Als die Perser nach 546 v. Chr. die griechischen Küstenstädte Kleinasiens, eine nach der anderen, eroberten, trachteten die Knidier ihre Halbinsel zu einer leichter zu verteidigenden Insel zu machen, indem sie die Landenge an ihrem Ostende zu durchstechen versuchten. Da aber bei dieser Arbeit unerklärlich viele von ihnen Verletzungen durch Felssplitter erlitten, sandten die Knidier um Rat nach Delphi, wo ihnen das Orakel empfahl, von ihrem Unternehmen abzulassen; und so ergaben sie sich den Persern kampflos.

Der Wein, der Essig und das Olivenöl von Knidos waren in der Antike berühmt; den größten Ruf genoß die Stadt jedoch wegen ihrer intellektuellen Leistungen und Errungenschaften und wegen ihres Mäzenatentums. Sie war der Geburtsort von Naturwissenschaftlern und Architekten wie Eudoxos, dem Mathematiker und Gesetzgeber des 4. Jahrhunderts v. Chr., der den Stern Kanopus entdeckte, von Ktesias, dem Geschichtsschreiber und Leibarzt des Perserkönigs Artaxerxes Mnemon, und von Sostratos, der im 3. Jahrhundert v. Chr. den ›Pharos‹ errichtete, den Leuchtturm von Alexandria, welcher zu den sieben Weltwundern zählte. Sostratos erbaute auch eine ›pensilis ambulatio‹, einen ›hängenden Säulengang‹ in Knidos, der sehr plausibel mit einer kürzlich auf einer Terrasse im hochgelegenen Westteil der Stadt ausgegrabenen dorischen Halle identifiziert worden ist. Eine weitere wichtige Neuentdeckung ist der Rundtempel der Aphrodite Euploia, Schutzgöttin der Seefahrer. In ihm stand einst des Praxiteles Marmorstatue der nackten Liebesgöttin, die berühmteste Skulptur der Alten Welt. Der Tempel lag in der Nordwestecke der Stadt auf einem Felshang hoch über dem Hafen.

Knidos wurde 1812 von der ›Society of Dilettanti‹ untersucht und 1857/58 von C. T. Newton zum Teil ausgegraben. Seit 1967 arbeiten dort amerikanische Archäologen, die viele der von ihren Vorgängern gefundenen und mittlerweile eingestürzten oder verschwundenen Bauten wieder aufgedeckt und neu ausgegraben haben; überdies sind zahlreiche, ganz neue Entdeckungen von ihnen gemacht worden.

Merkwürdig ist, daß keines der erhaltenen architektonischen Zeugnisse früher als um die Mitte des 4. Jahrhunderts v. Chr. datiert werden kann. Aus diesem Grund sind die englischen Gelehrten G. E. Bean und J. M. Cook zu dem Schluß gekommen, daß die archaische Stadt Knidos an einem anderen Ort gelegen haben muß, den sie weiter östlich an der Südküste der Halbinsel nahe dem modernen Dorf Datça suchen. Diese Ansicht wird jedoch von den amerikanischen Ausgräbern bestritten, die annehmen, daß sich das archaische Knidos auf dem noch kaum untersuchten Südosthang von Kap Krio befunden haben könnte. Zum Beweis ihrer Theorie führen die Amerikaner eine Anzahl von Bronzefibeln, archaische Vasenscherben, eine unvollendete Marmor-

1
Knidos. Geländeterrassen der antiken Stadt
über dem ›Handels‹-Hafen (links)
und dem ›Trieren‹-Hafen (rechts).
*Aufnahme Gerhard Klammet*

statue und Fragmente von Tonfiguren des 6. und 5. Jahrhunderts v. Chr. an, die in den letzten Kampagnen ans Licht gekommen sind. Doch diese Streitfrage kann nur durch weitere Ausgrabungen entschieden werden. Fest steht, daß die Knidier etwa um die Mitte des 4. Jahrhunderts v. Chr. ihre Stadt an der heutigen Stelle neu errichteten.

Die Wahl fiel offensichtlich auf diesen Platz, weil er die Möglichkeit bot, zwischen Kap Krio und dem Festland zwei Häfen anzulegen: den kleineren Trieren-Hafen (Hafen der ›Dreiruderer‹), der sich nach Nordwesten gegen Kos hin öffnet, und den größeren Handelshafen, der nach Südosten, und damit Rhodos zugewandt liegt. Zwei im tiefen Wasser verlegte Molen beschützten den Handelshafen: riesige Blöcke der westlichen erheben sich noch über den Wasserspiegel, während von der östlichen nur noch die Fundamente bei ruhigem Wetter auf dem Meeresgrund zu erkennen sind.

Die in Terrassen angelegte antike Stadt bedeckte die Hänge, die von beiden Seiten das weite Hafenbecken einfassen. Die schachbrettartig geplanten Straßen und Treppen auf dem östlichen, dem Festlandshang, wo die meisten der öffentlichen Bauten lagen, verliefen annähernd von Norden nach Süden und von Osten nach Westen. Die Felshänge des Vorgebirges von Kap Krio scheinen mit Privathäusern bebaut gewesen zu sein, die anders orientiert waren. Beide Stadtteile waren mit starken Mauern und Türmen aus rechteckigen und polygonalen Quadern befestigt. Auf der Landseite im Norden verlief die Mauer oberhalb der Stadt auf dem Kamm der steilen Bergkette aus Kalkstein. Den östlichsten Gipfel krönte die Akropolis.

Mit Ausnahme des Leuchtturms und einiger niedriger, weiß verputzter Häuser nahe dem rötlichen Kieselstrand zwischen den beiden Häfen, gibt es in Knidos keine modernen Bauten. Der terrassierte, von Gestrüpphecken und dürftigen Feldern wie mit einem Streifenmuster überzogene Hang ist von zahlreichen frischen Einschnitten aufgerissen, wo kürzlich Ausgrabungen gemacht worden sind. Als wir im Hafen einliefen, bemerkten wir eine wahre Armee von türkischen Werkleuten auf dem hoch in der Nordwestecke der Stadt gelegenen Grabungsplatz bei der Arbeit; sie waren uns aus der Ferne wie Ameisen vorgekommen. Der heftige Wind wirbelte von den Schuttmassen, die dort an einer Halde abgeladen wurden, riesige Staubwolken auf, welche die Szene zeitweilig verschleierten. Doch auch bei ungetrübter Sicht zeigte sich, daß von der antiken Stadt heute nur noch wenig aufrecht steht. Knidos wirkt auf den ersten Blick vom Schiff aus etwas enttäuschend: eine baumlose, von Gräben durchzogene Bergflanke.

Als wir an dem kleinen modernen Landungssteg anlegten, wurden wir sogleich von Miss Iris Love, der Leiterin der amerikanischen Ausgrabungen, begrüßt. Wir hatten geplant, zunächst einen allgemeinen Überblick über das Areal der Stadt zu gewinnen und Aufnahmen von dem ursprünglichen Standort der Skulpturen zu machen, die von Denys' großem Vorgänger Newton ins Britische Museum gebracht worden waren. Aber Miss Love schlug uns stattdessen eine Führung durch ihre zahlreichen Ausgrabungen in der Stadt vor. Mit ihren Dachshunden als Vortrupp führte sie uns über die glühend heißen Hänge durch ein Labyrinth von alten und neuen Grabungsstellen und teilweise freigelegten klassischen Ruinen, die häufig von den Trümmern byzantinischer Kirchen überlagert sind. In ihrem kurzen Bericht über Knidos bezeichneten die Mitglieder der ›Society of Dilettanti‹ derartige Bauten verächtlich als »wertloses Zeug aus der Zeit des byzantinischen Reiches«. Diese Ansicht wird von den modernen Ausgräbern nicht geteilt; spätere Ruinen verdienen die gleiche Beachtung wie ihre Vorgängerbauten, nicht nur wegen ihres eigenen künstlerischen Wertes, sondern auch weil man oftmals Blöcke mit griechischen Inschriften oder Architekturplastik wiederverwendete, die Licht auf den Bau werfen können, aus dem sie ursprünglich stammten.

Die christliche Kirche (Kirche C), westlich von dem am Hafen gelegenen antiken Theater, stellt einen solchen Fall dar. Sie wurde im 5. Jahrhundert n. Chr. auf den Fundamenten und aus den Steinen eines mächtigen ionischen Tempels errichtet, der schon im 19. Jahrhundert wegen seiner Lage in der Nähe des Theaters als Tempel des Dionysos identifiziert worden war. Tempel des Weingottes, dem die Kunst des Dramas geheiligt war, sind häufig Theaterbauten zugesellt.

Das Hafentheater ist von den amerikanischen Archäologen bereits weitgehend untersucht worden; sie haben festgestellt, daß der Zuschauerraum aus hellenistischer Zeit stammt, später aber verändert worden ist. Das teilweise erhaltene Bühnenhaus scheint römisch zu sein; es bestand aus einer erhöhten Bühne und einer

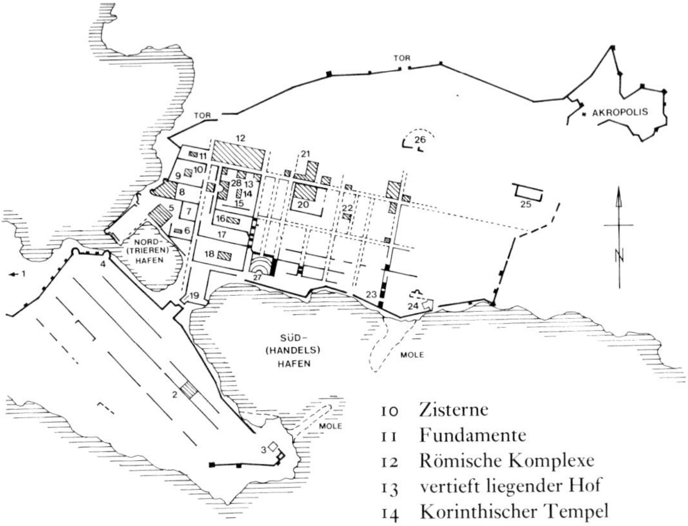


*Plan von Knidos*

1 Römisches Grab
2 Terrassenhaus
3 Leuchtturm
4 Turm
5 Agora
6 Dorische Baureste
7 Gebäudefundament
8 Römischer Komplex
9 Fundamente
10 Zisterne
11 Fundamente
12 Römische Komplexe
13 vertieft liegender Hof
14 Korinthischer Tempel
15 Dorische Halle
16, 17, 18, 20 Terrassen
19 Brückenpfeiler
21 Hauskomplex
22 Tempel der Musen
23 Treppe
24 unteres Odeon
25 Demeter-Heiligtum
26 Theater am Hafen
27 Theater am Akropolishang
28 oberes Odeon

reich mit dekorativen Architekturteilen gegliederten Fassade, der ›scaenae frons‹, die zugleich Bühnenhintergrund war.

Dieser Bau war nicht das einzige Theater von Knidos. Ein zweites, größeres lag hoch am Hang unterhalb der Akropolis. Es verschwand jedoch um die Mitte des vergangenen Jahrhunderts fast völlig, als auf Befehl von Mehmet Ali ganze Schiffsladungen seiner abgetragenen Steine nach Ägypten geschafft wurden, um damit einen Palast zu errichten.

Wir kletterten an den Fundamenten einer riesigen dorischen Säulenhalle vorbei, die sehr wahrscheinlich die berühmte ›hängende Wandelhalle‹ des Sostratos war, und erreichten darüber eine Terrasse. Hier erhob sich früher ein hübscher, kleiner, korinthischer Tempel aus Marmor, der von der Expedition der ›Dilettanti‹ zeichnerisch aufgenommen und von Newton zum Teil ausgegraben worden war. Sein hohes Podium stand auf einer Stufenbasis. Der Cella waren vier Säulen an der Eingangsseite und je sechs Halbsäulen als dekorative Unterteilung der Langseiten vorgestellt. Heute ist der Tempel ein Trümmerhaufen. Bei den Untersuchungen, die die Amerikaner hier vor kurzem durchgeführt haben, stießen sie auf die Mittelblöcke der Giebelfelder, die mit großen Schilden geschmückt waren. Der Tempel stammt aus dem Ende des 2. Jahrhunderts n. Chr. Ganz in der Nähe ist eine aus Stein gehauene Sonnenuhr gefunden worden, die neben den Tagesstunden auch die Jahreszeiten anzeigte.

Auf dem Weg zu den obersten Terrassen im Westen der Stadt kamen wir bei den Trümmern eines römischen Odeons vorbei, einer Halle für musikalische Aufführungen und Dichterlesungen. Sie liegt etwas westlich vom korinthischen Tempel. Ein paar Reihen der halbkreisförmigen Sitzstufen sind noch erhalten. Die Knidier scheinen Musik und Dichtkunst sehr geschätzt zu haben; im Südostteil der Stadt, im Angesicht des Hafens nahe dem Ausgangspunkt des großen Wellenbrechers, liegen nämlich die Ruinen eines weiteren Odeons.

Noch höher am Hang und nordwestlich des ersten Odeons befinden sich die Reste des Rundtempels, den Miss Love als das Heiligtum der Aphrodite Euploia erkannt hat. Der Bau erhob sich in einer wundervollen Lage hart unterhalb der nördlichen Stadtmauer und genoß die Aussicht über beide Häfen. Der Tempel war von achtzehn dorischen Säulen umgeben und stand auf einer Stufenbasis mit Zugang von Osten, der Seite, auf der auch der Altar lag. Obgleich die heute erhaltenen Reste des Baus später zu datieren sind als in die Mitte des 4. Jahrhunderts v. Chr., die Zeit, zu der Praxiteles die berühmte Statue der nackten Aphrodite schuf, so ersetzt der gegenwärtige Tempel doch offensichtlich einen älteren Vorgänger, in dem das Kultbild ursprünglich untergebracht war. Höchstwahrscheinlich ist der spätere Tempel aber der in Pseudo-Lucinas ›Liebesaffären‹ erwähnte; dieser aus dem 2. Jahrhundert n. Chr. stammende Text beschreibt den Aphroditetempel umgeben von einem Heiligen Hain und Garten. Neben dem Rundtempel ist ein Bau ausgegraben worden,

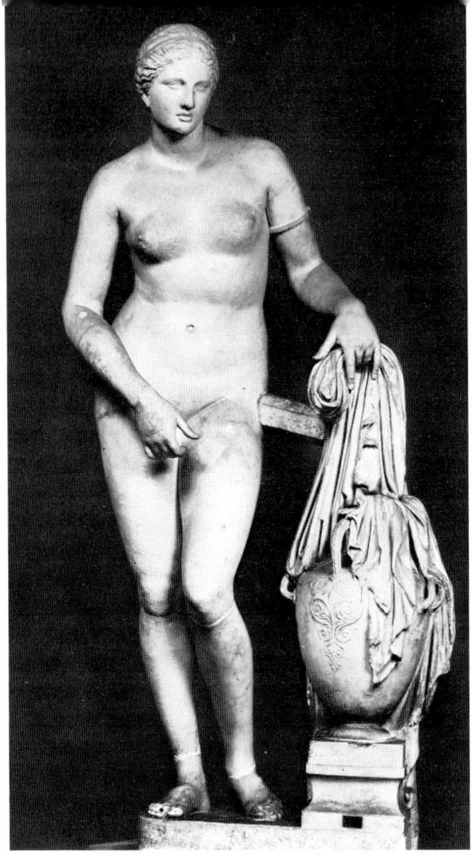

14 *Aphrodite von Knidos. Antike Kopie im Mus. Vat., Rom. Nach verschollenem Original (um 350 v. Chr.) des Praxiteles.*

der ein Schatzhaus gewesen sein mag, und jenseits davon ein Altar und eine Weihinschrift an die Göttin Athena. In einer nahe gelegenen Felshöhle sind zahlreiche Votivgaben gefunden worden, darunter vor allem Tonlampen.

Der hochgelegene, luftige Platz der Tempelterrasse wird noch heute »von der Brise gefächelt«. Die Sicht von hier war an dem windigen Tage unseres Besuches besonders klar. Jenseits des blendend weißen Leuchtturms von Kap Krio schienen die Inseln Tilos und Nisyros und der kahle Felsrücken von Kos wie auf den durchsichtigen Horizont geätzt; und im Süden, fern über dem Golf von Syme, schwamm die rötlich schimmernde Silhouette von Rhodos.

Auf der unterhalb des Tempels liegenden Terrasse war eine Unzahl türkischer Arbeiter dabei, große Erdmengen zu bewegen. Hier, in der weitläufigen Ruine eines rechteckigen Gebäudes, das eine Versammlungshalle gewesen sein mag, waren nämlich Marmorfragmente von einer Hand und von Stoffalten gefunden worden, von denen Miss Love zu beweisen hofft, daß sie zum verschollenen Original der Aphrodite-Statue gehörten. Die Suche nach weiteren Bruchstücken wurde offenbar mit großem Eifer betrieben. Neben der Halle liegt ein ursprünglich mit einem Figurenfries geschmückter Altar. An diesem Platz fanden vielleicht religiöse Festspiele statt, denn oberhalb auf dem Abhang haben sich Treppenstufen erhalten, die Reihen von Theatersitzen gleichen.

Auf dem Weg bergab zum Trieren-Hafen kamen wir am Westende der stoppelbedeckten Terrasse vorbei, auf der Newton während des äußerst kalten Winters 1857/58 sein Lager aufgeschlagen hatte – Holzhütten eines Typs, der im Krimkrieg von der Armee benutzt worden war. Schakale, Wölfe und Piraten behelligten die Expedition, nichts aber war unerträglicher, als der durchdringende Nordwind, der wochenlang über die Halbinsel fegte.

Westlich von dieser Terrasse sind kürzlich die Fundamente eines Tempels aufgedeckt worden, der nach einer am Unterbau gefundenen Inschrift dem Apollon Karneios geweiht war; der Text erwähnt jenen knidischen Freund von Julius Caesar namens C. Julius Artemidoros, Sohn des Theopompos, der vergeblich versucht hatte, ihn vor den Iden des März zu warnen.

Nordöstlich vom Trieren-Hafen ist eine kleine byzantinische Kirche (Kirche D) zum Teil ausgegraben worden. Sie lag über einem späthellenistischen Bau und war aus dessen Werkstücken errichtet. Besonders interessante Spolien sind Eckpfeiler mit vorgelegten Halbsäulen an jeder der beiden Innenseiten – herzförmig im Querschnitt. Die Erbauer der christlichen Kirche haben zudem geschickt eine Folge von dreizehn gekurvten Marmorplatten mit griechischen Inschriften, die ursprünglich zu einer Exedra oder einem halbkreisförmigen Monument gehörten, für die Apsis benutzt. In diesen Inschriften sind wiederum Theopompos und seine Familie erwähnt, die vom knidischen Demos Ehrungen erfuhren.

Einen nur allzu kurzen Blick konnten wir auf den von Strabon so benannten Trieren-Hafen werfen. Das Becken bot Platz für zwanzig Kriegsschiffe, und eine Sperrkette vor der von zwei Türmen befestigten Einfahrt machte jeglichen Angriff von der Seeseite zu einem gefährlichen Unternehmen. Ruinen von Warenhäusern, Stufenreihen und Mauern aus schönem Quaderwerk sind noch unter dem Gestrüpp von Mastix und Myrten zu erkennen.

Dann mußten wir zum amerikanischen Grabungshaus zurückkehren. Unsere Gastgeberin bestand sehr liebenswürdig darauf, daß wir mit ihr und ihren Kollegen im Freien zu Mittag aßen. Die Gänse des Leuchtturmwartes watschelten mit laut forderndem Geschnatter vom Strand herauf, ganz offensichtlich daran gewöhnt, an den Mahlzeiten der Ausgräber teilzunehmen. »Dies sind die Gänse der Aphrodite«, hat man uns bedeutet, während die Vögel gefüttert wurden.

In der Hitze des Frühnachmittags lag der geschützte Haupthafen wie ein Spiegel da, der die brennenden Sonnenstrahlen und das blendende Licht von den baumlosen Hängen erbarmungslos zurückwarf. Ein wenig betäubt von soviel Hitze und Glanz kletterten wir in einen glühenden Land-Rover, der uns bis zum Beginn des Pfades hinauf zum Demeter-Heiligtum bringen sollte. Bevor wir jedoch zu dieser finsteren Felswand hoch über der Stadt hinaufklommen, wurde uns an deren Ostrand eine ›insula‹, ein antiker Wohnblock von Privathäusern gezeigt. Die eine Seite dieses Komplexes begleitet eine getreppte Straße mit Absätzen zwischen den Stufen. Die Baugruppe, die aus hellenistischer und römischer Zeit stammt, schaut auf das Hafenbecken. Im Inneren des hellenistischen Hauses sind interessante farbige Reste einer plastischen Wanddekoration aus Stuck aufgetaucht: Fragmente von dorischen, ionischen und korinthischen Säulenordnungen, zahlreiche Bruchstücke eines bemalten Stucksockels, der Marmorplatten imitierte, und Bildfelder mit mythologischen und Genreszenen bildeten hier einst eine reiche Innendekoration.

Ein römisches Haus mit offenem Säulengang wurde später am Hang oberhalb des hellenistischen Hauses errichtet, von dem es Teile mit einbezog. Diese bequemen und geräumigen Privathäuser besaßen Wasser und Kanalisation und boten einen bezaubernden Ausblick aufs Meer, auf Felsenkaps und ferne Inseln; sie müssen zu den begehrenswertesten Wohnbauten der antiken Welt gezählt haben.

15 *Die Göttin Demeter von Knidos. Marmorstatue. (Um 340 v. Chr.).*

Der Nachmittag war schon weit fortgeschritten, als wir schließlich den steilen Hang zum ›Temenos‹ (dem Heiligen Bezirk) der Demeter hinaufstiegen. Während Miss Love Gräben fotografierte, die sie kürzlich auf der Westseite der Terrasse des Heiligtums hatte ziehen lassen, vermochten wir uns eine Vorstellung von dem

Umfang der Ausgrabungen zu machen, die Newton im Sommer 1858 an diesem schwer zugänglichen Ort durchgeführt hatte. Er grub bis zu beträchtlicher Tiefe im gesamten Bezirk innerhalb der Umfassungsmauern, ein Unternehmen, das nicht nur die herrliche Statue der sitzenden Göttin Demeter, sondern auch erstaunlich viele Skulpturenfragmente zutage förderte, die fast ausnahmslos mit dem Unterweltskult verbunden waren.

Zu diesen Bruchstücken zählt der Marmorkopf einer jungen Frau, von dem Miss Love behauptet hat, daß er der Kopf von Praxiteles' berühmter knidischer Aphrodite sei, der unerkannt, unpubliziert und gänzlich vernachlässigt im Britischen Museum läge. Wir wissen aber durch römische Kopien der knidischen Aphrodite genau, wie das Original aussah; und der Kopf im Britischen Museum unterscheidet sich von dem ihren in zumindest einem sehr wichtigen Punkt: die nur grob bearbeitete Marmoroberfläche an beiden Halsseiten, an der Rückseite und auf dem Scheitel des Kopfes beweisen schlüssig, daß dieser ursprünglich von einem Schleier bedeckt war. Das schön frisierte Haar der Knidierin war jedoch nicht verhüllt, und ihr Hals war zur Gänze sichtbar. Höchstwahrscheinlich gehörte der Kopf im Britischen Museum also zu einer Mantelfigur der Kore, der Tochter der Demeter, in deren Heiligtum er ja auch entdeckt worden ist.

In die hinter dem Temenos der Unterweltsgottheiten aufragende senkrechte Felswand sind in unregelmäßigen Abständen vier rechteckige Nischen gehauen. In ihnen mögen einst Weihfiguren gestanden haben. Heute aber sind sie leer und wirken merkwürdig hoch gelegen, da das Bodenniveau durch die Ausgrabungen sehr viel niedriger geworden ist. Eine drückende Stille lastete hier auf den verkrüppelten Bäumen und versprengten Felsblöcken unter dem düsteren Bergabsturz. Wir wendeten uns der Meeresseite der Terrasse zu und schauten über den in der Abendsonne glitzernden Golf von Syme hinweg.

Im Mittelgrund erstreckt sich ein Vorgebirge nach Süden hin ins Meer. Wir hatten gehofft, auch diese Landspitze aufzusuchen, da Newton und Murdoch Smith dort einen ihrer eindrucksvollsten Funde gemacht hatten. Sie stießen auf die Ruine eines monumentalen Grabbaus aus hellenistischer Zeit, der, in der Form vom Mausoleum beeinflußt, ursprünglich von einem gigantischen liegenden Löwen bekrönt war. Diese riesige Skulptur, die schon von ihrer Stufenpyramide herabgestürzt war und auf dem Felsen-

*16*
*Marmorlöwe vom ›Löwengrab‹, nahe von Knidos.*

kap lag, wurde mit unendlicher Mühe zum Wasser abgeseilt und nach London verschifft. Jegliche Hoffnung, die wir gehegt hatten, uns auch die Reste des Löwengrabs ansehen zu können, schwand aber bei einem wiederholten Hupenton dahin, der vom ›gazino‹, dem kleinen Restaurant am Landungsplatz, zu uns herüberschallte. Unsere Mannschaft, die es sich dort recht gütlich getan hatte, wollte uns auf diese Weise darauf aufmerksam machen, daß es Zeit zum Aufbruch sei, da dem Kaïk die vorgeschriebene Beleuchtung fehlte und wir vor Einbruch der Nacht in Bodrum zurück sein mußten. Miss Love war enttäuscht, daß wir nur so wenig von ihren Ausgrabungen in der Stadt und in der ausgedehnten Nekropole östlich davon gesehen hatten, und forderte uns auf, doch länger zu bleiben; aber die mahnende Hupe rief uns zum Schiff zurück.

Während wir im Grabungshaus unsere Sachen zusammensuchten, wurde uns ein Marmorblock gezeigt, der kürzlich in der Nähe des Rundtempels aufgetaucht war. Eine fragmentarische griechische Inschrift ist darauf erhalten mit den ersten vier Buchstaben vom Namen des Praxiteles und den ersten drei von dem der Aphrodite.

Zwei unserer Reisegenossen vom Morgen beabsichtigten in Knidos zurückzubleiben, um beim bevorstehenden Abschluß der Grabungen behilflich zu sein. Wir verabschiedeten uns von ihnen, während auf einem verstaubten Plattenspieler ›Parsifal‹ in voller Lautstärke ablief. Als wir uns aber nach unserer Gastgeberin umschauten, um uns gebührend bei ihr zu bedanken, war sie mysteriöserweise nirgendwo zu entdecken.

Doch als wir schließlich abgefahren waren, jagte uns plötzlich ein Außenbordmotorboot nach, das hinter sich her eine Gestalt auf Wasserskiern zog: Miss Love, die unser Kaïk umkreiste, um uns Lebwohl zuzuwinken.

# VON KARIEN NACH LYKIEN

Wiederum waren wir nach Süden unterwegs. Doch um auf die Straße von Muğla und Fethiye zu kommen, mußten wir zunächst von Bodrum nach Milâs zurückkehren. In der etwas traurigen Ebene zwischen Karaova und Güllük wurden wir von Nomadenkindern aufgehalten, die mit ausgestreckten Armen die Straße sperrten und in dringlichem Ton »Gazete! Gazete!« riefen. Zeitungen sind hier sehr gefragt – nicht zum Lesen, sondern zum Feuer anzünden und für sonstige praktische Zwecke.

Die enge, kurvenreiche Straße machte ein Überholen unmöglich. Geraume Zeit fuhren wir in der Staubfahne eines vor uns liegenden Traktors mit einem Anhänger voller Bauernfrauen und Mädchen, die offenbar zu einem Fest unterwegs waren. Zunächst konnten wir sie nur von hinten sehen: Köpfe und Rücken mit schneeweißen Wolltüchern bedeckt. Als sie dann auf uns aufmerksam geworden waren und sich umdrehten, zeigten sich die prächtig grün- und purpurfarbenen Kleider der Mädchen und die breiten bunten Bänder, die sie unter den Kopftüchern ums Haar geknotet trugen, die Schleife auf der Seite. Zwei junge Mütter hielten sorgsam Sonnenschirme über die Babies auf ihrem Schoß. Mit funkelnden Augen lächelten sie uns nun alle an, zunächst etwas scheu, dann mit unverhohlener Freude, und erwiderten unsere gewinkten Grüße.

In der Ebene von Milâs bilden Obst- und Olivenplantagen ein wechselnd grün und silbergraues Muster; gegen Süden geht es dann in die mit Nadelholz bedeckten Berge hinauf. In der Steigung verwandelte sich die Straße zu einem Strom aus rutschendem Schotter zwischen Wällen, die je nach Laune des zuletzt daran tätig gewesenen Bulldozers, bedrohlich eng zusammentraten oder befreiend auseinanderwichen. Dieser scharfkantige Grobschotter tat den Reifen nicht gerade gut. Bald war der Wagen, innen wie außen, mit dem rötlichen Staubpelz bedeckt, der auch die Vegetation zu beiden Seiten einhüllte. In Abständen sahen wir im Schatten am Straßenrand modernste Baumaschinen, die uns wie riesige orangefarbige Elefanten vorkamen.

Durch das nur dünn besiedelte Bergland gelangten wir zum Dorf Eskihissar, das sich in den dürftigen Ruinen der hellenistischen Stadt Stratonikeia eingenistet hat. Von der Straße her kann man ein paar antike Mauerreste und vereinzelte Säulenstümpfe unter den Bäumen ausmachen. Im Dorfzentrum, das nach dem vernichtenden Erdbeben von 1958 gänzlich wieder aufgebaut worden ist, gibt es ein kleines Lokalmuseum.

Kurz vor Muğla stießen wir auf die von Aydin kommende Hauptstraße, eine wichtige Nord-Südverbindung, die schon bis Muğla asphaltiert ist. Obgleich die Stadt im 15. Jahrhundert einer der Sitze der Emire von Menteşe war, hat sie heute nur noch wenig alte Bauten. Muğla lehnt sich gegen einen nach Westen blickenden Hügel, und seine hochgelegenen Stadtteile – Reihen weiß verputzter, holzbedachter kleiner Häuser von angenehmen Proportionen – passen sich den natürlichen Konturen der Landschaft an; das tieferliegende Stadtzentrum krankt schon an der Formlosigkeit, die modernen Betonwohnblocks und Geschäftshäusern eignet.

In einem dieser Neubauten liegt das ›Zebek‹-Restaurant, wo man uns ein ausgezeichnetes Mittagessen servierte. Ein hilfsbereiter Kellner führte uns dann zum Bazar, und ein ihm befreundeter Optiker reparierte dort Denys' Sonnenbrille. Bezahlung dafür nahm er nicht an; er hatte mehrere Jahre in Pforzheim gearbeitet und freute sich sichtlich, einmal wieder etwas Deutsch sprechen zu können.

Aus den braunen, abgeernteten Feldern jenseits von Muğla kletterten wir zu einem mit wundervollen Tannen bestandenen Hochland hinauf. Von einer Paßhöhe aus, auf der wir kurz anhielten, um die dicke Staubschicht von der Windschutzscheibe zu wischen, erhaschten wir einen bezaubernden Blick auf den tiefblauen innersten Winkel des Keramischen Meerbusens, zu dem sich riesige Waldhänge hinabzogen. Fern im Südosten erhob sich der erste der kahlen lykischen Gipfel – der vom sanften Nachmittagslicht vergoldete Sandras Dağ.

Die Luft dröhnte vom Gesumm der Bienen. Allenthalben unter den Bäumen waren ihre merkwürdigen Bienenhäuser übereinander getürmt: Stücke ausgehöhlter Baumstämme, oben darauf Strohmatten mit Steinen beschwert. Karischer Fichtenhonig bildete während der nächsten Wochen den schmackhaftesten Bestand unseres Frühstücks.

Am Spätnachmittag durchquerten wir die sumpfige Uferebene des Köyceğiz-Sees. Im Westen, jenseits des stillen silbrigen Wasserspiegels, erheben sich niedrige grünbewaldete Hügel, zwischen

denen die Ruinen des alten Kaunos verborgen liegen, einer karischen Stadt, die in der Antike wegen ihres ungesunden Klimas berüchtigt war. Ihre befestigte Akropolis, ihre öffentlichen Bauten und eindrucksvollen Felsgräber sind kürzlich von türkischen und schwedischen Archäologen erforscht worden. Wie wir aus Inschriften erfahren, war dies der Hauptort der Verehrung eines Gottes, der nur unter dem Namen ›Basileos Kaunios‹, der Herr von Kaunos, erscheint.

Wieder kurvten wir zu Bergketten hinauf, von ungeheuren Wäldern bedeckt, die den Reichtum dieser Gegend bilden. Lastautos voll mächtiger Ladungen rötlicher Stämme drängten uns wieder und wieder hart an den nicht eben gut markierten Rand der abschüssigen Straße. Die Fahrer, die zu den Lagern der ›ormanci‹ – der Forstarbeiter, unterwegs waren, schienen nicht an Gegenverkehr von Privatwagen gewöhnt. Sie hielten sich unbeirrt auf der Straßenmitte; Folgen eines möglichen frontalen Zusammenstoßes sich auszumalen, war unter ihrer Würde.

In ein waldiges Flußtal hinabtauchend, überquerten wir das breite Schotterbett des Dalaman, des alten Indos. Dann ging es über einen weiteren Paß und viele Kurven hinunter zu einer geheimnisvollen Meeresbucht, in die, von Klippen gesäumt und alten Bäumen umstanden, die Abendschatten schon eingefallen waren. Diese Gegend ist reich an Chromvorkommen; an der Straße fiel uns der bewachte Eingang eines Lagers auf, in dem Erz aus dem Bergwerk des Kizil Dağ für den Export gestapelt wird.

Plötzlich wichen die düsteren Felswände zu beiden Seiten des Weges zurück, und wir befanden uns wie auf einem Aussichtsplatz oberhalb der Bucht von Fethiye, dem alten lykischen Telmessos. Die kühlblauen, niedrigen Hügel vor uns fühlten schon den Hauch der Nacht. Auf einem höher gelegenen Rücken im Mittelgrund streifte ein letztes bronzenes Licht die ragenden Wipfel. Das blasse Meer jenseits spiegelte einen Himmel, in dem nun alle Farbe erloschen war; doch die ferne Riesenkette des Massikytos im Osten glühte noch in hyazinthenen Schattierungen.

*17 Kaunos. Lykische Felsgräber.*

11
Lykische Felsgräber bei Pinara.
*Aquarell von William James Müller, 1843*

# FETHIYE – TELMESSOS

Fethiye, das antike Telmessos, hieß früher Makri; diesen Namen hatte es im Mittelalter von der mit byzantinischen Ruinen bedeckten Insel übernommen, die am Nordende der großen Bucht liegt. Das Altertum nannte die Bucht ›Glaukos Kolpos‹. Von frühester Zeit an müssen der geschützte innere Hafen und die fruchtbare Küstenebene mit ihrer waldreichen Umgebung Siedler nach Telmessos gelockt haben.

Einige in der Gegend gefundene mykenische Scherben mögen Licht auf die homerische Überlieferung werfen, die sagt, daß die Lykier griechischen Ursprungs waren. Die Geschlechter der beiden Anführer der lykischen Verbündeten der Trojaner, Glaukos und Sarpedon, stammten der Sage nach aus Argos und Kreta. Der Name der Lykier selbst ging, wie Herodot und andere meinen, auf den Athener Lykos, den Sohn des Pandion, zurück, der Zuflucht bei Sarpedon und dem Stamm der Termilen gefunden hatte, einem Volk, das später den Namen des Lykos annahm.

Die noch vorhandenen lykischen Monumente in Telmessos stammen indessen nicht aus dieser mythischen Vergangenheit, sondern aus dem 5. und 4. Jahrhundert v. Chr. und aus römischer Zeit. Zu den besterhaltenen und eindrucksvollsten unter ihnen gehören die Felsgräber und Sarkophage, die fast ausnahmslos in der Umgebung eines mächtigen Felsenhügels liegen, der sich aus dem Schwemmland zwischen dem Ostrand der Bucht und dem Steilabsturz der westlichsten Kette des Antikragos-Massivs erhebt. Hier befand sich die Zitadelle, die auf drei Seiten von ausgedehnten Nekropolen umgeben war.

Von den öffentlichen Gebäuden der Stadt ist wenig erhalten. Als um 1781 Graf Choiseul-Gouffier nach Makri (wie es damals noch hieß) kam, fand er beträchtliche Reste, unter anderem ein großes römisches Theater. Aber der Lauf der Zeiten, der Bedarf der Osmanen an handgerechtem Baumaterial und die immer wiederkehrenden Erdbeben haben diesen Monumenten schwer zugesetzt. Die österreichischen Archäologen Benndorf und Niemann, die Makri im Jahr 1881 aufsuchten, mußten feststellen, daß das Theater verschwunden war und man seine behauenen Steine zum Bau von Baracken nach Skutari verbracht hatte. Heute verrät sich der Standort des antiken Theaters nur durch

*18 Telmessos. Lykische Felsgräber. (George Scharf)*

eine Mulde im Steilhang, dort wo der Zuschauerraum sich befand, und durch einen davor liegenden halbkreisförmigen Platz, die frühere Orchestra. Auf dem Abhang hat sich jetzt ein Freilichtkino, das ›Yildiz Sinemasi‹, installiert, in profaner Nachfolge der antiken Schaustellungen, denen die Bürger von Telmessos hier einst beiwohnten.

Auf dem Weg von unserem Hotel am Südende der Stadt zum kleinen Museum, das archäologische Funde aus der Umgebung enthält, wurde uns klar, wie stark Fethiye durch das Erdbeben von 1958 zerstört worden sein mußte: es ist fast vollständig wiederaufgebaut. Ein kompromißlos moderner Ort ist so entstanden mit neuen Kais, einer mächtigen Hafenmole, breiten, baumbeschatteten Boulevards, Verwaltungsgebäuden aus Beton und Wohnvierteln voller genormter Häuser mit roten Ziegeldächern. Nur noch ganz wenige kleine alte Holzhäuser stehen auf den unteren Hängen der Akropolis und in dem Tal östlich davon.

Zwischen den modernen Bauten der Unterstadt haben sich, gleichsam eingesperrt von Asphalt und Pflaster, noch eine Anzahl ragender lykischer Steinsarkophage erhalten, deren hohe Basen und reliefgeschmückte Gehäuse von charakteristischen Spitzbogendeckeln bekrönt werden. Neben der ›Belediye‹, dem Sitz der Stadtverwaltung, steht ein besonders prächtiges Exemplar mit flach reliefierten Friesen, ein Zeuge der umwälzenden Veränderungen, die Telmessos erlebt hat. Ursprünglich muß dieser westliche Teil der Stadt ein lykischer Friedhof gewesen sein; doch, wie auch in anderen kleinasiatischen Küstengebieten, hat sich das Bodenniveau während der Jahrhunderte langsam gesenkt, und das Meer überflutete diese abgesunkenen Teile. Ein heute im Britischen Museum befindliches Aquarell, das William Müller um 1843 malte, zeigt diesen Sarkophag vom seichten Wasser der Bucht umspült. Nach dem Erdbeben von 1958 wurden zur Anlage des neuen Hafens und der Uferpromenade dem Meer beträchtliche Strecken des Küstensaums wieder entrissen: somit steht der Sarkophag neuerlich auf trockenem Grund, wenn auch ein wenig verloren in einem Loch mitten im modernen Bürgersteig.

Der lykische Bestattungsbrauch erforderte offenbar, daß der Verstorbene nicht in die Erde, sondern in ein hochliegendes Grab unter freiem Himmel gebettet wurde. Die frühesten Typen, die sogenannten Pfeilergräber, sind schon von der zweiten Hälfte des 6. Jahrhunderts v. Chr. an errichtet worden: hohe Monolithpfeiler, meist auf einem Sockel, Steinkisten – die mit Reliefs und Skulpturen geschmückt sein können – unter weit vorkragender Deckplatte.

*19*

*20*

21

*19*
*Pfeiler-Grab. Monolithpfeiler auf Stufensockel, unter der bekrönenden Deckplatte, kleine ausgehauene Grabkammer.*

*20*
*Grabhaus mit flachem Dach (oft auch Satteldach), die Holzkonstruktion des lykischen Wohnhauses in Stein imitierend.*

*21*
*Sarkophag (kleineres Grab als Grabhaus) mit Spitzbogendach, bildet ebenfalls Holzkonstruktion des Wohnhauses nach.*

*22*
*Tempel-Fassade (seltener auch freistehendes Tempelgrab), Einfluß ionischer Architekturelemente.*

Typen lykischer Grab-Bauten

22

23 *Lykischer Sarkophag (›Wassergrab‹) in der Bucht von Fethiye-Telmessos. (Aquarell von William James Müller)*

Ein zweiter Typ, der von etwa 460 v.Chr. an in Gebrauch kommt, imitiert in Stein die eigentümlichen Holz- und Bruchsteinbauformen des typischen, flachgedeckten lykischen Wohnhauses. Die Balken und Pfosten der Holzkonstruktion waren, wie die neuesten Forschungen der dänischen Archäologen Jan Zahle und Kjeld Kjeldsen erwiesen haben, in einer Kombination von Überblattungs- und Verzapfungstechnik miteinander zu einem Holzgerippe verbunden, das, mit Bruchsteinen gefüllt, solide Wände bildete. Diese ungewöhnliche, scharnierähnliche Konstruktionsform, die Bruchsteinmauern, durch hölzerne Ankerrahmen stabilisierte, scheint sich in einem waldreichen Land wie Lykien, das zu allen Zeiten von Erdbeben heimgesucht worden ist, besonders empfohlen zu haben. Imitationen der Schmalseiten solcher Häuser mit ihrem kassettierten Rahmenwerk und von Schalbrettern eingefaßten Lehmdächern über einer Schicht aus eng aneinander gelegten Baumstämmen, finden sich überall dort, wo hohe glatte Felswände das Aushauen einer Grabfassade ermöglichten. An Stellen, die geeignete Felsvorsprünge boten, konnten auch gelegentlich die beiden Langseiten des ›Hauses‹ vollständig nachgebildet werden; und in ganz seltenen Fällen – wenn der Auftraggeber genügend Mittel und einen freistehenden Felsklotz zur Verfügung hatte – sind auf allen vier Seiten ausgearbeitete Imitationen des lykischen Wohnhauses erhalten. Nur selten finden sich freistehende Sarkophage dieses Typs.

Die Idee, den Toten in einer aus unvergänglichem Material hergestellten Behausung zu bestatten, die dem eigenen Wohnhaus so ähnlich wie möglich ist, taucht in vielen antiken Kulturen auf, und hilft dem modernen Forscher, sich ein genaueres Bild von den Lebensformen vergangener Zeiten zu machen.

Ein weiterer Grabtyp, der hölzerne Konstruktionsformen in Stein umsetzt, ist der freistehende, auf einem hohen Sockel ruhende, und mit einem Spitzbogendach versehene Sarkophag. Dieser Typ taucht in Lykien etwa um 400 v. Chr. auf und findet sich auch, allerdings recht selten, als Grabfassade in Felswänden. Die höchst eigentümliche Dachform wirkt wie ein umgestülptes Boot mit geklinkerten Planken und langem Kiel und muß ursprünglich dazu gedient haben, Regenwasser abzuleiten. Diese, vom flachgedeckten Wohnhaus abweichende Form und die bewußte hohe Abhebung des Sarges vom Erdboden weisen darauf hin, daß es ursprünglich Sinn der Bauform war, den Inhalt des Steinkastens vor der Witterung, vor Ungeziefer und vor Nagetieren zu schützen. Ähnlich konstruierte Holzbauten – es sind Getreidespeicher – haben sich bis heute in Lykien erhalten, und ermöglichen den Rückschluß, daß dieser Sarkophagtyp auf altlykische Speicherbauten zurückgeht.

Mit dem zunehmenden Einfluß der griechischen Architektur auf Lykien erfuhren die bodenständigen Grabformen eine langsame Hellenisierung. Die charakteristischen Elemente der Holzkonstruktion verschwinden nach und nach und werden von klassischen Bauformen ersetzt. Die Grabfassade wurde nun häufig dem ionischen Tempel nachgebildet, und solche Felsgräber mit griechischen Säulen, Gebälk, Friesen und Giebeln finden sich in vielen lykischen Städten, drei besonders gut erhaltene Beispiele in Fethiye selbst. Daneben gab es auch freistehende, aus Hausteinen errichtete Gräber in Tempelform; sie waren aber wohl stets der seltenere Typ und darüber hinaus stärker durch Erdbeben und Steinräuber gefährdet. Von wenigen, die noch erhalten sind, ist das Nereidenmonument von Xanthos das früheste und prächtigste Tempelgrab.

Nachdem wir das bescheidene Lokalmuseum besichtigt hatten, stiegen wir zu dem von Gräbern siebartig durchlöcherten Felsabsturz hinauf, der sich im Osten über der modernen Stadt erhebt. In dieser grauen Steilwand kann man fast jede mögliche Abwandlung von Grabfassaden studieren: einfache rechteckige, eine hölzerne Kassettierung imitierende Hausfronten; aufwendigere zweistöckige Typen; zuletzt solche, an denen der ionische Zahnschnitt erscheint und griechische Architekturformen die Oberhand gewinnen.

Die eindrucksvollsten Gräber in diesem Teil der Nekropole sind zweifellos die drei höchstgelegenen, deren Fassaden ionische Antentempel nachbilden: die vorspringenden Seitenwände des Tempels, die ›Anten‹, bilden eine tiefe Vorhalle und rahmen zwei ionische Säulen ein, über denen sich Gebälk und Giebel erheben. Die oberhalb der Giebelecken aufragenden ›Akrotere‹, die Giebelbekrönungen, sind nur grob aus dem Felsen herausgearbeitet; die feineren Details waren einst mit Farben aufgemalt. Reste solch ursprünglicher Bemalung waren noch im 19. Jahrhundert an dem reich gegliederten Türsturz des obersten der drei Gräber zu sehen, das nach der Namensangabe »Amyntou tou Ermagiou« (Sohn des Hermagios), die in griechischen Buchstaben auf der linken Ante eingemeißelt ist, das ›Amyntasgrab‹ genannt wird.

Alle Einzelheiten eines Tempelportals sind an dieser Grabtür zu finden: die Füllungen der beiden hölzernen Türflügel, die Bronzenägel, mit denen sie beschlagen waren und die sie schmükkenden Rosetten. Alles ist hier aus dem Fels gehauen und vermittelt in überraschender Deutlichkeit, wie eine originale griechische Tempeltür ausgesehen haben muß. In die kleine viereckige Grabkammer des Amyntasgrabes konnte man jedoch nur durch eine Öffnung in dem untersten Feld des rechten Türflügels gelangen. Diese rechteckige Öffnung war ursprünglich mit einer Schiebeplatte aus Stein verschlossen. Jetzt ist sie verschwunden, und es gähnt dort ein Loch, da das Grab – wie übrigens auch alle anderen Gräber in Telmessos – schon in der Antike von Räubern geplündert worden sein muß.

Bei dem am tiefsten gelegenen der drei ionischen Tempelgräber ist der untere Teil der linken Säule ›in antis‹ weggebrochen, und das Oberteil des Säulenschaftes mit dem ionischen Kapitell hängt vom Gebälk herab als wäre es ein Stalaktit.

Auf dem Weg von dort zur Akropolis von Telmessos wurden wir von einer Kinderschar begleitet, aus der sich alsbald ein schwarzbezopftes kleines Mädchen mit schmalem, klugem Ge-

24 *Fethiye-Telmessos. Felsgrab des Amyntas. Fassade eines ionischen Antentempels.*

sicht herauslöste und uns in den Garten ihrer Eltern einlud, in dem weitere Gräber zu sehen seien. Wir folgten ihr in ein Gewirr von kleinen Häusern, die von Feigen- und Zitronenbäumen beschattet, auf den unteren Hängen der Akropolis liegen. Hier sind vereinzelt aufragende Felskuppen und Blöcke zu freistehenden Sarkophagen ausgehauen, an die sich die bescheidenen Holzhäuschen in nachbarlicher Vertraulichkeit zu lehnen scheinen. Ein dürftig bekleideter Greis, der eine Hütte unterhalb eines dieser Sarkophage bewohnte, zeigte uns, mit seinem skeletthaft dünnen Arm hinaufdeutend, sein tägliches Memento Mori – eine in flachem Relief auf der Langseite dargestellte Begräbnisprozession.

Etwas weiter den Hang hinauf, oberhalb der Zone von Gärten und Hütten, schaut seewärts eine Gruppe von drei, in den Fels gehauenen Grabkammern, deren mittlere über dem Giebel der griechischen Fassade mit palmettenförmigen Akroteren geschmückt ist. Auch nach der Landseite zu sind die Hänge des Akropolishügels voller Grabfassaden, die vor allem lykische Holzkonstruktionen nachahmen.

Das kleine Mädchen namens Melek – das heißt ›Engel‹ – hatte bereits einen Feigenbaum für uns geplündert und bestand nun darauf, uns zum Gipfel der Akropolis zu führen; sie schien ganz fasziniert von den Besuchern aus einer fremden Welt. Wie eine Gemse sprang sie von Felsblock zu Felsblock vor uns her, schaute sich aber häufig um, um sich zu versichern, daß wir ihr auch folgten.

Die Akropolis trägt eine Festung, von der sich verfallende Mauern ins Tal hinabziehen. Zwischen Königskerzen und großen Disteln stießen wir auf dem ausgedörrten Hang auf die massiven Pfeiler eines Tores, dessen Türsturz mit einer langen, doch unleserlich verwitterten Inschrift bedeckt, von einem Erdbeben herabgeworfen worden war. Die Mischung von verschiedenartigstem Mauerwerk auf dem Akropolishügel zeugt von Jahrtausenden der Bautätigkeit durch Lykier, Griechen, Römer, Byzantiner, Johanniter und Türken. Oben auf der Zitadelle steht ein rostiger Eisenrahmen mit einem Gewirr von elektrischen Leitungen und Birnen; wie wir am Abend feststellen konnten, bilden diese Zurüstungen den leuchtenden Umriß eines riesigen Männerprofils – das des allgegenwärtigen Atatürk.

Wir kletterten dann über die südliche Schulter des Akropolishügels, um einen Blick über die ganze Bucht zu gewinnen, die in ruhigem Aquamarinblau in der schützenden Umarmung des rötlich schimmernden Vorgebirges und der mit Kiefern bestandenen Insel Meğre Ada liegt. Die fruchtbare Flußebene im Osten mit ihren dunkelgrünen Zitrusfruchtplantagen, den rauchgrauen Olivenhainen und den blühenden Baumwollfeldern steht in seltsamem Gegensatz zu den kahlen Bergmassiven dahinter. Die abgelegenen Täler dieser Felsketten bergen Ruinen weiterer lykischer Städte: Kadyanda, Araxa, Oinoanda und Bubon, die bis jetzt noch kaum von Touristen besucht werden.

Am Nachmittag versuchten wir Lebensmittel für ein Picknick am nächsten Tage einzukaufen. In dem blitzsauberen, aber völlig charakterlosen modernen Bazar fanden wir Brot, Tomaten und prächtige rote Äpfel, aber weder Käse noch Wurst. Zum Abendessen gingen wir in das ›Rafet‹-Restaurant am Kai, das sich als gut und ruhig erwies; am vorausgehenden Abend waren wir dort vom betäubenden Lärm einer Jazzband vertrieben worden, die den wohlhabenderen Bürgern von Fethiye den Freitag, den islamischen Sonntag, verschönte. In Frack und weiße Westen gekleidet, boten die Musiker unter freiem Himmel einen erstaunlichen Anblick in der einfachen Umgebung des Hafens. Zwei breite, schwere und mennigrot bemalte Schwarzmeerbarken lagen an der Mole neben riesigen Stapeln von Stämmen, die sie laden sollten, vertäut. Solch hübsche, altväterliche Schiffe werden noch viel im türkischen Küstenverkehr verwendet.

# DAS XANTHOS-TAL UND DAS LETOON

Früh am Morgen tankten wir voll und erstanden einen Vorrat von Trinkwasser in Flaschen. Gutes Wasser und Tankstellen sind im Xanthostal noch selten.

Von Fethiye fuhren wir flußaufwärts nach Osten und gelangten allmählich in lichte Wälder von Valloniaeichen und alten Kiefern. Streckenweise war hier der dunkle Boden gerodet und mit jungen Oliven bepflanzt. Am Rande mancher Plantagen waren noch Bulldozer tätig, die dort an widerspenstigen Baumstümpfen und Wurzeln wie wütende Terrier rissen. Hier war der Fluß nur mehr ein Rinnsal und bald darauf erreichten wir das Plateau, das die Wasserscheide zwischen der Bucht von Fethiye und dem Xanthostal bildet. Immer noch kamen uns Holzlastwagen entgegen und wirbelten Staub auf. Durch seinen Schleier aber begannen wir nun die riesige Bergkette des Massikytos auszumachen, die fast die ganze Länge des Xanthostales im Osten begleitet.

Als wir den Westrand der Flußebene erreicht hatten, drehten wir nach Süden und fuhren parallel zum Lauf des seichten, in breitem Geröllbett vielarmig geteilten Xanthos; gelegentlich sahen wir sein Wasser jenseits von Mais-, Tabak- und Baumwollfeldern aufblitzen. In dieser feuchtheißen Region hatte die Baumwollernte bereits begonnen. Scharen gebückter Frauen standen in dem hüfthohen Pflanzenmeer, das zur Reifezeit dreifarbig schimmert: Stiele und Blätter grün und rostfarben, und die daunenhaft zarte Baumwolle strahlend weiß. Die Erntenden hatten wegen des Staubes und der Sonnenglut ihre Kopftücher um Stirn, Mund und Kinn gewickelt – in einer Weise übrigens, die sich schon auf dem sogenannten ›Alexander-Sarkophag‹ im Archäologischen Museum von Istanbul dargestellt findet; dieses reliefgeschmückte Werk aus dem späten 4. Jahrhundert v. Chr. zeigt persische Krieger, die ihre Kopfbedeckung auf genau die gleiche Art geschlungen tragen.

Auf bereits abgeernteten Tabakfeldern waren die kahlen Pflanzenstiele in säuberlichen, zeltartigen Pyramiden zum Trocknen zusammengesetzt; später sah ich solche dürren Tabakstengel an Stelle von Stroh zur Bedachung von Hütten benutzt. Kinder, die Ziegen und Kühe bei frischgrünen Hecken am Wegrand hüteten, riefen und winkten uns vergnügt zu. Vor verstreut liegenden kleinen Bauernhäusern, denen Granatapfel-, Feigen-, und andere Obstbäume Schatten gaben, leuchteten bunte Blumen in weiß gekalkten Töpfen.

Es nimmt kaum Wunder, daß dieses lachende und fruchtbare Tal – Homers »reiches Land Lykien« – vor seinem Hintergrund mit den dichten Wäldern und wild gezackten Bergen der Schauplatz vieler alter Mythen und Märchen war: das Wunderland, in dem das Ungeheuer Chimaira in einer Felsschlucht des Kragos lauerte, das Feld der Heldentaten des Bellerophon und das Herrschaftsgebiet des »göttergleichen« Sarpedon, des Zeussohnes, der vor Troja sein Leben lassen mußte, aber auf des Vaters Gebot von den Brüdern ›Schlaf‹ und ›Tod‹ zurück in die Heimat zum Begräbnis getragen wurde.

Die Westseite des Xanthostales erinnert dort, wo bewaldete Ausläufer des öden Kragos-Massivs mit vereinzelten Gruppen alter Eichen bis in die offene Flußebene hinausreichen, an englische Parks; das starke Licht des Südens aber, und die tiefen Farben der schattenzerklüfteten Bergketten lassen eher an italianisierende Landschaften von Claude Lorrain und Poussin denken.

In diesem Gebiet mit den noch recht primitiven Straßen hält sich die uralte Form des Transports auf Kamelen und Eseln. Während wir vorsichtig einen schaukelnden Zug von Kamelen überholten, scheuten die Tiere plötzlich und brachen in verschiedene Richtungen aus; ein Seil, das sie miteinander verband, streifte ihren ältlichen Besitzer von seinem neben dem Zug entlang trottenden Esel. Noch ehe wir ihm zur Hilfe eilen konnten, war er bereits bedächtig aufgestanden, hatte sich den Staub von den weiten Hosen geklopft und seinen prächtig bestickten Sattel bestiegen, ohne uns eines Blickes zu würdigen. Seine Frau, die inzwischen vom Ende der Karawane herbeigeeilt war, brachte den Kamelzug wieder in die rechte Ordnung und schnallte die hier und dort verrutschte Ladung fest, die in verblichene, aber immer noch schöne alte Kelims gewickelt war.

Als wir durch ein höher gelegenes Dörfchen mit dem treffenden rustikalen Namen Çobanlar, Ort der ›Hirten‹, fuhren, erstaunten uns brennend rote Flecken, die auf dem braunen Fichtennadelteppich unter den Stämmen leuchteten: die Ernte von roten Pfefferschoten, die getrocknet wurden. In der Lattenkonstruktion kleiner, hölzerner Vorratsspeicher lebt hier noch die Form antiker lykischer Bauten fort.

Jenseits des vom Marktbetrieb wimmelnden Ortes Eşen (der früher Kestep hieß) führt der Weg wieder durch Wälder. Verstreute Blöcke antiken Mauerwerks rechts der Straße werden vom Guide Bleu irreführend als Reste der lykischen Stadt Pinara bezeichnet; in Wirklichkeit liegen deren Ruinen mehrere Kilometer zurück im Nordwesten zwischen den felsigen Ausläufern des Antikragos.

Auf der Weiterfahrt nach Süden stießen wir unerwarteterweise auf einen nützlichen Wegweiser, der nach rechts zum Letoon zeigt. Wir schlängelten uns in offeneres, mit Baumwolle bepflanztes Gelände hinunter, das von bebuschten Hügeln gesäumt ist; es sind dies die Vorposten des San Dağ oder Kragos, der die Küstenebene der Xanthosmündung beherrscht. Der Pfad wand sich zwischen Wasserläufen und Gruppen von Pappeln und Maulbeerbäumen. Nachdem wir zwei baufällige Brückchen passiert hatten, erreichten wie eine kleine, zwischen Hügeln gelegene Ebene, wo ein paar Hütten im Schatten von Obstbäumen stehen. Auf einer Anhöhe am Ostrand der Niederung erhebt sich das einzig solide gebaute Haus des Örtchens Kumluova und unterhalb davon ein ›Çardak‹, eine improvisierte, schilfrohrgedeckte Pergola mit Stühlen und einem Tisch, – das Grabungshaus und der luftige Eßplatz unserer französischen Kollegen, der Ausgräber des Letoon.

Wir hatten gehofft, sie bei der Arbeit anzutreffen, aber der türkische Wächter teilte uns mit, daß alle Expeditionsmitglieder auf einen Ausflug nach Pinara gegangen seien; so begannen wir, uns die Ausgrabungen allein anzuschauen.

Das Letoon, der heilige Bezirk der Göttin Leto, war das Bundesheiligtum des lykischen Volkes. Der aus antiken Quellen bekannte Ort wurde 1841 von R. Hoskyn, dem Quartiermeister des mit dem Abtransport der Skulpturen von Xanthos betrauten Schiffes ›Beacon‹, wiederentdeckt, und seit 1962 von Professor Metzger und seinen Kollegen systematisch ausgegraben. Da der Grundwasserspiegel hier sehr hoch liegt, ist die Grabung besonders schwierig; in schon trockengelegte Gräben sickert stets wieder Wasser ein, und so ist es nicht immer einfach, die Grundrisse der freigelegten Gebäude auszumachen.

Vorbildlich ausgegraben und vollkommen verständlich bieten sich die Ruinen einer Gruppe von drei hellenistischen Tempeln dar, die, Nord-Süd orientiert, parallel zueinander auf einer Felsterrasse zwischen zwei großen sumpfigen Niederungen liegen. Das östlichste dieser Heiligtümer (Tempel B) war ein dorischer Tempel. In der Cella ist ein schönes Bodenmosaik mit einem Bogen und Köcher, einer großen Rosette und einer Leier – den Symbolen von Apollon und von Lykien – erhalten und ermöglicht uns, den Bau als Kultstätte für Letos Sohn Apollon zu identifizieren. Im Inneren sind in den Fundamenten Reste eines früheren Tempels, vielleicht aus der Mitte des 4. Jahrhunderts v. Chr., zu erkennen.

Nahe am Hang der Ostflanke des Tempels B wurde 1973 eine auf drei Seiten mit Inschriften bedeckte Stele entdeckt, deren eine unbeschriebene Schmalseite einst an eine Mauer stieß. Die freistehenden Seiten tragen den in drei Sprachen abgefaßten Text, der für die Erforschung des Lykischen, einer indo-europäischen, dem Hethitischen und Luwischen verwandten Sprache, von ausschlaggebender Bedeutung ist. Die offizielle Hof- und Diplomatensprache der Perserkönige war das Aramäische. Die dem Tempel zugekehrte, und daher prominenteste Schmalseite der Stele war mit 27 Zeilen in dieser westsemitischen Sprache beschrieben. Der Text ist ein Dekret, das von Pixodares in Xanthos (hier Orna genannt) im ersten Regierungsjahr von Artaxerxes III (358 v. Chr.) erlassen wurde. Es handelt sich dabei um die Gründung eines neuen Kultes im Letoon für die Götter Basileos Kaunios und Arkesimas und um Regelungen für den Unterhalt ihres Priesters und des Heiligtums sowie für Opfer. Am Schluß wird der Zorn der Götter auf alle die herabgerufen, die gegen die Anordnungen der Inschrift verstoßen. An den Breitseiten der Stele erscheint der gleiche Text mit leichten Abwandlungen in 35 Zeilen auf Griechisch und in 41 Zeilen auf Lykisch. Unter den am Ende angerufenen Göttern sind Leto, ihre Kinder und die Nymphen.

Nicht nur linguistisch, sondern auch historisch und religionsgeschichtlich ist diese ›Trilingue‹, die bereits hervorragend von den Professoren H. Metzger, E. Laroche und A. Dupont-Sommer veröffentlicht worden ist, von größter Bedeutung. Wir erfahren hier zum ersten Mal, daß Pixodares, das fünfte Kind des Hekatomnos, schon im Jahre 358 v. Chr. einmal die Satrapie von Karien und Lykien innehatte. Bisher hatte man angenommen, daß sein älterer Bruder Mausolos ununterbrochen von 377–353 Satrap von Karien war.

25 *Letoon. Blick über die Fundamente dreier hellenistischer Tempel.*

Diese neue Tatsache wirft Licht auf die Wirren am Ende der langen Regierungszeit des Artaxerxes II, der 358 v. Chr. vierundneunzigjährig starb. Der 366 v. Chr. ausgebrochene Satrapenaufstand, in den Mausolos zunächst mit verwickelt gewesen war, drohte wieder aufzuflackern, und es mag sein, daß der neue Großkönig, der selbst durch die Ermordung seiner gesamten Verwandtschaft an die Macht gekommen war, Mausolos mißtraute. Von Pixodares wissen wir bereits, daß er sich im Jahre 341 v. Chr. durch Absetzung seiner älteren Schwester Ada zum Satrapen aufgeschwungen hatte; es überrascht also kaum zu erfahren, daß ihm schon siebzehn Jahre früher in unruhigen Zeiten eine ähnliche Intrige gelang. Vermutlich hatte er sich bei Artaxerxes III in Gunst zu setzen gewußt, und wurde so an Stelle von Mausolos mit der Satrapie belehnt. Seine damalige Regierungszeit muß aber von ganz kurzer Dauer gewesen sein, da sie weder bei Historikern noch in den Münzprägungen Kariens und Lykiens einen Nachhall gefunden hat. Wahrscheinlich fiel Pixodares bald in Ungnade, und Mausolos wurde wieder in seine alten Rechte eingesetzt.

Daß Pixodares, wie die ganze Dynastie der Hekatomniden, ein gewiegter Politiker war, erhellen die Bestimmungen seines Erlasses im Bundesheiligtum der Lykier. Nicht nur setzte der neue Satrap neue Archonten für Lykien und einen neuen Gouverneur für Xanthos ein, Beamte, die ihm zweifellos hörig waren, sondern er begründete den Kult eines karischen Gottes, des Basileos Kaunios, in Lykien, in einem ganz politisch inspirierten Akt, der die beiden, bisher nicht gemeinsam verwalteten Länder auf kultischer Ebene verbinden sollte. Lykien hatte im ersten Viertel des 4. Jahrhunderts v. Chr. vermutlich dem Satrapen von Sardis in Lydien, Autophradates, unterstanden, und wurde erst nach dem Zusammenbruch des Satrapenaufstandes von 366 v. Chr. der Satrapie Karien angeschlossen.

Neben dem Tempel des Apollon, bei dem die Pixodares-Inschrift aufgetaucht ist, liegen die Reste eines kleineren ionischen Baus, der einen offenbar heiligen Felsblock ummantelte und sowohl ein Tempel wie ein Altar gewesen sein könnte. Eine griechisch-lykische Inschrift des 4. Jahrhunderts v. Chr., die hier entdeckt worden ist, macht wahrscheinlich, daß dieser Bau Apollons Schwester Artemis geweiht war; ihr Name erscheint auf Lykisch in der Form ›Ertemi‹.

Das westlichste der drei Heiligtümer, der sogenannte Tempel A, ist ein größerer ionischer Peripteraltempel mit sechs Säulen an den Schmal- und elf Säulen an den Langseiten. Viele marmorne Säulentrommeln und Blöcke der Cella sind erhalten, auch Teile von Gebälk und Sima (Traufleiste). Die Sima ist mit schön gemeißelten Palmetten und Löwenköpfen geschmückt. Welcher Gottheit der Tempel geweiht war, wissen wir nicht.

Südwestlich der Felsterrasse lassen sich in dem trüben Wasser, das hier wieder in das während der Ausgrabung trockengelegte Gebiet eingesickert ist, Ruinen eines Nymphäums, des architektonisch einst reich gefaßten Quellhauses, erkennen: eine zentrale Halle, ein halbkreisförmiger Portikus und ein davor liegendes Becken. Eine Inschrift an der Fassade besagt, daß diese Anlage zur Regierungszeit Kaiser Hadrians (117-138 n. Chr.) erbaut worden ist. Unter dem römischen Bau haben sich indessen hellenistische und noch frühere Reste gefunden und lassen vermuten, daß sich an die Heilige Quelle eine lange Vorgeschichte gebunden haben muß. Sie war vielleicht von alters her den auch auf der Pixodares-Stele erwähnten Nymphen geweiht.

Das ganze unter Wasser liegende Areal ist von Schilf und Sumpfpflanzen umstanden und wimmelt von kleinen Wasserschildkröten und Fröschen – gleich einer vollkommenen Illustration zu Ovids Erzählung in den ›Metamorphosen‹ (VI, 313 ff.) von dem sumpfigen See weit drunten im lykischen Tal. Der Dichter berichtet, wie die umherirrende Leto mit ihren kleinen Zwillingskindern an den See kam, um ihren brennenden Durst zu stillen. Die ungastlichen Landleute der Gegend jedoch, die am Ufer Weidenruten sammelten, beschimpften die Göttin und hinderten sie zu trinken, indem sie im seichten Wasser umhersprangen und den Schlamm vom Grund aufwirbelten. Die erzürnte Leto bestrafte daraufhin die lästernden Sterblichen und verwandelte sie in Frösche, die nun auf ewig quakend im sumpfigen Teich leben.

Östlich der Quelle auf der Südseite der Tempelterrasse ist ein frühchristliches Kloster mit Mosaikfußböden aufgedeckt worden, das während der Raubzüge der Araber im 7. Jahrhundert zugrunde ging. Hier, wie so oft an heiligen Stätten der Antike, scheinen die christlichen Erbauer einen Platz gewählt zu haben, der den heidnischen Tempeln so nahe wie nur möglich war – nicht nur um die alten Götter auszutreiben, sondern auch um am Numinosen des Ortes teilzuhaben.

Wir gingen dann zu den nördlich der Tempel gelegenen neuesten Ausgrabungen hinüber. Hier bedeckte das Grundwasser die Fundamente einer im rechten Winkel angelegten, zweischiffigen, hellenistischen Säulenhalle, die den Heiligen Bezirk auf dieser Seite begrenzte. Vor dieser Stoa sind eine große Anzahl hellenistischer Stelen mit Inschriften gefunden worden, und auf einem tiefer liegenden Niveau, innerhalb des Baus, lykische Reste des 6. und 5. Jahrhunderts v. Chr. – ein Beweis für die Existenz eines Heiligtums schon in archaischer Zeit. Im Osten schließt sich an diese Halle ein großer, rechteckiger Saal aus trajanischer Zeit (98-117 n. Chr.) an.

Jenseits der Säulenhalle lehnt sich ein fast völlig überwachsenes, kleines hellenistisches Theater gegen die Nordflanke eines Hügels. In dem prachtvollen Mauerwerk der gekurvten Außenseite öffnet sich ein von Pilastern flankierter und mit flachem Giebel bekrönter, tunnelartiger Zugang, durch den wir in den Zuschauerraum, die ›Cavea‹, mit ihren verfallenden Sitzreihen gelangten. In der Orchestra wachsen verwilderte Oliven und Feigenbäume in einem Erdreich, das der Regen vom Berg oberhalb heruntergeschwemmt hat. Ein zweiter gewölbter Gang führt von Osten her in das Theater. Seine Fassade an der Außenwand trägt einen dorischen Fries, dessen Metopen mit Reliefs von sechzehn Theatermasken geschmückt sind. Der Bau ist als Ganzes noch so gut erhalten, daß er mit verhältnismäßig wenigen Mitteln wieder hergerichtet werden könnte.

Jenseits des Hügels, auf dem das Grabungshaus liegt, haben die Ausgräber mit Geschick und viel Geschmack ein kleines Museum aus lokalem Stein und Ziegeln erbaut, in dem die zahlreichen im Letoon gemachten Funde untergebracht sind.

# PINARA UND TLOS

Der Pfad nach Pinara, der in westlicher Richtung von der Straße nach Xanthos abzweigt, ist nicht markiert. In der Ferne steigt jedoch der schroffe Felskegel der Akropolis von Pinara über den Wipfeln auf und dient als Wegweiser.

Pinara bedeutet auf Lykisch ›von runder Form‹ – ein Name, der vermutlich die turmartige Felsbastion bezeichnete, die aus dem östlichen Steilabhang des Antikragos vorspringt. Die verlassenen Ruinen der antiken Stadt wurden 1840 von dem englischen Reisenden Charles Fellows wiederentdeckt. Der Name Pinara lebt, zu Minara abgewandelt, in dem eines Dörfchens nach, das ein paar Kilometer von der alten Stadt entfernt liegt.

Der steinige, wurzelgerippte Pfad nach Minara ist mehr für Esel und Landrover als für gewöhnliche Wagen geeignet. Er schlängelt sich westwärts an einem jener bewaldeten Ausläufer des Antikragos entlang, die bis ins Xanthostal vorstoßen. Nachdem wir eine Reihe von kleinen, felsenumringten Hochflächen durchquert hatten, endete der Pfad plötzlich am Rande einer Schlucht, in der das Dorf Minara in einem Dickicht von Seidelbast, Styrax, Oliven und Obstbäumen liegt.

Wir parkten den Wagen im grottenhaften Schatten der tief herabhängenden Zweige einer alten Eiche, und waren gerade im Begriff, in den grünen Irrgarten des Dörfchens hinabzutauchen, als ein Bauer sich uns als ›bekçi‹ (Wächter) des Ortes vorstellte. Während wir ihm durch die schattigen Sträßchen von Minara, das sich am Westrande der Schlucht entlang zieht, folgten, heftete sich ein junger Mann an uns und bot uns wiederholt recht uninteressante römische Münzen zum Kauf, bis es ihm der bekçi ärgerlich verwies und er sich beschämt davonmachte. Die Dorfältesten saßen mit untergeschlagenen Beinen und Pfeife rauchend auf einer erhöhten Plattform unter Bäumen und begrüßten uns mit förmlicher Würde, während eine Anzahl Frauen, die in einem daneben liegenden Garten Tabakblätter zum Trocknen auf lange Ruten aufzogen, uns, die vorbeigehenden Fremden, nur verstohlen musterten.

Aus der üppigen Vegetation der Schlucht stiegen wir nun zu einem baumlosen Plateau hinauf, auf dem abgeerntete Felder sich bis zum Fuß einer niedrigen, buschbestandenen Felskette

26 *Pinara. Der Felsstock der Akropolis. (Zeichnung von George Scharf)*

hinzogen. Jenseits davon türmte sich der imposante und jetzt geradezu gigantisch wirkende Felskegel der Akropolis von Pinara. Auf seinem schräg abgeflachten Gipfel sind dürftige Mauerreste zwischen Buschwerk und Ginster zu erkennen. Die Akropolis ist vom Hauptmassiv der Antikragoskette durch zwei tiefe Taleinschnitte isoliert und praktisch uneinnehmbar. Die steilen, rötlich-grauen Flanken dieses Felsturmes sind von unzähligen Öffnungen durchlöchert, den Gräbern der ältesten Bewohner, die einst dort oben lebten. Die schwindelfreien Steinmetze, die diese Felsgräber ausgehauen haben, müssen die Arbeit auf hölzernen, an Seilen vom Plateau der Zitadelle herabgelassenen Hängegerüsten ausgeführt haben; und vermutlich beförderte man auch derart die Toten zu ihrer letzten Ruhestätte.

Wir überquerten die Felder und bogen dann um das Südende einer niedrigen Felsenkette, in deren Westseite das größere der beiden Theater von Pinara eingebettet liegt. Der gut erhaltene Zuschauerraum ist aus dem anstehenden Felsen gehöhlt und weist den typischen Grundriß des griechischen Theaters auf, der den Halbkreis etwas überschreitet. Siebenundzwanzig steinerne Sitzreihen sind durch zehn radiale Treppen zugänglich. Das freistehende Bühnenhaus war einst aus schönen Quadern errichtet, doch nur seine Fundamente und Reste des Eingangs an der kurzen Südseite stehen noch. Doch der dramatische Hintergrund der wabenartig von Gräbern durchlöcherten Akropolis, zu deren Füßen sich die bewaldete Terasse der antiken Stadt hinzieht, bietet mehr als eine Entschädigung für die verschwundene Architektur des Bühnenhauses.

Von der obersten Sitzreihe des Theaters aus, wo Zyklamen aus dürftigem Erdreich in den Spalten der Steine hervorsprossen, konnten wir weitere Friedhöfe zu Seiten der Stadt ausmachen. Sie müssen einer Zeit angehören, zu der die Akropolis nicht mehr bewohnt war und nur noch als Fluchtburg diente. Im Süden sind Gräber mit Tempelfassaden im tiefen Schatten einer niederen, baumüberhangenen Felswand zu erkennen, während im Norden eine Gruppe freistehender Sarkophage mit Spitzbogengiebeln eine kleine Ebene beherrscht. Alle bis auf einen sind von ihren hohen Basen gestürzt. Im Vorbeigehen bemerkten wir auf einem eine lange lykische Inschrift.

Die öffentlichen Bauten von Pinara erhoben sich auf einer, jetzt von Kiefern bestandenen Felsterrasse zu Füßen der Akropolis und auf dem Hang unterhalb davon. Trotz der Erdbeben, die offenbar im frühen Mittelalter die Stadt weitgehend zerstört hatten, konnte Fellows 1840 noch die Reste von Tempeln, Säulenhallen, einem zweiten Theater oder Odeon, und Mauern aus polygonalen Blöcken erkennen. Seitdem jedoch haben die Einwohner von Minara die Ruinen als Steinbruch benutzt, und so sieht man sich heute inmitten eines kaum mehr verständlichen Gewirrs von zertrümmerten grauen Hausteinen und Säulentrommeln. Archäologische Grabungen könnten jedoch sicher den Plan der Stadt klären helfen.

Der hier verwendete Stein ist ein Konglomerat, dessen rauhe Oberfläche weder eine Glättung noch das Herausarbeiten feiner Details gestattet. T. Spratt und E. Forbes, die englischen Rei-

27 *Pinara. Blick auf das größere der Theater, im Hintergrund die Xanthos-Ebene, darüber die Kette des Massikytos-Massivs.*

senden, die Pinara kurz nach Fellows besuchten, bemerkten, daß bei einigen Grabbauten mit Verputz überzogene Wände durch eingekratzte Furchen gegliedert waren, so daß der Eindruck von fein behandeltem Hausteinmauerwerk vorgetäuscht wurde. Außerdem sahen sie auch in den Verputz eingekerbte Inschriften, die durch Farbe hervorgehoben waren. Die Buchstaben waren entweder blau und rot oder gelb und grün bemalt. Viele der heute rauh aussehenden Architekturtrümmer mögen einst eine glatt verputzte Oberfläche besessen haben.

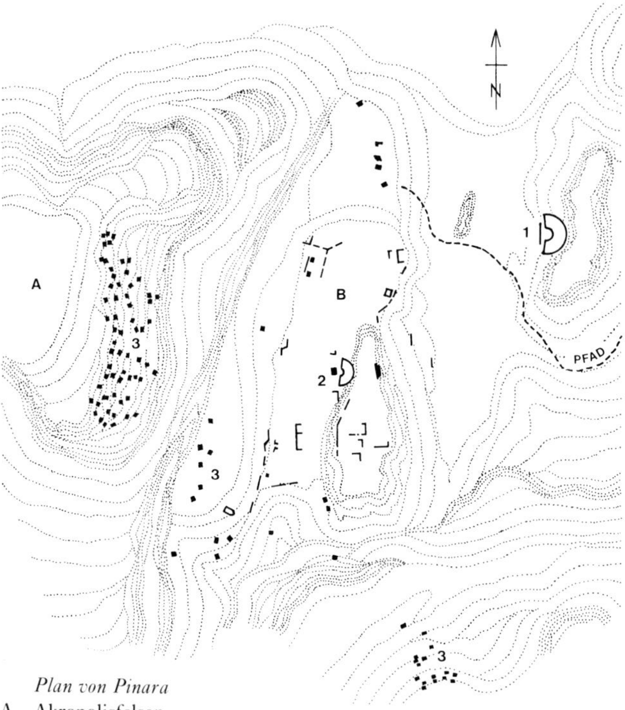


*Plan von Pinara*
A Akropolisfelsen
B Gelände der antiken Stadt
1 Theater
2 Odeon (oder kleineres Theater) der römischen Zeit
3 Nekropolen

Von der Terrasse, auf der die antike Stadt lag, kletterten wir durch Dornengestrüpp auf ein schmales Felsband am Fuß einer Steilwand, von wo man hinunter in die Klamm schauen kann, die hinter dem Akropolisfelsen beginnt und nach Süden führt. Die interessantesten der reliefgeschmückten Gräber von Pinara befinden sich hier.

Die Fassade des ersten bildet die Schmalseite eines Sarkophags mit Spitzbogendach nach. Da Hirten das Innere des Grabes wohl schon seit Jahrhunderten als Zuflucht benutzt haben, ist der untere Teil, der dem Sarkophagkasten mit seinen verzapften Pfosten und kassettierten Feldern entspricht, sehr beschädigt, aber die Konstruktionselemente des oberen Teils mit dem die Holzarchitektur getreu wiedergebenden Giebelfeld und den ›gotisch‹ geschwungenen Seiten des Daches, sind gut erhalten. Am bemerkenswertesten ist jedoch der aus dem Fels gehauene Stierschädel, dessen Hörner und Ohren den First bekrönen, genau an der Stelle, wo noch heute an den Häusern häufig ein Tierschädel oder Hirschgeweih befestigt wird.

Das zweite Grab, eines der größten von Pinara, liegt etwas weiter entlang der Felswand. Auch dieses hat schwer gelitten und ist von Hirtenfeuern geschwärzt; aber es hält eine interessante Übergangsphase der lykischen Architektur fest. Die Mittelpfosten der Fassade, die die Form einer offenen hölzernen Vorhalle aufweist, sind leider fast völlig zerstört. Über dem Gebälk zeigen Zahnschnitt und ein flacher Giebel den Einfluß ionischer Tempelarchitektur. Von den Flachreliefs, auf denen Fellows hier noch tanzende und sitzende Figuren und einen Reiter erkennen konnte, ist kaum mehr etwas zu sehen. Die Berühmtheit des Grabes beruht jedoch auf zwei Paaren von übereinander angeordneten Reliefs, die die Seitenwände im Inneren der Vorhalle schmücken. Auch sie sind stark verwittert und von Feuchtigkeit verfleckt, lassen sich jedoch leicht als die vier Ansichten einer lykischen Bergstadt erkennen. Die Stadt ist von bezinnten Mauern mit Vierecktürmen und Toren umgeben. Häuser mit den charakteristischen kassettierten Fassaden, die wir von den Felsgräbern her kennen, bedecken die Abhänge, und außerhalb der Mauern stehen Gruppen von Pfeilergräbern und Sarkophagen, genau wie in heutigen lykischen Friedhöfen. Auf dreien der Reliefs sind auch Bewohner der Stadt dargestellt: vor den Mauern ein Mann, der zwei Knaben anspricht; in einer kleinen

28 ← *Pinara. Lykisches Felsgrab. Das Spitzbogendach krönen über der Sarkophag-Schmalseite aus dem Fels geschlagene Hörner und Ohren eines Stierschädels.*

29 *Pinara. Rechts das Felsgrab mit Reliefs der Stadtansichten; links Schnitt durch den Vorraum. (George Scharf)*

Pforte zwei in Unterhaltung begriffene Personen; und neben einem Stadttor ein Mann, der den Arm in einem Gruß- oder Gebetsgestus erhebt. Da sich auf dem Nereidenmonument von Xanthos Stadtdarstellungen und Belagerungsszenen ähnlicher Art finden, führt dies zu dem Schluß, daß es sich bei dem Grab in Pinara um das eines lokalen Fürsten handelt, der hier seine Taten verewigte. Obgleich keine Schlacht geschildert ist, könnte man in der dargestellten Stadt Besitz oder Eroberung des Grabherren vermuten.

Noch weit mehr Gräber mit dekorativen Fassaden müssen sich einst in dieser Felswand befunden haben; heftige Erdbeben haben jedoch ganze Partien des Berghanges zum Absturz gebracht, und riesige Felsblöcke, auf denen noch Reste von ausgearbeitetem Gebälk zu erkennen sind, liegen jetzt tief unten in der Schlucht zerstreut.

Als wir nach Osten über diese wilde Kluft hinwegschauten, zeigte sich ein Ausblick ins ferne Xanthostal. Jenseits davon erhebt sich die ungeheure kahle Kette des Massikytos, bleich wie Gebein. Ak Dağ, ›Weißer Berg‹, ist ein passender Name für dieses Massiv, sowohl in der Spätsommerhitze, wie während der langen Monate in denen Schnee die Gipfel bedeckt.

In diesem Augenblick wurden wir uns der absoluten Verlassenheit und Unzugänglichkeit von Pinara bewußt, und wir beschlossen nach Minara zurückzukehren, ohne die weiter südlich in einer Felswand liegenden Tempelgräber zu besuchen. Wir waren auch recht durstig, und der bekçi führte uns über den mit Felsbrocken übersäten Hang hinunter zu einer Quelle, die zwischen den Wurzeln alter Platanen verborgen lag. Auf ihrem klaren Wasser schwamm eine Kürbisschale, die als Trinkgefäß diente.

In dem grün-goldenen Schatten bei der Quelle kauerte eine Zigeunerin mit zwei Kindern; unser unerwartetes Erscheinen verschreckte das kleine Mädchen so, daß es sein Gesicht im Schoß der Mutter verbarg, bis wir wieder aufbrachen. Ich hatte nichts bei mir als ein buntes Kopftuch, das ich ihm als kleines Angebinde hätte geben können, und als ich es ihm über den Wasserspiegel hin zuwarf, erhaschte es die Mutter und verbarg es sofort in ihrem Kleid. Ihr kleiner Junge hatte währenddessen kein Auge von uns gewandt.

Auf dem Rückweg zum Dorf folgten wir dem Quellbach, der über die Felsen herabspringt und dann, in Rinnsale aufgespalten, die kleinen Felder in der Ebene oberhalb von Minara bewässert. Hier stießen wir bei einem einzelnstehenden Johannesbrotbaum auf einen Bauern mit Gewehr und auf eine Schaar von Jungen mit Schleudern, die zur Vogeljagd gingen. Statt weiter auf Beute zu lauern, folgte die ganze Gesellschaft uns nun auf den Fersen. Der bekçi lief ungerührt mit langen Schritten vor uns her; wir trotteten dahin, betäubt von der Hitze und wie hypnotisiert vom regelmäßigen Auf und Ab der großen Flicken auf dem verblichenen Hosenboden unseres Führers und vom klatschenden Geräusch seiner zerissenen Plastikschuhe.

So erreichten wir schließlich wieder Minara und bedankten uns bei dem bekçi mit einem in der Hand verborgenen Geldschein, den er mit großer Würde einsteckte, während er uns einen Augenblick warten hieß. Gebieterischen Tons rief er dann etwas über eine Hecke, hinter der sich sein Häuschen verbarg. Kurz darauf schob eine hennarot gefärbte Frauenhand durch ein Loch in der Hecke einen großen Zinnteller voll herrlicher Trauben, die uns der bekçi überreichte. Im Auto herumstöbernd fand ich eine kleine Flasche Kölnisch Wasser, die ich ihm zum Dank für seine Frau gab, eine Geste, die zum ersten Mal in den vier Stunden unserer Bekanntschaft ein Lächeln auf seinem hölzernen Gesicht hervorzauberte.

Die prachtvollen Bergzitadellen von Pinara und Tlos ragen in Blickweite voneinander auf; doch während das Gebiet von Pinara auf der Westseite des Xanthos gebirgig und karg war, beherrschte Tlos die reichen, offenen Gefilde der östlichen Flußebene im Schutz der langen Massikytoskette. Die beiden Städte müssen natürliche Rivalen in ihrem Anspruch auf den Besitz des mittleren Xanthoslaufes gewesen sein, ein Gebiet, das zu den fruchtbarsten in Lykien zählt; doch von ihrer Geschichte wissen wir fast nichts.

Tlos wurde, genau wie Pinara, von Fellows wiederentdeckt, der 1838 die Stadt auf Grund einer Inschrift, die er dort fand, identifizierte. Hoskyn, Spratt und Forbes besuchten Tlos wenige Jahre später; eine österreichische Expedition folgte 1881. Auf modernen Straßenkarten ist der Ort nicht eingezeichnet, und bis vor kurzem gab es noch keinen archäologischen Plan der Stadt. Diesem Mangel ist jüngst durch eine erste kartographische Be-

30 *Tlos. Die Zitadelle. Im Hintergrund die Akropolis von Pinara. (Aquarell von William James Müller, 1844)*

TLOSS..
JAN 11 1844

standsaufnahme der Ruinen durch Dr. Wolfgang Wurster abgeholfen worden. Frühere Forscher erklärten sich außer Stande, einen Stadtplan anzulegen, da das weitläufige Areal von undurchdringlicher Vegetation völlig überwuchert war. Heute sind große Teile des Stadtgebietes außerhalb der Akropolis zum Anbau von Baumwolle und Gemüse vom Dickicht befreit worden, und es ist nun etwas leichter geworden, einen Überblick zu gewinnen.

Wir fanden nach Tlos, indem wir zunächst den Xanthos bei Kemer – einem blühenden Dorf an der Straße von Fethiye nach Antalya – überquerten, und dann in südlicher Richtung am linken Flußufer entlang bis zu dem Örtchen Düver fuhren. Zahlreiche kleine Wasserläufe eilten von den Hängen des Ak Dağ herab und kreuzten unseren Pfad, um sich in den Xanthos zu unserer Rechten zu ergießen. Da der Weg aber ungefähr auf dem gleichen Niveau wie der Fluß liegt, besteht wenig Abzugsmöglichkeit für das Bergwasser, und so fuhren wir nicht nur ständig quer durch kleine Bäche, sondern auch durch ausgedehnte Teiche. Im seichten Wasser dieser überfluteten Strecken standen Kühe, die friedlich an Hecken von Keuschlammsträuchern voll blaßlila Blüten weideten.

Gelegentlich kamen wir durch Örtchen, die auf kleinen Anhöhen gerade oberhalb des Überschwemmungsniveaus lagen. In zweien fielen uns grob gezimmerte Bretterböden auf, die in den Ästen mächtiger, über den Fluß hinausragender Platanen verstrebt waren: vom erfrischenden Hauch des Wassers gekühlt, dienten sie als schattige Versammlungsplätze der Dorfältesten.

Nach etwa einstündiger Fahrt erreichten wir ein Gehöft, von dem aus ein Pfad vom Flußufer landeinwärts nach Südosten führte. Jenseits von Mais- und Tabakfeldern hob sich hier der mächtige Felsklotz der Akropolis von Tlos vom kargen Hintergrund der Ak Dağ ab. Auf dem Gipfelplateau glänzte das Mauerwerk einer türkischen Festung in der spätnachmittäglichen Sonne.

Dr. Wurster hat festgestellt, daß die Umfassungsmauern dieser Burg als Sockel das in den untersten Lagen noch erhaltene antike Mauerwerk einer ungefähr rechteckigen lykischen Festungsanlage benützen, die im Inneren einen Felskern umschloß. Das Gebiet der lykischen Wohnstadt war, wie aus den Resten der lykischen Stadtmauer zu erschließen ist, auf das Plateau beschränkt; hier konnte, vor allem im Norden und Osten, der vertikale Absturz der Felsklippen fortifikatorisch ideal genutzt wer-

*31 Tlos. Das ›Grab des Bellerophon‹. (George Scharf)*

den. Zisternen und die Spuren zahlreicher lykischer Häuser, deren Rück- und Seitenwände aus dem anstehenden Kalk gehauen sind, haben sich auf den leicht abfallenden Hauptterrassen nördlich und westlich der Burg gefunden. Die ursprüngliche Ausdehnung der lykischen Siedlung geht nicht nur aus der Trasse der alten Stadtmauer hervor, sondern auch aus der Lage der Nekropole außerhalb der Befestigung.

Wir hatten über einen langen, ins Xanthostal vorstoßenden Hügelsporn die Höhe der Stadt erreicht. Da war, jenseits eines tief eingeschnittenen Bachtales, uns gegenüber die eindrucksvolle Nordostflanke der Akropolis mit ihren senkrecht abstürzenden Kalkschroffen zu sehen. Wie in Pinara ist diese Steilwand von Felsgräbern bienenwabenartig durchlöchert. Hier jedoch sind die Grabkammern reicher detailliert als die einfachen, querrechteckigen Grabnischen des Burgbergs von Pinara. Die Mehrzahl gehört zum Typ, der die mit Rundhölzern flachgedeckten lykischen Häuser, hier ihre Fassaden mit den kassettierten hölzernen

III

Tlos. Lykische Felsgräber unter der Zitadelle.
*Aquarell von William James Müller, 1844*

Füllungen, wiedergibt. Das wichtigste Grab allerdings weist die Form eines ionischen Tempels auf. Die Pfeiler an der Front sind jedoch nur roh ausgehauen, und die feineren Details der Kapitelle waren wohl ursprünglich in Farben aufgemalt. Die ähnlichen Tempelgräber in Telmessos sind weit qualitätvoller, aber das Grab in Tlos zeichnet sich durch ein interessantes Relief aus. Es wird ›Grab des Bellerophon‹ genannt, nach der Gestalt dieses mythischen Helden, der in der Vorhalle, links der in die eigentliche Grabkammer führenden Tür, auf seinem Flügelpferd Pegasos dargestellt ist. Als Fellows dieses Relief entdeckte, waren noch Farbreste auf der Satteldecke des Pferdes zu erkennen. Bellerophon zugekehrt ist oberhalb des Grabeingangs ein einfacher Löwe ausgehauen, nicht, wie man erwarten würde, das Ungetüm Chimaira mit dem Ziegenkopf auf dem Rücken und dem Schlangenschweif, also nicht ein Gegner des Helden, sondern ein Grabwächter: ein Motiv, das man im Orient häufig und auch andernorts in der klassischen Antike antrifft.

Obgleich hier nicht die Chimaira erscheint, ist es dennoch erregend und befriedigend zugleich, Bellerophon im Herzen einer Landschaft dargestellt zu finden, in der seine Heldentaten der Überlieferung nach stattgefunden haben. Nach Lykien war er von König Proïtos von Argos gesandt worden. Der Held hatte am argivischen Hof gelebt, bis die Königin Stheneboia begehrliche Augen auf ihn warf. Als er sich weigerte, ihren Wünschen nachzukommen, verklagte sie ihn, wie Potiphars Frau den Joseph, bei ihrem Mann. Der erzürnte Proïtos schickte daraufhin Bellerophon mit einem Brief, der sein eigenes Todesurteil enthielt, zum lykischen König Iobates. Dieser gab ihm eine Anzahl schier unerfüllbarer Aufgaben in der Hoffnung, daß Bellerophon bei ihrer Ausführung umkommen werde. Der gefährliche Kampf mit der Chimaira war die erste der Taten, die der Held vollbrachte. Die Göttin Athena hatte ihm zum Sieg verholfen, indem sie ihm beistand, das Flügelroß Pegasos zu fangen, von dessen Rücken aus er das Ungetüm aus der Luft erlegen konnte. Dann hatte er gegen die Solymer anzutreten, einen besonders kriegerischen, den Lykiern benachbarten Stamm, und danach gegen die Amazonen. Da er jedoch nicht nur diese beiden Feldzüge, sondern auch einen Hinterhalt, den Iobates für ihn gelegt hatte, überlebte, beschloß der König, Bellerophon seine eigene Tochter zur Frau und die Hälfte seines Königreiches als Morgengabe zu geben. Bellerophons Tochter Laodameia gebar dem Zeus später einen Sohn, den »göttergleichen« Sarpedon, der am Xanthos herrschte, bis er als Verbündeter der Trojaner vor Ilion von Patroklos' Hand den Tod fand. Der Mythenkreis, in dessen Mittelpunkt Bellerophon steht, muß von alters her in Lykien existiert haben, denn mehrere lykische Stämme scheinen sich von dem Helden hergeleitet zu haben.

In römischer Zeit wuchs Tlos beträchtlich; ein neuer Mauerring, der im Osten tiefer als die aus polygonalen Steinen bestehende lykische Befestigung verlief, schloß nun die bis dahin unbebaute Südostecke des Burgplateaus als Wohngebiet mit ein. Lange Strecken dieser römischen Quadermauer sind noch erhalten; auch ein Tor im Südosten mit einer Männerbüste auf dem Keilstein des Bogens und einer Inschrift auf dem horizontalen Sturzbalken, die aus dem 2. Jahrhundert n. Chr. stammt.

Aber weitaus größer als die Akropolis selbst, ist der in der römischen Kaiserzeit neu entstandene Stadtteil im relativ flachen Gelände südöstlich der ursprünglichen Siedlung. Hier liegen die monumentalen öffentlichen Gebäude von Tlos, deren Ausdehnung und erstaunlicher Erhaltungszustand in Lykien selten sind. Hart unterhalb der römischen Mauer an der Ostflanke des Burgbergs laufen Reste von langen Sitzstufen, die vermutlich zu einem Stadion gehören. Am Hang auf der gegenüberliegenden Seite der Stadionebene erhebt sich ein langgestreckter, dreischiffiger Hallenbau aus Quaderwerk, der zwei Geschosse besaß. Daran stieß im Süden eine einschiffige Halle, deren dem Stadion zugekehrte Westwand sich in Bogenstellungen öffnet. Hinter dieser Halle lag eine Palästra, an die sich im Süden zwei recht gut erhaltene Thermenbauten anschließen. Die Räume beider Bäder waren einst tonnengewölbt und mit Marmorplatten verkleidet. Der größere, am weitesten südlich gelegene Komplex weist eine prachtvolle, durch sieben große Arkaden erhellte Apsis auf. Nordöstlich dieses Thermenbaus liegt ein Trümmerhaufen mit Fragmenten korinthischer Kapitelle, aus denen zu schließen ist, daß es sich um einen kaiserzeitlichen Tempel handeln könnte. Etwas weiter im Norden befinden sich die Reste einer dreischiffigen byzantinischen Kirche. Ein großer, von Säulen umgebener Platz, wohl die Agora von Tlos, erstreckte sich östlich von Tempel und Kirche. Die Stützen an der Nordwest- und Südwestecke dieses Marktplatzes stehen noch am ursprünglichen Ort: die dem Eckpfeiler innen vorgelegten

Halbsäulen verleihen ihm einen herzförmigen Querschnitt. Diese Form erinnert an Spolien aus einem späthellenistischen Bau, die in der ›Kirche D‹ am Trieren-Hafen von Knidos wiederverwendet worden sind. Die Säulen der Agora waren über fünf Meter hoch und hatten glatte Schäfte. Jenseits des Marktplatzes im Norden liegt das Theater von Tlos, das auch heute noch so vom Dickicht überwuchert ist, daß sich außer dem rechteckigen Bühnenhaus und der Umfassungsmauer der Cavea wenig erkennen läßt. Der Trümmerhaufen auf einer Anhöhe nördlich des Theaters könnte ein weiterer römischer Tempel gewesen sein, da er schönes Quaderwerk und Bruchstücke eines Zahnschnittprofils enthält.

Am Hang östlich dieses vermutlichen Tempels und zu Seiten des ins Tal führenden Pfades liegt eine Anzahl von Sarkophagen. Schon Spratt und Forbes haben einen davon auf einer spitzen Felsnase beschrieben; in seiner Nähe befand sich auch eine viereckige Stufenbasis mit Reliefs, von denen Fellows 1843 Gipsabgüsse anfertigen ließ, die im Britischen Museum aufbewahrt

*32 Grabmal des Izraza.*
*(Nach einem Abguß im Britischen Museum)*

werden. Athleten, kämpfende Krieger und die Belagerung einer befestigten Bergstadt (vielleicht Tlos selbst) sind dargestellt, und eine Inschrift hält den Namen »Izraza« fest. Die Basis selbst ist – in schwer beschädigtem Zustand – kürzlich ins Museum von Fethiye gebracht worden. Sie mag zu einem lykischen Pfeilergrab gehört haben, das einem Izraza errichtet war.

Uns blieb keine Zeit zu weiterem Umherschweifen, da wir die recht abenteuerliche Rückfahrt nach Fethiye nicht im Dunkeln unternehmen wollten. Als wir westwärts über das Xanthostal hinausschauten, das jetzt von immer länger werdenden Schatten gestreift wurde, blendeten uns die fast horizontalen Strahlen der untergehenden Sonne. Aber in den großen Waldgebieten auf dem jenseitigen Flußufer, wo die Ostflanken von Kragos und Antikragos schon in düsterem Blau erschienen, konnte ich gerade noch die Felsbastion der Akropolis von Pinara ausmachen.

*33*
*Xanthos.*
*Blick nach Süden über das Xanthostal und auf das Stadtgebiet, von der ›Römischen Akropolis‹ aus gesehen.*
*(George Scharf)*

# XANTHOS I

## *Die lykische Akropolis*

Xanthos war eine der größten Städte Lykiens. Seine Ruinen, die bei dem Örtchen Kınık etwa sechs Kilometer nördlich der Xanthosmündung liegen, wurden 1838 von Charles Fellows wiederentdeckt. Fellows war dort derart beeindruckt von den äußerst gut erhaltenen, reliefgeschmückten Grabmälern, den weitläufigen Resten öffentlicher Gebäude und den zahlreichen lykischen Inschriften, daß er die Britische Regierung dazu bewog, bei der Hohen Pforte um Erlaubnis anzusuchen, die wichtigsten der Antiken von Xanthos nach England bringen zu dürfen. Die Skulpturen, die er im Verlauf von drei aufeinanderfolgenden Expeditionen (1839, 1841/42 und 1843/44) entdeckte, wurden mit Hilfe der Marine nach England transportiert und befinden sich heute im Britischen Museum.

IV Das Xanthos-Tal bei der antiken Stadt Xanthos. Blick nach Norden.
*Aquarell von William James Müller, 1843/44*

*Plan von Xanthos*

A Lykische Akropolis
B Römische Akropolis
1 Stadttor
2 Vespasiansbogen
3 Fundamente des Nereidenmonuments
4 Hellenistische Mauer
5 Polygonalmauer des 5. Jhs. v. Chr.
6 Byzantinische Kirche
7 Lykisches Pfeilergrab
8 Theater
9 Römisches Pfeilergrab
10 Lykisches Pfeilergrab
11 ›Harpyiengrab‹
12 Römische Agora
13 ›Inschriftenpfeiler‹
14 ›Löwengrab‹
15 ›Pfeilergrab‹
16 Grab des Payava

Seit 1950 wird Xanthos in vorbildlicher Weise von französischen Archäologen ausgegraben, und die Ergebnisse ihrer Forschungen haben ganz neues Licht auf die Geschichte und Architektur der Stadt und ihrer Friedhöfe fallen lassen.

Auf einem nach Süden abfallenden Hügel gelegen, beherrschte die Stadt den fruchtbarsten Teil des Xanthosunterlaufes. Der Hügel läuft in ein auf drei Seiten steil abstürzendes Felsplateau aus. Zu seinen Füßen hat der Fluß, bevor er die weite Küstenebene erreicht, sich den Weg durch die letzte, das Tal versperrende Felsbarre gegraben. Beim Überqueren der modernen Brücke hörten wir die grün-gelben Wasser des Xanthos um den Akropolisfelsen rauschen: Homers »wirbelnder Xanthos«, an dessen Ufern der Zeussohn Sarpedon seine Frau, seinen kleinen Sohn und seine reichen Besitztümer zurückließ, als er nach Troja zog.

In der ›Ilias‹ ist Xanthos nur ein Fluß: eine Stadt dieses Namens erwähnt Homer nicht. Die Lykier selbst haben ihre Stadt ›Arñna‹ genannt. Mag sein, daß die Xanthier anfangs in verstreuten Gehöften im Flußtal drunten lebten und sich erst auf dem sichereren Akropolishügel niederließen, als veränderte Lebensumstände sie zwangen, an ihre Verteidigung zu denken. Tatsächlich finden sich auf der Akropolis keine Besiedlungsspuren, die vor das 8. Jahrhundert v. Chr. zurückreichen.

Der moderne Pfad, der zu den Ruinen hinaufführt, läuft parallel zur alten, von Süden kommenden Straße, über der sich noch heute ein eleganter, zu Ehren des Kaisers Vespasian (69-79 n. Chr.) errichteter dorischer Triumphbogen erhebt. Der Zugang zur Stadt muß von Anbeginn auf dieser Seite gelegen haben, da die Straße hier leicht von der lykischen Akropolis aus überwacht werden konnte.

34 *Xanthos. Torbogen des Vespasian. (George Scharf)*

35 *Xanthos. Lykische Grabdenkmäler: rechts das Harpyiengrab, ein 5 m hoher Monolithpfeiler mit von Reliefplatten geschmückter Grabkammer; links Sarkophag auf hohem Unterbau*

Die erste Ansiedlung auf diesem, Fluß wie Straße beherrschenden Felsen wurde um 540 v. Chr. von den Persern zerstört, als – wie Herodot berichtet – die Männer des belagerten Xanthos ihre Frauen und Kinder in der Stadt versammelt hatten, diese dann in Brand steckten und selbst vor den Mauern kämpfend alle den Tod fanden. Solch selbstmörderische Tapferkeit muß einen tiefen Eindruck auf die Perser gemacht haben; es scheint, daß sie während ihrer Herrschaft über Kleinasien relativ wenig in die inneren Angelegenheiten der lykischen Städte eingriffen. Herodot zufolge wurde Xanthos von achtzig Familien wiederbesiedelt, die zur Zeit der Belagerung gerade von der Stadt abwesend und so der allgemeinen Vernichtung entgangen waren.

Zeichen von wiederkehrendem Wohlstand auf der Akropolis selbst sind die Überreste einer fürstlichen Burg mit Nebengebäuden, Vorratskammern und einem dreizelligen Tempel, während in dem Gebiet nördlich der Akropolis damals ein Friedhof entstand, dessen bemerkenswertestes Monument, das sogenannte ›Harpyiengrab‹, für eine der regierenden Familien errichtet worden sein muß.

*... von den Sitzstufen des römischen Theaters gesehen.* 36

Berichtigungen zu **Zwischen Mäander und Taurus**
von Sybille Haynes

*Text*

S. 52 Plan von Knidos, Legende: 26 Theater am Akropolishang; 27 Theater am Hafen, *nicht* wie irrtümlich vertauscht bezeichnet

S. 53 Pseudo-Lucians, *nicht* Pseudo-Lucinas (4. Zeile v. u.)

S. 63, 79, 81 Basileus Kaunios, *nicht* Basileos Kaunios

S. 190 Unfern des, *nicht* der (1. Zeile v. o.)

S. 199, 203, 204 Zeus Solymeus, *nicht* Zeus Solymeos

S. 218 Grabstellen, *nicht* Grabstelen (14. Zeile v. u.)

Abb. 21, S. 69 Holzkonstruktion von Speicherbauten, *nicht* ebenfalls des Wohnhauses

Abb. 80, S. 219, 257 Tumulusgräber, *nicht* Kuppelgräber

*Register*

S. 260 unter Apollon Klarios: Tempel in Sagalassos, *nicht* Salagassos
unter Apollon: Patroos, *nicht* Patroon
Arttum̃para, *nicht* Arttum̃pura

S. 261 Basileus Kaunios, *nicht* Basileos Kaunios
Cumaovası, *nicht* Cumovası

S. 263 Ibanollios, *nicht* Ibanollis
Kirkgöz Han, *nicht* Kirgöz Han

S. 265 Lykos, Sohn des Pandion, *nicht* Pandonion
unter Nysa: Tekkecikdere, *nicht* Tekkeçidere

S. 266 Oreithyia, Entführung der, *nicht* Töchter der
Özoral, Dr. Tanju, *nicht* Özoral, Tanju

S. 267 Tachtadschi, *nicht* Tachdatschi
unter Termessos, Tempel: Zeus Solymeus, *nicht* Zeus Solymeos
Turuncova, *nicht* Turunkova

PRESTEL VERLAG MÜNCHEN

Es gehört zum frühesten Typ der lykischen Gräber und besteht aus einer kastenartigen, außen mit Reliefs geschmückten Kammer, die auf einem hohen Monolithpfeiler ruht und mit vorkragenden Steinplatten flach gedeckt ist. Das Grab wurde im vergangenen Jahrhundert ›Harpyien‹-Monument getauft, weil die mythischen Mischwesen – halb Frauen, halb Vögel – die auf den Reliefs erscheinen, fälschlich für Harpyien gehalten wurden. Sehr viel wahrscheinlicher stellen sie jedoch Sirenen dar, den Menschen wohlgesinnte Wesen, die die Seelen der Verstorbenen, die hier durch kleine Figuren in ihren Armen personifiziert sind, ins Jenseits tragen. Die Reliefs befinden sich im Britischen Museum; Gipsabgüsse sind jedoch heute wieder an der ursprünglichen Stelle des Monuments angebracht. Die Hauptszenen stellen vermutlich Vorfahren des Geschlechtes der Grabherren dar – große, würdevoll thronende Gestalten von Männern und Frauen, die von kleineren Figuren, ihren Nachkommen, Gaben wie Eier, Hähne, Granatäpfel und Blüten entgegennehmen. Im lykischen Glauben wurden die Toten zu Heroen, denen beinahe göttliche Ehren zukamen, und ihre Gräber wurden ›Heroa‹ genannt. Die Vorstellung aber, daß die Seele von einem freundlichen Geistwesen ins Jenseits befördert wird, ist griechisch; und griechische Bildhauer haben zweifellos diese Marmorreliefs geschaffen. Ihr Stil steht der ionischen Kunst des frühen 5. Jahrhunderts v. Chr. nahe.

*37 Xanthos. Marmorrelief der Nordseite des Harpyiengrabes.*

Gleich neben dem Harpyiengrab ragt auf hohem Sockel ein steinerner Sarkophag des 4. Jahrhunderts v. Chr. in Form eines hölzernen lykischen Hauses mit Giebeldach auf. Eingebaut in dieses Grabmal fand sich eine Reliefplatte von einem älteren Pfeilergrab, auf der zu Ehren des Toten stattfindende Wettkämpfe dargestellt sind. Das jetzt im Museum zu Istanbul befindliche Relief zeigt zwei miteinander ringende, riesige, muskelstrotzende Männer, die wie Professor Pallottino gezeigt hat, eine erstaunliche Ähnlichkeit mit der Ringergruppe auf den etwa gleichzeitigen etruskischen Fresken der ›Tomba degli Auguri‹ in Tarquinia aufweisen. Daneben sind zwei kleinere und zierlichere Gestalten dargestellt: ein Jüngling, der auf einer reichgeschnitzten, achtsaitigen Leier spielt und ein kahlköpfiger Mann, der vielleicht eine Doppelflöte hielt. Beim Bau des heute noch großenteils erhaltenen römischen Theaters, hier in der älteren Nekropole, hat man die offenbar noch als heilig und unantastbar geachteten Grabmäler unberührt stehen lassen und sie in die Architektur der obersten Stufenränge eingefügt.

In byzantinischer Zeit wurden die oberen Partien des Theaters in eine Festungsmauer rund um die Akropolis einbezogen. Als Baumaterial für diese Mauer waren unter anderem zahlreiche ältere Statuen, Friesfragmente und reliefgeschmückte Giebelfelder von Grabtempeln wiederverwendet worden. Fellows ließ die Mauer niederlegen und entnahm ihr die jetzt im Britischen Museum befindlichen lykischen Skulpturen. Die französischen Gelehrten, die seit 1950 auf der Akropolis gearbeitet haben, konnten feststellen, daß alle diese Skulpturen von drei Heroa stammten, die nach einer zweiten Zerstörung der Stadt um 470 v. Chr. am Westrand des Akropolisfelsens errichtet worden waren. Eine solche Verheerung der Stadt muß während der Flottenoperationen und Streifzüge stattgefunden haben, die der athenische General Kimon um diese Zeit entlang der kleinasiatischen Küste unternahm.

Die Stadt erholte sich indessen schnell von dieser zweiten Katastrophe, und es folgte eine Periode großen Wohlstandes. Die Reliefs der Heroa auf der Akropolis werfen Licht auf die interessante Mischung von Einflüssen, denen die lykische Skulptur der damaligen Zeit unterlag: neben einheimischen Zügen sind sowohl griechische wie persische Elemente zu erkennen. Griechisch in Motiv und Stil sind die Paare sich heraldisch gegenüber hocken-

*38*
*Kämpfende Hähne und Hennen.*

*Detail aus dem Kalksteinfries an einem Heroon in Xanthos.*

der Sphingen auf zweien der Giebelfelder vom sogenannten Bau H und ebenso die Szenen auf zweien der Friese. Der eine stellt Satyrn dar, die, mit Stöcken bewaffnet, wilde Tiere verfolgen (Bau G), der andere Kampfhähne und Hennen (Bau F). Als diese Reliefs aus der Akropolismauer befreit wurden, waren auf dem Gefieder der Sphingen und auf den Schwingen der Vögel noch Farbspuren sichtbar.

Weitere Friesplatten zeigen Themen, die auf östliche Vorbilder zurückgehen: so die vom orientalischen Hofzeremoniell beeinflußte Szene des ›Totenmahls‹ und die Prozessionen von Kriegern, Reitern und Pferdegespannen (Bau G). Persischer Einfluß ist besonders auffallend bei einer Gruppe mit einem prachtvollen ledigen Pferd, vermutlich dem Leibroß des verstorbenen Fürsten, das von einem Diener geführt wird. Diese Szene geht zweifellos auf die pferdeführenden Tributbringer der Reliefs an der großen Treppenanlage des Apadana von Persepolis zurück.

Die langwährende persische Herrschaft über Kleinasien hat in der Tat unverkennbare Spuren an vielen Monumenten von Xanthos hinterlassen. Etwas nördlich der römischen Agora (des Marktplatzes), die sich jenseits des Theaters erstreckt, steht der ›Inschriftenpfeiler‹, eines der faszinierendsten, wenn auch leider eines der am schwersten zerstörten Grabmonumente der Stadt. Auf einer Stufenbasis erhebt sich eine Kalkstein-Stele, deren vier Seiten mit einer langen lykischen Inschrift bedeckt sind. Mit Ausnahme einer Anzahl von Eigennamen, ist ihr Inhalt noch nicht gedeutet; doch die Entdeckung der ›Trilingue‹ im Letoon (siehe S. 79) wird dem Verständnis auch dieses Textes äußerst förderlich sein. Darüber hinaus sind auf der Nordseite zwölf Zeilen eines griechischen Epigramms erhalten, das offenbar den Sinn der lykischen Inschrift in dichterisch zusammengefaßter Form wiedergibt. Das Monument, das ursprünglich eine mit Reliefs und Rundplastik geschmückte Grabkammer trug, diente, wie der griechische Text ausdrücklich erwähnt, gleicherweise als Siegesmonument wie als Grab. Es ist höchst wahrscheinlich, daß der Fürst, der es errichten ließ, Khäräi, der Sohn des Harpagos (nur der Vatername ist erhalten) war. Khäräi ist uns als lykischer Dynast durch seine Münzprägungen aus Xanthos und Tlos vom Ende des 5. Jahrhunderts v. Chr. bekannt.

Der verstorbene Fürst brüstet sich in dieser Inschrift den Göttern gegenüber seiner Verdienste, der Großartigkeit seines Grabmonumentes (»Seitdem Europa von Asien durch das Meer getrennt wurde, ist kein solcher Stein durch einen Lykier errichtet worden«), seiner körperlichen Kraft und seiner Kriegstaten,

*39 Begräbnisprozession. Kalksteinfries von einem Heroon in Xanthos.*

40 *Xanthos. Pfeiler mit Inschriften vom Grab des Khäräi.*

wobei er hervorhebt, nicht weniger als sieben arkadische Hopliten (Schwerbewaffnete) an einem Tag getötet zu haben. Der Tonfall orientalischen Despotentums ist hier ganz unverkennbar; man fühlt sich an assyrische Herrscherinschriften erinnert, die prahlerisch die Abschlachtung von Tausenden von Feinden aufzählen. Etwas vom gleichen Geist atmen auch die Reliefs der Grabkammer. Bruchstücke davon wurden von Fellows entdeckt und befinden sich im Britischen Museum, während weitere, von den französischen Archäologen gefundene Fragmente jetzt im Museum von Istanbul aufbewahrt werden. Der Dynast, der im Vergleich zu seinen Gegnern in übermenschlicher Größe erscheint, ist in griechischer Rüstung, über die Gestalt eines Gefallenen hinstürmend, dargestellt. Von den arkadischen Hopliten marschieren einige noch in geschlossener Phalanx mit ihren Schilden am Arm, während andere, schon besiegt, ihrer Waffen beraubt, entblößt und erniedrigt dahingestreckt liegen. Einer der Krieger hält sich noch, aber sein bevorstehender Untergang ist bereits in der triumphalen Armbewegung des Herrschers angedeutet, der mit ausgestreckter Hand den Schild seines Gegners berührt, eine für Lykien charakteristische Siegergeste. Dieser Schild wird der letzte der sieben Schilde sein, die der Fürst im Kampf gewonnen hat; die anderen sechs erscheinen bereits als Beutestücke über ihm aufgehängt.

Orientalischer Einfluß zeigt sich auch in der Bekrönung dieses außerordentlich interessanten Grabes. An allen vier Ecken der Grabkammer waren diagonal vorstoßende Stierprotomen vollplastisch ausgehauen, die zweifellos von den Stierkapitellen der achämenidischen Paläste von Susa und Persepolis inspiriert waren. Schließlich thronte auf den stufenförmigen Deckplatten der Grabkammer die Gestalt des Dynasten auf einem von zwei Löwenvorderteilen gebildeten Sitz: Stier und Löwe symbolisieren von alters her in der orientalischen Tradition die Macht des Herrschers.

Der Stolz und das Selbstvertrauen, die aus diesem Monument sprechen, sowie die auf die Person des Dynasten bezüglichen Details der Inschrift unterscheiden sich sowohl von den bescheidener gehaltenen griechischen Grabinschriften als auch von den formelhafteren orientalischen Texten. Das Grab des Khäräi, wie auch seine erstaunlichen Münzporträts, auf denen er mit der persischen Tiara als Symbol seiner Stellung erscheint, weisen auf ein Interesse am Individuum und seinem einmaligen Aussehen hin, für das wir in der griechischen Welt dieser Zeit keinerlei Parallele kennen.

*41 Lykische Münze mit dem Porträt des Khäräi.*

# XANTHOS II

## *Das Nereidenmonument*

*42 Xanthos. Das Fundament des Nereidenmonuments.*

Im 1. Viertel des 4. Jahrhunderts v. Chr. ließ ein lykischer Fürst, dessen Name nicht überliefert ist, das größte und stilistisch einflußreichste aller lykischen Grabmäler in eindrucksvoller Lage auf einem Hügel rechts oberhalb der Straße errichten, die von Süden in die Stadt Xanthos führt. Von Erdbeben zerstört, war der Bau nur mehr ein Trümmerhaufen, als er Fellows 1838 zuerst auffiel; in dem Ruinenfeld fand er zwei seiner reliefgeschmückten Platten. Während der Expedition von 1841/2 ließ er die Reste des Gebäudes, das er das ›Ionische Triumphmonument‹ taufte, ausgraben und entdeckte den Großteil von vier verschiedenen Friesen, viele Bruchstücke von Rundplastiken und von architektonischen Fragmenten, die sich ursprünglich am Bau befanden. Einzelheiten des Aufrisses und die Anordnung der Skulpturen waren jedoch noch nicht geklärt, bis die gründliche Neuausgrabung des Monuments durch Professor Pierre Demargne und den Architekten Pierre Coupel zu Ergebnissen führten, die es uns 1969 ermöglicht haben, die Fassade des Baus im Britischen Museum genau zu rekonstruieren.

43 *Fassade des Nereidenmonuments.*
*Rekonstruktion im Britischen Museum.*

Beim Entwurf dieses monumentalen Grabes war der traditionelle Typ des lykischen Hauses auf hohem Sockel ersetzt worden durch einen kleinen ionischen Tempel mit vier Säulen an den beiden Schmal- und sechs Säulen an den Langseiten. Im Inneren wurde jedoch der charakteristische Plan rechteckiger lykischer Grabkammern mit Totenbetten auf drei Seiten beibehalten, wie er uns von Felsgräbern bekannt ist. Trotz seiner Stilmischung hat dieser neugeschaffene Bautyp sich als beispielgebend für zahlreiche spätere Tempelgräber erwiesen: bedeutsamerweise finden wir die meisten von ihnen an den Grenzen der griechischen Welt. Zu den wichtigsten Beispielen in Kleinasien zählen das unlängst entdeckte Heroon in Limyra in Ostlykien, das Mausoleum von Halikarnass, das Löwengrab von Knidos, das Mausoleum von Belevi bei Ephesos und das Gümüşkesen in Milâs.

›Nereidenmonument‹ heißt das Grab nach den schönen, lebensgroßen Mädchenfiguren, die ursprünglich zwischen den Säulen angeordnet waren. Sie sind in lebhafter Bewegung dargestellt, von Fischen, Vögeln oder Schildkröten über den Ozean dahingetragen, während die Seebrise ihnen die fast durchsichtig leichten Gewänder an die schlanken Glieder weht. Diese Mädchengestalten galten entweder als ›Nereiden‹ – griechische Meerjungfrauen, Töchter des Nereus – oder als ›Aurae‹, die Personifikationen der günstigen Winde. Wie auch immer der Name dieser Naturgeister gelautet haben mag, ihre Gegenwart sollte die Seelen der Verstorbenen einer guten Reise ins Jenseits versichern, gleich der Aufgabe der Sirenen auf dem älteren ›Harpyien‹-Monument.

Weitere rundplastische Figurenreste von diesem Grabbau lassen sich als zwei Entführungsszenen deuten: nackte Jünglinge, die leichtbekleidete Mädchen davontragen. Sie schmückten als Akrotere die Giebel. Mythische Einführungen, wie die der Töchter des Leukippos durch Kastor und Polydeukes oder die der Oreithyia durch Boreas, den Nordwind, kommen gelegentlich an griechischen Tempeln als Akrotergruppen vor; hier am Nereidenmonument mögen sie auf die Entrückung der Seele ins Jenseits hinweisen.

Die Reliefs in den Giebelfeldern und auf den Friesen zeigen die traditionellen lykischen Themen: Kriegstaten, prächtige Gelage und reiche Opfer zur Verherrlichung des Bestatteten. Der für die Skulpturen verwendete Marmor stammt hingegen von

*44 Nereidenmonument. Nereide.*

45

den griechischen Inseln. Auch der Architekt und mindestens zwei der Bildhauer müssen Griechen gewesen sein; freilich werden sie lykische Schüler und Gehilfen gehabt haben. Das Grabmal entstand in einer Zeit, in der Griechenland als Folge des Peloponnesischen Krieges verwüstet und nicht mehr im Stande war, große Bauprojekte auszuführen. Einige jüngere Bildhauer, die zuvor an der Ausschmückung von Bauten im griechischen Mutterland tätig gewesen waren, mögen nun in den Randgebieten Kleinasiens Beschäftigung gefunden haben, wo ruhmbegierige Lokaldynastien willens waren, künstlerische Aufträge von großzügigem Ausmaß zu erteilen.

Die Reliefs des Nereidenmonuments unterscheiden sich stark in Stil und Qualität. Der unterste Fries am Sockel – der größte von allen am Bau – zeigt feinfühlig modellierte Szenen von kämpfenden Griechen und Persern in einem heroisch-idealisierenden Stil, der unzweifelhaft vom Parthenon in Athen inspiriert ist, in der Behandlung der Körper und Gewänder aber einer jüngeren Entwicklungsstufe angehört.

Ein im Maßstab kleinerer Fries unmittelbar darüber stellt ebenfalls Kampfszenen dar, doch der Geist ist ein völlig anderer. Bei der hier erscheinenden Belagerung einer Stadt handelt es sich ganz offenbar um ein historisches Ereignis, das in lebendigen und wirklichkeitsnahen Episoden geschildert wird; hier spürt man die alte orientalische Tradition, Siegestaten der Herrscher erzählend zu preisen. Eine lykische Stadt mit ihren zinnenbekrönten Mauern, Toren, Viereck- und Rundtürmen, Häusern und Monumenten ist in einer Weise wiedergegeben, die höchst interessante Versuche erkennen läßt, Raumtiefe durch perspektivische Verkürzung darzustellen. Vermutlich spiegeln sich hier Experimente mit der Linearperspektive, um die sich griechische Maler zu dieser Zeit zu bemühen begannen.

Alle Ereignisse, die während der Belagerung stattfanden, sind da zu sehen: in Reih und Glied marschierende Truppen, die als Angreifer von hinter Mauerzinnen verborgenen Verteidigern mit Steinen bombardiert werden; eine Leiter, die zum Sturm gegen die Stadtmauer angelegt wird; Gesandte, die zu Unterhandlungen eintreffen; Soldaten, die Beute fortschleppen; Gefangene, die abgeführt werden; und eine auf der Mauer stehende Frau, die mit dramatischer Verzweiflungsgeste die Hände in die Luft wirft und den Untergang der Stadt vorauszusagen scheint, wie einst Kassandra in Troja. Die Übergabe der Stadt an den Sieger durch eine Abordnung von Kriegern und Ältesten mit schmerzbewegten Gesichtern schließt die Folge der Geschehnisse. Auf einem Thron sitzend, die Füße auf dem Schemel, empfängt der triumphierende Dynast die Besiegten, während ein Diener einen Sonnenschirm über ihn hält. Der Schirm ist ein altorientalisches Symbol des gottgleichen Herrschertums; und obwohl der Sieger die persische Tiara als Zeichen seines Amtes trägt, wird er der westlykische Fürst sein, der dieses Grabmal für sich hat errichten lassen.

*45-46 Nereidenmonument.*

*Szenen von den umlaufenden Sockel-Reliefs.*

Persische Elemente fallen auch sonst auf, besonders beim dritten und vierten Fries, mit denen das Gebälk und die Cella geschmückt waren. Die Bankettszene, in der der Fürst als wichtigste Person allein auf einer Kline lagert, von eilenden Dienern und einem ältlichen Vertrauten umgeben, geht auf das von den Achämeniden übernommene assyrische Hofzeremoniell zurück. Auf seine Kissen gestützt, hält der Herrscher eine Schale und ein ›Rhyton‹, ein Trinkhorn, das in Kopf und Brust eines Flügelgreifen endet. Dieses typisch persische Zeremonialgefäß, seit Anfang des 5. Jahrhunderts v. Chr. von den Griechen übernommen, wurde schließlich zu einem besonders eng mit dem Totenkult verbundenen Gerät. Persisch mutet auch die Haar- und Bartbehandlung des Dynasten mit steif stilisierten Lockenwellen und spiralartig angeordneten Bartsträhnen an. Doch stärker noch erinnern an den Orient einförmige Prozessionen von Tributbringern in griechischer und persischer Tracht und von Jägern, die mit Beute beladen zurückkehren. Teile des dritten Frieses sind von geringerer Qualität, wie etwa die Kämpfenden, zu Fuß und zu Pferde, die nur roh ausgehauen sind, ohne jeglichen Versuch, Details darzustellen; hierfür mag ein lokaler Handwerker verantwortlich gewesen sein.

Auf dem Ostgiebel erscheinen der heroisierte Herrscher und seine Frau, wie Zeus und Hera auf Thronen einander gegenüber sitzend: er nur mit einem Mantel um den Unterkörper, mit wallendem Haupthaar und einem Zepter in der Hand; sie im leichten Chiton, einen niedrigen Polos auf dem Haupt, den darüber drapierten Schleier mit der einen Hand in geziemender Geste nach vorn ziehend. Zwischen den Eltern sind zwei ihrer Töchter dargestellt, die sich vertraulich an sie schmiegen. Zu beiden Seiten dieser Mittelgruppe stehen weitere Familienmitglieder und Bediente; in der Giebelecke liegt ein großer Hund. Ein recht verwitterter Teil der bisher verloren geglaubten linken Giebelseite ist kürzlich von Dr. Ernst Berger in einer französischen Privatsammlung wiederentdeckt worden und kann nun mit den schon im Britischen Museum befindlichen Platten der Giebelreliefs vereint werden.

Der Westgiebel zeigte weitere Kampfszenen zwischen einem Berittenen und Fußsoldaten.

Ganz offenbar waren die Lykier ein kriegliebendes Volk, deren Aristokratie sich den traditionellen Aufgaben von Kampf, Jagd und Gelage widmete. »Zur ewigen Erinnerung an Eroberung und Krieg« sei das Denkmal errichtet, so verkündet stolz der griechische Text schon auf dem relativ kleinen Grabpfeiler des Khäräi. Daß ein lokaler Dynast imstande war, einen derartig reich geschmückten Grabbau wie das Nereidenmonument errichten zu lassen, bezeugt den Wohlstand des Xanthostals. Schon Homer rühmt das »fette Land Lykien«, und noch heute stehen die fruchtbaren Felder des Xanthos-Unterlaufes in krassem Gegensatz zu den kahlen Bergmassiven Zentrallykiens und zu den Waldregionen Kariens.

Der einzige, uns aus Münzen und Inschriften von Pinara und Tlos bekannte Fürst von Westlykien, dessen Regierung ungefähr mit der vermutlichen Erbauungszeit des Nereidenmonuments im 1. Viertel des 4. Jahrhunderts v. Chr. zusammenfällt, ist Arttum̃para, der in einer Schlacht bei Telmessos von Perikle, dem Herrscher von Limyra in Ostlykien, besiegt wurde. Doch ob das königliche Grabmal in Xanthos für Arttum̃para und seine Familie bestimmt war, läßt sich in Ermangelung von Inschriften am Nereidenmonument und angesichts unserer lückenhaften Kenntnis der lykischen Geschichte heute noch nicht entscheiden.

So erstaunlich wie der überreiche Schmuck vieler lykischer Grabmonumente, ist auch die leidenschaftliche Bemühung dieses Volkes, seine Gräber vor Entweihung, Mißbrauch und Zerstörung zu bewahren. Viele der in Griechisch abgefaßten Grabinschriften – und der lykischen, soweit sie interpretiert werden können – geben bis ins kleinste Detail die Namen des Grabherren und derjenigen Familienmitglieder an, die allein das Recht auf Bestattung darin besaßen. Alle, die diesen Bestimmungen zuwiderhandeln würden, werden mit dem Fluch der Götter und hohen Geldstrafen bedroht.

Inschriften, die in mehreren lykischen Orten gefunden worden sind, zeigen an, daß Oberpriester und Oberpriesterin im Bundesheiligtum der Lykier Archive führten, in denen jedes neue Grab unter dem Tag und Monat seiner Errichtung aufgezählt war. Eine Organisation, die ›Mindis‹ genannt wurde, scheint für die Erhaltung der Gräber und für die Einziehung der über Grabschänder verhängten Bußgelder verantwortlich gewesen zu sein.

# XANTHOS III

*47 Xanthos. Das ›Löwengrab‹. (George Scharf)*

In der ersten Hälfte des 4. Jahrhunderts v. Chr. entstand auf dem Südhang der höchsten Erhebung von Xanthos, die man heute ›Römische Akropolis‹ nennt, eine zweite große Nekropole. Dieser von der ›Lykischen Akropolis‹ und vom Nereidenmonument verhältnismäßig weit entfernte Teil des Stadtgebietes hatte im 6. Jahrhundert v. Chr. schon einmal als Friedhof gedient. Fellows fand hier, nahe einem Rücksprung innerhalb der hellenistischen Stadtmauer das ›Löwengrab‹, das früheste aller erhaltenen Gräber von Xanthos und das einzige, welches aus der Zeit vor der persischen Zerstörung der Stadt stammt. Es ist etwa um 560 v. Chr. errichtet worden. Die Grabkammer im vorkragenden Oberteil eines hohen Steinpfeilers war außen an den Schmalseiten mit typisch altorientalischen Darstellungen geschmückt: dem Löwen, der einen

Stier zerfleischt und der Löwin mit ihren Jungen. Die Langseiten zeigten symbolische Heldentaten des Verstorbenen im Flachrelief: das Töten eines Löwen und die triumphale Rückkehr des berittenen Helden aus der Schlacht. Diese höchst lebendigen, wenn auch etwas groben Reliefs befinden sich im Britischen Museum, der Pfeiler aber, umgestürzt, liegt heute noch in Xanthos, fast ganz von Dornengestrüpp und Ginster verborgen.

Höher am Hang, die spärlichen Bäume überragend, beherrscht das sogenannte ›Pfeilergrab‹ die Landschaft und bezeichnet die Lage eines Friedhofs des 4. Jahrhunderts v. Chr. Sein schlanker Kalksteinschaft, auf dreistufiger, aus dem anstehenden Felsen gehauener Basis, erinnert in der Form an das Harpyienmonument; er trägt eine schmucklose Grabkammer aus geglätteten Marmorplatten mit einer kleinen Öffnung auf der Südseite. An der Steilwand darunter sind in zwei Reihen Grabfassaden ausgehauen; sie geben lykische Hausfronten mit ihren verzapften Pfosten und Balken und den kassettierten Füllungen wieder. Zwei dieser Felsgräber, etwas anspruchsvoller gestaltet, besaßen ursprünglich Vorhallen, die aus gesondert gearbeiteten Steinteilen zusammengefügt waren, heute aber eingestürzt sind. Die des östlicher gelegenen hatte die Form eines offenen lykischen Holzvorbaus, während die des westlichen, zweifellos unter dem Einfluß des Nereidenmonuments, die eines kleinen ionischen Tempels aufgriff. Der Eingang in das eigentliche Grab ist von griechischen Zierleisten in zartem Relief gerahmt und war einst mit einer steinernen Schiebetür verschlossen. Im Inneren befinden sich aus dem Felsen gehauene Totenbetten in Form von hölzernen Klinen mit geschnitzten Beinen.

Unterhalb der Felskuppe, auf der das Pfeilergrab steht, fand Fellows einen reich mit Reliefs geschmückten Sarkophag auf hoher Basis, der darauf eingegrabenen lykischen Inschrift zufolge von dem Würdenträger Payava errichtet. Nur die auf drei Stufen stehende hohe Basis des Sarges befindet sich noch an Ort und Stelle. Der mit Figuren bedeckte Sockel des Sargkastens, der Holzarchitektur nachbildende Sargkasten und das reliefverzierte Spitzbogendach wurden von Fellows ins Britische Museum gebracht. Die am Sockel fehlende Nord-Westecke mit zwei Figuren darauf kam bei Nachgrabungen durch die französischen Archäologen 1952 ans Licht und wird jetzt im Museum von Antalya aufbewahrt. An den vier Seiten des Sockels und auf dem gewölbten

*48 Sarkophag des Payava. (George Scharf)*

Dach sind ganz außergewöhnlich interessante Szenen dargestellt.

Auf der Westseite erscheint ein bärtiger persischer Satrap, vermutlich Autophradates, der zwischen 390 und 350 v. Chr. in Sardis herrschte. Er sitzt auf einem drapierten Thron mit gedrechselten Beinen und trägt typisch persische Kleidung: eine aus weichem Material bestehende Tiara auf dem Haupt, einen Mantel mit Ärmeln über die Schultern geworfen, eine langärmelige Tunika, Hosen und am Gürtel einen medischen Dolch.

Die reiche und förmliche Bekleidung des Satrapen und seiner Offiziere, welche in Beinkleidern und gegürteten Kaftanen mit verschränkten Armen hinter ihm stehen, ist charakteristisch für die orientalische Tradition, die Stellung und Würde der Person stets durch eine ihrem Rang geziemende Ausstattung dartut. In stärkstem Gegensatz dazu erscheinen die lykischen Aristokraten vor dem Satrapen: sie sind im Sinne des griechischen Ethos ge-

49 *Zwei lykische Krieger. Relief vom Grab des Payava (Südseite).*

staltet, das körperliche und geistige Vorzüge immer durch einen vollendet schönen, nackten menschlichen Körper ausdrückt. In heroischer Nacktheit, mit einem griechischen, dem nackten Männertorso nachgebildeten Panzer oder im leichten griechischen Mantel dargestellt, charakterisiert ihre Haartracht diese Edlen dennoch als Lykier: schulterlange Locken kommen bei erwachsenen Männern in Griechenland um diese Zeit nicht vor.

Der eine der beiden langhaarigen, bärtigen Krieger auf der Südseite des Sarkophagsockels mag Payava sein (sein Name ist in der Inschrift sowohl auf dieser, wie auch auf der Ostseite erwähnt). Vielleicht ist der nackte Athlet auf der Nordseite, den ein älterer Mann bekränzt, gleichfalls Payava, diesmal als jugendlicher Wettkampfsieger. Auch auf anderen lykischen Grabmonumenten taucht das Motiv des Athleten auf, vermutlich nach griechischen Vorbildern.

v Xanthos. Die ›Römische Akropolis‹, rechts das ›Löwengrab‹, im Hintergrund das Pfeilergrab.
*Aquarell von William James Müller, 1843/44*

Der bewaffnete Reiter auf der Ostseite – er sprengt bei einer Schlacht in gebirgigem Gelände über einen Fußsoldaten hinweg – ist höchstwahrscheinlich ebenfalls Payava. Neben der gewöhnlichen Ausrüstung des griechischen Kavalleristen trägt er die von Xenophon in seinem Buch über Reitkunst erwähnten ›Parameridia‹. Wie Paul Bernard gezeigt hat, sind dies die hier dargestellten Beinpanzer, die persische Berittenen zu ihrem eigenen, wie zum Schutz der Flanken ihrer Pferde benützten: steife, schürzenartige Lederstücke, die vorne am Brustriemen des Pferdes und hinten am Gürtel des Reiters befestigt sind. Diese charakteristisch persischen Ausrüstungsstücke erscheinen auch auf den Reliefs mit Kampfdarstellungen an der Ostseite des dekorativen Firstbalken, der den Sarkophagdeckel bekrönt. Die andere Firstseite ist mit Jagdszenen geschmückt, in denen Gazelle, Eber und Bär die Beutetiere sind.

Die Audienzszene auf dem Sarkophagsockel ist sehr überzeugend mit dem großen Satrapenaufstand in Verbindung gebracht worden, in dem sich zwischen 367 und 360 v. Chr. die Statthalter der reichen westlichen Provinzen gegen den persischen Großkönig auflehnten. Autophradates und lykische Fürsten waren in die Verschwörung verwickelt, und das hier dargestellte Zusammentreffen zwischen dem in Sardis residierenden Satrapen und lykischen Würdenträgern mag eine Episode aus dem politischen Leben des Grabherren schildern. Genau wie das ältere Grab des Khäräi, zeigt das des Payava eine faszinierende Mischung von persischen und griechischen Elementen.

Während die Szenen auf dem Sockel offenbar historische Ereignisse darstellen, haben die Reliefs auf dem Dach mehr symbolischen Charakter. Auf den beiden gewölbten Dachseiten, gerade oberhalb der vorspringenden Löwenprotomen (um welche die Seile zum Heben des Deckels geschlungen werden konnten), erscheint ein Viergespann mit einem Wagenlenker und einem schwer bewaffneten Krieger. Vom fahrenden Viergespann in voller Rüstung ab- und wieder aufzuspringen, gehörte zur militärischen Ausbildung des Aristokraten, doch die hier erscheinenden Szenen können nur im Zusammenhang mit Wettspielen zu Ehren des Toten stehen, wenn nicht sogar mit seiner Heroisierung. Die sitzenden Figuren in den Füllungen der Giebelfelder stellen vielleicht Vorfahren von Payava dar, und die oberhalb davon kauernden Sphingen symbolisieren das Jenseits.

*50 Reliefgeschmücktes Spitzbogendach vom Sarkophag des Merehi.*

Einen weiteren großen Sarkophag des 4. Jahrhunderts v. Chr. entdeckte Fellows am Fuß des Ostabhangs der ›Römischen Akropolis‹ außerhalb der hellenistischen Stadtmauer. Er gehörte, wie eine lykische Inschrift auf dem Sarkophagkasten bezeugt, dem Offizier Merehi. Ein Erdbeben hatte das reliefgeschmückte Spitzbogendach herabgestürzt; Fellows brachte es nach London. Auf den Seiten des hohen Firstkammes sind Szenen aus dem täglichen Leben dargestellt: ein Bankett, die Bekränzung eines siegreichen Athleten und eine Schlacht. Die gewölbten Dachschrägen zeigen wiederum zwei Viergespanne mit Wagenlenkern und schwerbewaffneten Kriegern. Auf der einen Seite erscheint unterhalb der Pferdehufe die Figur des berühmten lykischen Untiers: die Chimaira. Doch der Krieger auf dem Gespann ist nicht als der mythische Held Bellerophon gekennzeichnet, und so dürfen wir vermuten, daß die Chimaira hier eher als ein Wappentier zu verstehen ist, als Zeichen, daß das Geschlecht des Merehi seine Abstammung von Bellerophon herleitete.

*51 Xanthos. Sarkophag des Merehi. (George Scharf)*

Der mächtige Sarkophagkasten selbst ahmt einen einfachen lykischen Holzbau nach. Das Erdbeben hat ihn auf die Unterkante der einen Schmalseite gekippt: aus der gestrüppbedeckten Felswildnis ragt er auf, wie eine von Wellen umhergeworfene Arche – wahrhaftig ein Grab ohne Frieden.

Oberhalb davon, auf der Ostseite der Akropolis, gähnen, gereiht im düsteren Felsabsturz, fünfzehn Felsengräber, die aus dem 4. Jahrhundert v. Chr. stammen. Das Gelände im Nordosten, außerhalb der Stadtmauer, ist noch nicht genau archäologisch untersucht worden; hier müssen spätere Jahrhunderte den größten Friedhof von Xanthos angelegt haben.

Im Ostteil der Stadt, innerhalb des hellenistischen Mauerrings, befindet sich noch ein Sarkophag des 4. Jahrhunderts v. Chr., dessen Spitzbogendach hier isoliert liegt und unter dem Namen ›Sarkophag der Tänzerinnen‹ bekannt ist. Das zu Boden gestürzte, in zwei Stücke zerspaltene Dach ist heute wieder zusammengeschoben, so daß die Reliefs darauf gut zu erkennen sind. Auf den ›gotisch‹ geschwungenen Giebelfeldern sind, einander gegenüber, Paare von Tänzerinnen dargestellt. In durchscheinend leichte, knielange Chitone gekleidet, wirbeln sie auf den Zehenspitzen; die Säume ihrer Gewänder und ihre reich gelockten offenen Haare flattern. Diese eleganten Figuren gehen auf griechische Vorbilder des späteren 5. Jahrhunderts zurück, – vielleicht auf die ›Lakonischen Tänzerinnen‹, die, wie Plinius berichtet, ein berühmtes Werk des Bildhauers Kallimachos waren. Hier jedoch dürfen wir annehmen, daß das Motiv als Grabschmuck umgedeutet worden ist: rituelle Tänze scheinen zum Begräbniszeremoniell der Lykier gehört zu haben.

Auf den geschwungenen Dachseiten, oberhalb der massiven Bossen, mittels derer der Deckel in die Höhe gehoben werden konnte, sind traditionellere lykische Szenen geschildert: eine Eberjagd auf der einen Seite und das Ende einer Schlacht auf der anderen. Links steht der siegreiche Krieger auf einem Felsblock und berührt den als Beutestück aufgehängten Schild seines Gegners in der charakteristisch lykischen Triumphgeste; unten galoppiert das verstörte Pferd des Besiegten nach rechts hin, während der Reiter hilflos vom Rücken des Tieres herabgleitet.

Ein ausgedehntes Stadtgebiet zwischen dem östlichen Mauerzug, der lykischen und der römischen Akropolis (auf deren Gipfelplateau die Reste eines großen byzantinischen Klosters und eines

52 *Xanthos. Relief tanzender Mädchen im Giebel vom ›Sarkophag der Tänzerinnen‹.*

Tempels festgestellt worden sind) ist noch nicht erforscht. Das nach Süden abfallende Gelände war offenbar in der Antike terrassiert, ist heute aber völlig mit Ginster und niedrigem Gestrüpp überwuchert, unter dem die Ruinen fast ganz verschwinden. Hier befand sich die Wohn- und Marktgegend der Stadt, die in römischer und byzantinischer Zeit eine beträchtliche Ausdehnung erreicht haben muß.

Das einzige Gebäude, das im Augenblick von den französischen Archäologen ausgegraben wird, ist eine frühchristliche Kirche im Ostteil der Stadt. Man zeigte uns die Apsis mit den halbkreisförmigen Sitzstufen für den Bischof und die Priester und im nördlichen Seitenschiff ein prachtvolles Bodenmosaik mit Hirschen zu beiden Seiten einer Vase, aus der das Wasser des Lebens fließt. In der Basilika, die vermutlich durch arabische Einfälle im 7. Jahrhundert n. Chr. beschädigt und in mittelbyzantinischer Zeit wiederbenutzt wurde, sind am Ostende des Schiffs noch Reste von Wandfresken des 10. und 11. Jahrhunderts erhalten. Unter den verblichenen Gestalten seiner heiligen Gefährten ist die überlange Figur des Stephanus, der sein Weihrauchfaß hält, noch relativ gut zu erkennen. Der Niedergang von Xanthos setzte mit den Araberraubzügen ein und wurde vermutlich durch die Versandung der Xanthosmündung besiegelt. Im hohen Mittelalter war die Stadt bereits in Vergessenheit geraten.

*Plan von Patara*

1 Stadttor
2 Römische Bäder
3 Thermen des Vespasian
4 Theater
5 Apollon-Heiligtum?, Zisterne?
6 Kornspeicher
7 Korinthischer Tempel

# PATARA

Wir aßen mit unseren französischen Freunden im Letoon zu Mittag; dann überquerten wir den Xanthos und fuhren nach Süden. In dieser Richtung erhebt sich eine niedrige, den Blick aufs Meer versperrende Hügelkette, hinter der die Ruinen von Patara verborgen liegen – in der Antike einer der bedeutendsten Häfen Lykiens. Eine Schlucht, durch die vielleicht einst ein Seitenarm des Xanthos floß, führt in diese vom Meerwind blankgefegten Küstenberge hinein zwischen zwei schroffen Felskuppen; auf der östlichen sind Reste einer kleinen Festung erhalten. Dieser einzige Zugang zur Stadt von der Landseite aus war der Enge der Schlucht wegen, und weil sich durch die strategisch günstige Lage der Burg auch das Xanthostal überschauen ließ, besonders gut zu verteidigen.

Man erreicht bald eine dreieckige Ebene innerhalb der schützenden Hügel, in der rechts des Pfades, von kleinen Feldern und Obstbäumen umgeben, ein verlassenes Dörfchen liegt. Die Einwohner der im Sommer ungesunden Küstengebiete ziehen während der heißesten Monate gewöhnlich mit ihren Herden und dem notwendigsten Hausrat innerlandes, hinauf ins kühlere Hochland – die sogenannte ›Yaila‹, die etwa unserer Alm entspricht.

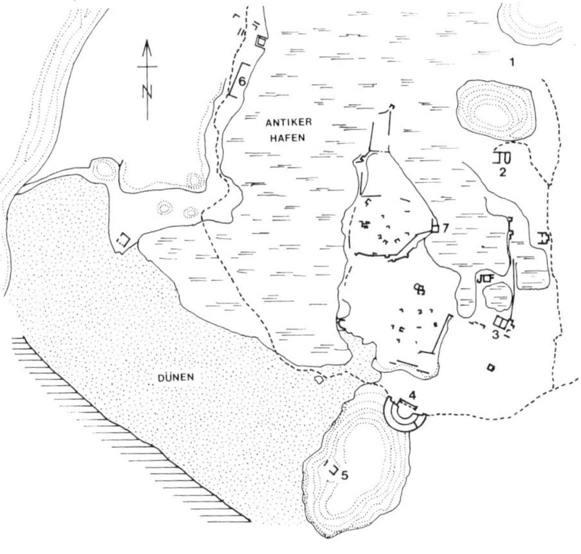

Der Pfad führt nun zwischen einem grünen Hügelkamm und einem sich nach Süden ständig verbreiternden ehemaligen Meeresarm hin, der früher den innersten Teil des seit dem Mittelalter versandeten Hafens gebildet haben muß. Reste von lykischen Sarkophagen und von Gräbern aus Hausteinen, die aus römischer Zeit stammen, flankieren hier den Weg. Inmitten des wuchernden Dickichts von Myrten und Lorbeer konnte man gelegentlich noch in recht gut erhaltene, kassettierte Gewölbe von Grabbauten hineinschauen, deren Fronten von Erdbeben zerstört worden waren. Typisch lykische Fassadengräber gibt es hier kaum, offenbar weil es an dafür geeigneten senkrechten Felswänden mangelte.

Plötzlich öffnet sich eine weite, auf drei Seiten von Bergen umringte Küstenebene; hier steht das Haupttor der Stadt, ein Triumphbogen mit drei Durchgängen; seine Kalksteinfassade glänzt in der Nachmittagssonne. Zu Seiten jedes der drei Torbögen befinden sich Konsolen, die einst Porträtbüsten der Familie des Mettius Modestus, eines römischen Gouverneurs von Lykien trugen. In der oberhalb der Bogenscheitel gelegenen Zone enthielten die jetzt leeren rechteckigen Nischen vielleicht ebenfalls Skulpturen. Das Monument wird von einem dorischen Fries und Gebälk bekrönt, und auf der Landseite bezeichnet eine griechische Inschrift Patara als die Hauptstadt der Lykier. Während der römischen Kaiserzeit wurde Patara zur Bundeshauptstadt, in der man das Bundesarchiv aufbewahrte.

Auf einem Acker jenseits des Bogens erinnert eine Gruppe typisch lykischer Sarkophage mit Spitzbogendächern daran, daß Patara – so römisch es sich auch immer mit den meisten der hier erhaltenen Architekturdenkmäler geben mag – doch eine lykische Stadt, und der Hauptkultort des lykischen Apollon war. Vom berühmten Tempel des Apollon Patroos hat sich allerdings bis heute noch keine Spur gefunden. Kapitän Beaufort, der für die britische Admiralität 1811 die Seekarte dieser Küste anfertigte, identifizierte (in einem für ihn sonst nicht charakteristischen Anflug von romatischer Phantasie) einen großen, eingetieften Rundbau mit einem Pfeiler in der Mitte als das Orakel des Apollon. Dieser auf dem Hügel oberhalb des Theaters gelegene Bau ist, Professor Bean zufolge, wahrscheinlich nichts weiter, als eine aus dem Felsen gehauene Zisterne. Merkwürdigerweise war das antike Apollonorakel von Patara nur während der sechs Wintermonate in Betrieb. Man nahm an, daß der Gott im Sommer auf

*53 Patara. Römisches Stadttor.*

der Insel Delos, seinem Geburtsort, weilte – vermutlich auf wohlverdienten Ferien.

Nachdem wir so weit wie möglich über verdorrte Stoppelfelder in Richtung auf das Theater gefahren waren, ließen wir den Wagen im Schatten einer kleinen Gruppe von Steineichen stehen. Der Zustand des wohl ursprünglich hellenistischen, in seiner heutigen Form aber aus römischer Zeit stammenden Theaters, ist ein eindrucksvolles Beispiel für das Schicksal, das ganz Patara befallen hat. Riesige Sanddünen haben sich gegen die Südwestseite des Theaters geschoben und verschütten im Inneren einen Teil des Zuschauerraumes und der Orchestra. Angeschwemmter Sand, vom vorherrschenden Südwind ins Landesinnere getrieben, erstickte schließlich den Lebensatem der Stadt, deren Existenz von einem funktionierenden Hafen abhing. Das Auditorium des Theaters ist in die Nordflanke eines Felshügels gehauen, der sich unvermittelt aus der Küstenebene hart am Meer erhebt. Das Mauerwerk des Bühnenhauses – von heller Biskuitfarbe – ist auf der Ostseite wunderbar erhalten. An der rechten Wand des ›Parodos‹, dem seitlichen Eingang zur Orchestra, ist die Inschrift des Quintus Velius Titianus und seiner Tochter Velia Procla zu lesen. Sie stammt aus dem Jahr 147 n. Chr. und bezieht sich auf den Wiederaufbau des Theaters nach einem Erdbeben.

Der rastlose Reisende, Kaiser Hadrian, kam im Jahr 130 n. Chr. nach Patara; es haben sich Inschriften gefunden, die die Errichtung von Statuen zu Ehren des Kaisers und seiner Gattin Sabina anläßlich dieses Staatsbesuches erwähnen. Paulus, ein ebenso ruheloser, wenn auch asketischerer Reisender, hatte etwa achtzig Jahre früher auf der Rückfahrt von Ephesos nach Tyros hier das Schiff gewechselt. Die Reste von drei christlichen Kirchen aus dem 4. und 5. Jahrhundert sind erhalten und zeugen vom nachhaltigen Erfolg der Missionstätigkeit des Apostels.

Eine ausgedehnte sumpfige Niederung im Westen der Stadt verrät noch den Umfang des alten Hafens. Von seiner wirtschaftlichen Bedeutung künden die Ruinen eines mächtigen antiken Warenlagers für Korn am Westrand des Hafenbeckens. Gleich einem ähnlichen Bau in Andriake, dem weiter östlich, nahe der Stadt Myra gelegenen Hafenort, war dieses Lagerhaus zweistöckig und hatte an der Fassade oberhalb der Türen Konsolen für Büsten. Die Eingänge führten in acht lange, nebeneinander angeordnete, tonnengewölbte Lagerhallen, die durch ein Fenster über jeder Tür erhellt wurden. Der englische Reisende Sir William Gell, der Anfang des 19. Jahrhunderts Patara besuchte, entdeckte an diesem Kornlager eine Inschrift, derzufolge es während der Regierungszeit von Trajan (98-117 n. Chr.) erbaut worden war.

Nördlich des Theaters, über Dünen losen Flugsands und sumpfige Strecken nicht leicht zu erreichen, liegt ein korinthischer Tempel, von dem die Cellawände und der reich geschmückte Eingang bis zu beträchtlicher Höhe erhalten sind. Südöstlich davon befinden sich Thermen, deren Erbauung während der Regierungszeit des Vespasian (69-79 n. Chr.) eine Inschrift auf dem Türsturz sichert. Der Platz daneben mit den ihn einst umgebenden Säulen in Sturzlage könnte eine Palästra oder ein Gymnasium gewesen sein. Ein weiterer Ruinenkomplex, bei dem es sich um Badeanlagen handeln mag, liegt in der Nähe des dreibogigen Stadttores. Die Wasserversorgung von Patara gewährleistete ein Aquädukt, der von Bergquellen im Nordosten gespeist wurde. Befestigungsmauern sind auf der Akropolis in Resten erhalten.

Von Sand bedeckt, ruht diese antike Stadt noch wie in einem Dornröschenschlaf. Ihre Größe und der verhältnismäßig gute Zustand, in dem sich die Ruinen befinden, würden die Ausgrabung von Patara zu einer besonders lohnenden Aufgabe machen.

# KAŞ – ANTIPHELLOS

Unser Weg weiter nach Osten führte zunächst an der Nordseite der kahlen Höhen entlang, die Patara von der Ebene des Xanthos-Unterlaufes abtrennen. Die tief liegenden Felder zur Linken, die von diesen Küstenhügeln und den südlichen Ausläufern des Dumanlı Dağ eingeengt sind, waren früher ein großer Sumpf, aus dem im 19. Jahrhundert zu medizinischen Zwecken zahllose Blutegel entnommen wurden. Jetzt ist die Niederung entwässert und mit Baumwolle bepflanzt; Frauen in weißen Kopftüchern standen gebückt beim Ernten.

Ein holpriger Damm, der quer durch das ehemalige Sumpfgebiet führt, brachte uns bis an den Fuß der ragenden Klippen, die hier an der Küste den Südabsturz der zentrallykischen Gebirgsmassive bilden. Eine Straße ist in halber Höhe zwischen dem Meeresspiegel und dem obersten Rand des Bergplateaus aus dem Felsen gesprengt. Frische, weiß-rötliche Bruchstellen im Stein zeigten, daß vor kurzem noch Bulldozer am Werk gewesen waren. Die Oberfläche der Straße bestand aus mahlendem Grobschotter von Messerschärfe, aus dem häufig noch der anstehende Fels in tückischen Rippen herausragte.

Wir kletterten in schwindelerregenden Kurven immer höher. Obwohl unsere Hauptaufmerksamkeit darauf gerichtet war, einen respektvollen Abstand vom Steilabsturz auf unserer Rechten zu halten und die größten Felsbrocken auf der Straße möglichst zu vermeiden, gelang es uns doch, hin und wieder einen Blick auf die sich ständig erweiternde Aussicht nach Süden zu werfen. Die Spätnachmittagssonne vergoldete die kahlen Vorgebirge und Halbinseln, die in ein tief-preußischblaues Meer hinausragten, und jede dieser felsigen Landzungen war von einem weiß schimmernden Saum von Brechern umrandet. Polster von Dornengebüsch, Wolfsmilch und Cistus klammerten sich an die unwirtlichen Hänge über uns, wo ich mehrfach Reste von antikem Mauerwerk erspähen konnte. Dies war jedoch nicht der Augenblick für Archäologie; die Schatten wurden länger, und unsere französischen Kollegen hatten uns davor gewarnt, uns dieser Straße bei Dunkelheit anzuvertrauen. Die Westseite der geschützten Bucht von Kalkan, die sich plötzlich tief unten zu unserer Rechten auftat, war schon in dämmriges Blau getaucht. Eine bescheidene weiße Moschee und schlichte Häuschen, die den winzigen Hafen umringten, sahen verlockend anheimelnd aus, aber wir entschlossen uns doch zu dem Versuch, Kaş, das antike Antiphellos, noch vor Einbruch der Nacht zu erreichen.

Im Süden wirkten die kleinen Eilande Çatal Ada und Rho wie versteinerte Phäakenschiffe. Weiter östlich modellierten die tiefer werdenden Abendschatten alle Buchten, Täler und Hügel der Insel Kastellorizo und des langen niedrigen Vorgebirges von Kaş, das sich vom Festland aus zu ihr hinüberzieht.

Wir erreichten die fjordartige westlichere Bucht von Antiphellos, gerade als die untergehende Sonne die buschbewachsenen Hänge zum Erglühen brachte. Diese Bucht muß, wie die offenere Reede von Sevedo auf der Ostseite der Landzunge, in der Antike als Hafen gedient haben. Heute ist sie verlassen. Ein paar alte Mauerreste wandern noch vom Kamm des Vorgebirges durch die Macchia zum Strand hinunter. Die Landschaft hier ist lieblicher als die wilden Bergabstürze, an die wir uns während unserer Fahrt so eng hatten halten müssen. Die Umrisse der Hügel zur Bucht hin sind sanft geschwungen und von üppiger Vegetation bedeckt; das Vorgebirge schützt sie gegen den zehrenden Seewind. In den niedrigen Schroffen auf der Landseite erscheinen, von Bäumen verhangen, stille, die Zeiten überdauernde Fassaden lykischer Felsengräber.

Im schwindenden Licht holperten wir auf einem steinigen Sträßchen ins Dorf Kaş hinunter. Bei einer kleinen Moschee drehten wir nach rechts in Richtung auf das griechische Theater und passierten zur Linken die ansehnlichen Ruinen eines antiken Baus aus prachtvollen Quadern. Jenseits davon liegt der bescheidene Betonkasten des ›Günay Motels‹, in dem es uns gelang, für die Nacht eine Art Zelle zu beziehen; sie war durch eine Tür mit einem auf der Meerseite entlanglaufenden veranda-artigen Korridor verbunden.

Wir waren zu erschöpft, um uns gleich auf die Suche nach einem Lokal zum Abendessen zu machen, und so blieben wir eine Weile auf der Terrasse sitzen. Die im Abendlicht vor uns liegende Landschaft übte, trotz ihrer Großartigkeit, eine beruhigende Wirkung auf uns aus. Direkt unterhalb des Motels zog sich ein mit riesigen losen Blöcken bedeckter Felshang zum Meer hinab. Der großen Wassertiefe wegen muß dieses Stück der Küste zum ankern völlig ungeeignet gewesen sein. In seichterem Wasser etwas weiter nach Osten lagen im Schutz einiger aus der Bucht ragender Klippen – vielleicht die Reste einer antiken Mole – ein paar kleine Schiffe. Die Hügel jenseits davon glommen noch, wie von innen erleuchtet, im Widerschein der untergehenden Sonne.

Im Süden blinkten über das abendblasse Meer die Hafenlichter von Kastellorizo herüber, einer zu Griechenland gehörenden Insel. Ihr türkischer Name Meïs muß eine verderbte Form des klassischen Namens Megiste, ›die Größte‹ (Insel) sein. Bis zum griechisch-türkischen Krieg 1920-22 lebten in Kaş vor allem Griechen aus Kastellorizo. Obgleich die Insel selbst unfruchtbar und kahl ist, diente sie damals doch als Verpflegungsstation für alle Schiffsreisenden nach Südlykien. Der Seehandel hatte Kastellorizo zu einem blühenden Zentrum gemacht, und ein ständiger Verkehr bestand zwischen ihr und der ›Skala von Andifilo‹, wie Kaş damals hieß. Heutzutage gibt es keinerlei Verbindung. Krieg und Politik haben eine einst natürliche Symbiose zerstört. Kaş wird regelmäßig von einem türkischen Küstendampfer angelaufen, aber es liegt zu sehr durch unwirtliche Bergketten von seinem Hinterland abgeschnitten, um als Ausfuhrhafen für Südlykien zu dienen.

Durch die milde Dämmerung liefen wir zur Ortsmitte, einem Halbkreis von weißgekalkten Häuschen, die um das stille Hafenbecken stehen; einige davon haben hübsch geschnitzte Balkone und Fenstergitter. Etwas weiter entlang dem Kai befanden sich zwei ›Çayhane‹ – Teehäuser – die, gastlich erleuchtet, vom gemächlichen Gespräch der Männer und vom leisen Knacken der Spielsteine erfüllt waren. Wir wählten das Restaurant am Ende des Hafens, das aus ein paar tonnengewölbten, zum Kai hin offenen Räumen bestand. Der vertrauenerweckende Geruch eines Holzkohlengrills strömte uns von hier entgegen, und so ließen wir uns am Wasser nieder und bestellten Fisch. Die Vorbereitung nahm geraume Zeit in Anspruch, aber wir waren es zufrieden, saßen derweil über unseren Rotweingläsern und lauschten dem Glucksen und Gurgeln des Meeres an der Ufermauer. Zu unseren Füßen wartete eine kleine Armee von Katzen mit einer Geduld, die der unseren gleichkam.

Langsam begannen sich die Nachbartische mit Gästen zu füllen – ausnahmslos Männer; nicht ein einziges Frauengesicht half dieser Monotonie ab. Gelegentlich rannten einige der am Kai spielenden kleinen Jungen zu ihren sich gütlich tuenden Vätern und bekamen einen Bissen ab. Als es ganz dunkel geworden war, erschien der weibliche Teil der Bevölkerung, die Haare in geziemender Weise mit Kopftüchern verhüllt, und ließ sich in einer streng abgesonderten Gruppe unter einer Laterne zur Handarbeit nieder. Die Frauen hatten vermutlich alle zu Hause zu Abend gegessen. Man gewann den Eindruck, als ob nur die zwischen ihren Vätern und Müttern hin und her schießenden Kinder das Gewebe der Familie zusammenhielten. Den Mittelpunkt ihrer Spiele aber bildeten ein paar umgestürzte und verwitterte korinthische Kapitelle und ein reich ornamentiertes Gebälkstück; es trägt, soweit man das zwischen baumelnden Bubenbeinen erkennen konnte, eine Inschrift, die sich auf die Bürger von Antiphellos und Patara bezieht.

Sieht man von der Elektrizität und dem Dampfer ab, der bisweilen hier anlegt, so leben vermutlich die Einwohner von Kaş noch auf die gleiche Weise wie einst die von Antiphellos. In diesen Gegenden sind Kamele und Esel immer noch ein verläßlicheres Transportmittel als die überanstrengten und zu selten überholten Lastwagen. Aber die Lage ändert sich hier rasch. Wenn die Küstenstraße erst einmal asphaltiert ist, wird der Autoverkehr unaufhaltsam zunehmen, und damit auch die unvermeidlichen Betonklötze der Hotels für die Gruppenreisenden, die Andenkenläden, Neonbeleuchtung, Nachtklubs ... ein deprimierender Gedanke.

Am nächsten Morgen standen wir nach einer ziemlich schlaflosen Nacht sehr zeitig auf; das Frühstück, das uns bei Sonnenaufgang auf der Terrasse von einem völlig wortlosen jungen Mann serviert wurde, bestand aus flachen Brotfladen, Rosenblättermarmelade und Tee (eine Zusammenstellung, die wir seit einer Iranreise nicht mehr genossen hatten) und tröstete uns über die Unbequemlichkeiten der Nacht hinweg.

Danach beschlossen wir, uns das griechische Theater von Antiphellos anzuschauen. Ein wenig westlich des Motels endete der Pfad, und wir kletterten über einen Holzzaun in eine spärliche Olivenplantage. Oberhalb davon erhebt sich einsam auf einem verdorrten Hang das kleine hellenistische Theater mit Ausblick aufs Meer. Das Fehlen des Bühnenhauses verleiht dem Bau einen Umriß von seltener Reinheit. Der Zuschauerraum, der fast bis zur vollen Höhe erhalten ist, ruht ohne gewölbte Substruktionen in der Schräge des Berghangs. Um dem Publikum mehr Fußraum zu verschaffen, sind die gekurvten Bänke aus grauem Kalkstein etwas unterschnitten und eingetieft, so daß jede Sitzreihe deutlich zweigestuft ist: der vordere Streifen, der etwas erhaben ist, diente zum Sitzen, der hintere für die Füße des Zuschauers in der Reihe darüber. Vier radiale Treppen führen bis zu den obersten Rängen und teilen das Auditorium in drei Sektoren. Von den höchstgelegenen Stufen wandert der Blick ungehindert ins Weite, zum Horizont, wo jenseits von Kastellorizo Himmel und Meer in grenzenlosem Blau miteinander verschwimmen.

Weiter den Hügel hinauf und östlich vom Theater liegt einer der ausgedehnten antiken Friedhöfe von Antiphellos. Das bemerkenswerteste Grab hier ist zum großen Teil aus einem freistehenden Felskubus gehauen und hat die Form eines griechischen Hauses mit Eckpilastern und einem dorischen Fries darüber. Entlang den Wänden im Inneren sind die üblichen Totenbetten erhalten; die Nische gegenüber der Eingangswand ist jedoch mit einem ungewöhnlichen Relieffries von 25 kleinen Frauenfiguren geschmückt, die sich in einem rituellen Reigen bei den Händen halten. Die Tanzbewegung läßt ihre Gewänder in stilisierten Falten nach den Seiten fliegen. Dieses Grab stammt vermutlich aus dem 4. Jahrhundert v. Chr.

In der gleichen Zeit entstand auch ein prachtvoller Sarkophag vom traditionellen, eine Holzkonstruktion nachahmenden, lykischen Typ, der sich auf einem hohen Sockel im Dorf nördlich des Hafens erhalten hat. Die Hebebossen an den Dachseiten sind in der Form von Löwenvorderteilen ausgehauen, und auf der Basis ist eine lykische Inschrift eingegraben.

*54*
*Kaş-Antiphellos.*
*Sarkophag auf hohem Sockel.*

# DEMRE – MYRA

Hinter Kaş kletterten wir in großen Kurven den Hang hinauf, zunächst durch Orangen- und Zitronengärten, dann durch Olivenhaine und schließlich durch die kahlen Felsabstürze der Küstenkette. Bevor wir uns aber vom Meer wegwendeten, verweilten wir einen Augenblick, um die herrliche Aussicht zu genießen: wie eine Landkarte lag die Bucht tief unter uns gebreitet. Von solcher Höhe aus erinnerte die Form des Vorgebirges von Kaş an einen Delphin, der nach Südwesten ins sonnenbeglänzte Meer taucht.

Innerlandes erwartete uns eine völlig andere Welt. Sobald das Meer dem Blick entschwunden war, schien es, als ob der kahle Karstboden nie einen Tropfen Wasser getrunken habe. Über niedrigeren Bergketten im Mittelgrund ragten im Norden und Westen die unwirtlichen, im blendenden Licht skeletthaft bleichen Schultern des Massikytos und die Stirn des passend benannten Susuz Dağ des ›wasserlosen Berges‹. Wir durchquerten mehrere kleine ausgedörrte Hochebenen; von Höhenzügen umringt, besitzen sie in ihrer Mitte Flächen fruchtbarer Roterde – das Verwitterungsprodukt der umgebenden Hügel, das von dort herabgeschwemmt worden ist. Hier ist von alters her Landwirtschaft betrieben worden. Winzige Stoppelfelder zwischen ragenden Felsblöcken zeigten an, daß im Frühjahr, wenn der Boden von Schmelzwasser und Regen gesättigt ist, Korn gedeiht.

Der Demre Çay, der antike Fluß Myros, hat sich entlang der Nord- und Ostseite des Plateaus eine tiefe Schlucht gegraben; doch finden sich auf der Hochfläche selbst keinerlei Wasserläufe. Trotz seiner Unzugänglichkeit und seines rauhen Klimas beherbergte dieses Kalkplateau in der Antike eine beträchtliche Anzahl kleinerer lykischer Städte. Ihre Bewohner mögen für solche Abgelegenheit, die ihnen Freiheit gewährleistete, dankbar gewesen sein. Zisternen, Ackerbau und Viehzucht scheinen einen Lebensstandard ermöglicht zu haben, der den Aristokraten gestattete, prächtige Grabmonumente für sich und ihre Familien zu errichten, während zumindest einige der gewöhnlichen Sterblichen sich schmucklose Steinsärge leisten konnten. Unterwegs fielen uns gelegentlich rohe Sarkophage lykischen Typs im Gestrüpp am Wegrand auf, häßliche graue Kästen, deren einst geglättete

*Kyaneai. Lykische Nekropole am Berghang.* 55

Oberfläche durch Verwitterung das Aussehen von pockennarbiger Haut angenommen hatte.

Manchmal sahen wir lange Yürükenzelte in der Ferne mit ihren von Pfosten gestützten, schwarzen Ziegenhaarplanen, umwimmelt von Nomadenkindern und weitverstreuten Herden. Es gibt auch ein paar Bauerndörfer, aber die erdfarbenen Lehmziegelwände der Häuser, von verblichenen, krummen Holzbalken durchzogen, heben sich kaum von den beinahe gleichartigen Farben und Formen der umgebenden Landschaft ab.

Etwa im Zentrum des Plateaus kauert das größere Dorf Javu am Fuß einer riesigen Felswand. Die graublaue Farbe dieser steilen Felsschroffen mag der antiken Stadt, die auf der Höhe jenseits des Kammes verborgen liegt, zu dem Namen Kyaneai, ›die Blauen‹, verholfen haben. Hoch oben in die Felsstirn sind ein paar Gräber gehöhlt – einige davon mit griechischen Tempelfassaden, andere von einfacherem lykischen Typ. Verglichen mit den Felsgräbern, die wir in den fruchtbareren Gebieten Westlykiens gesehen hatten, waren diese bescheiden; ungewöhnlich ist jedoch, daß sie so hoch droben liegen und unerreichbar scheinen.

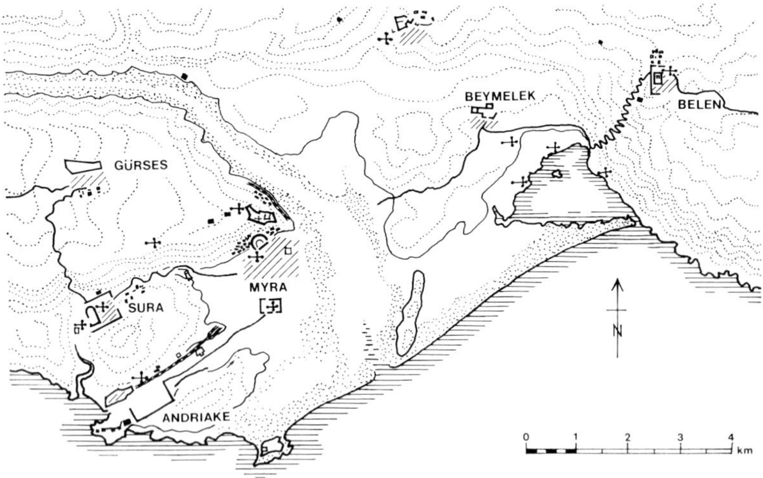

Als wir aus Javu herausfuhren, erspähten uns zwei Jungen von einem Hügel oberhalb der Straße, die dort Ziegen hüteten und sofort begannen, uns mit Steinen zu bewerfen; die ungastliche Landschaft hatte offenbar dem Charakter ihrer Einwohner den Stempel aufgedrückt. Vom nächsten Hügelkamm aus sahen wir in der Ferne ein uns unerklärliches Phänomen: eine bedrohliche Wolkenbank schien aus dem Felsboden selbst aufzusteigen. Beim Näherkommen wurde uns klar, daß dieser Dunst nicht aus dem Kalkplateau, sondern aus der seinen Rand bildenden Demre-Schlucht empordrang. Die Feuchtigkeit über dem Fluß steigt in Dunstwolken aus ihrer Tiefe; bald trübte der Himmel sich ein und die Luft wurde beklemmend schwül.

Am Nordrand des Plateaus mit Blick auf diese Schlucht liegt Gjölbaschı, das antike Trysa, das im Jahre 1841 von dem deutschen Gelehrten J.A. Schönborn entdeckt wurde. Das bedeutendste erhaltene Bauwerk war ein Heroon, der monumentale Grabbezirk einer Herrscherfamilie. Nahe dem Eingang der Umfassungsmauer war ein Relief zu sehen mit Bellerophon, der auf dem Flügelpferd Pegasos reitend gegen die Chimaira kämpft; dieses Motiv läßt vermuten, daß sich der Grabherr, gleich anderen lykischen Geschlechtern in Tlos und Xanthos, von dem mythischen Helden hergeleitet hat. Die gesamte Innenseite der Umfassungsmauer – und auf der Eingangsfront auch die Außenseite – waren mit übereinander angeordneten Relieffriesen geschmückt. Beliebte Darstellungen der lykischen Grabkunst, wie Bankette und Tänze, erscheinen vermischt mit Szenen aus der griechischen Mythologie und Episoden aus ›Ilias‹ und ›Odyssee‹. Solche Themenwahl zeigt, wie tief von griechischer Kultur durchdrungen die Herren selbst einer so abgelegenen Bergstadt wie Trysa im 4. Jahrhundert v. Chr. schon waren.

Nach Schönborns Entdeckung geriet der Grabbezirk wieder nahezu in Vergessenheit, bis 1881 österreichische Archäologen dort zu graben begannen und die Reliefplatten nach Wien brachten, wo sie im Kunsthistorischen Museum zu sehen sind. Mit Ausnahme des Heroon und einiger lykischer Grabmäler außerhalb seiner Umfassungsmauer ist noch kein Teil der antiken Stadt wissenschaftlich untersucht worden. Hier harren der Archäologen große Aufgaben; mittlerweile setzen Raubgrabungen dem Bestand hart zu.

Als wir uns dem Ostrand des Plateaus näherten, weitete sich der

*56 Tempelgrab nahe bei Myra. Frontansicht (Nordseite).*

Blick vor uns und gegen Süden hin. Im Mittelgrund erhob sich eine Festungsruine aus dem Gestrüpp, deren Mauerwerk hellenistisch aussah. Jenseits davon konnten wir trotz der Mittagsblendung das nächste große, ins Meer vorstoßende Gebirgsmassiv ausmachen: den Alaca Dağ mit dem Vorgebirge von Kap Fineka.

Zwischen dem Demre-Plateau und dem Alaca Dağ breitet sich das flache Schwemmland des Demre Çay. Von unserem Aussichtspunkt überschauten wir jedoch nur das östliche Ende dieser Niederung, eine milchig-blaue Lagune, die vom Meer durch eine Nehrung aus rötlichem Sand getrennt lag.

57 *Tempelgrab nahe von Myra. Süd- und Ostseite.*

Die Straße kehrte nun erst nach Süden, dann nach Westen und in langen Schrägen den Hang hinab zur Küstenebene. Ausgedehnte Flächen sind erfreulich grün und um den Ort Demre – das antike Myra – mit Olivenhainen und Zitrusgärten bedeckt. Unserem Blick durch eine Kette niedriger Küstenberge entzogen, liegt im Westen Andriake, der versandete Hafen von Myra, und jenseits eines Bergsattels die antike Stadt Sura.

Am Westrand der Ebene, zu Füßen des Demre-Plateaus, dort, wo die Straße vom kahlen Felshang ins Flachland hinausführt, fiel uns ein großes, freistehendes Tempelgrab auf, dessen schönes Hausteinmauerwerk zu einem rosigen Korallenton verwittert war.

VI

Myra. Lykische Felsgräber der Meer-Nekropole.

*Aufnahme Gerhard Klammet*

Die Süd- und Ostseite des auf einem stufenförmigen Unterbau errichteten Monuments sind besonders gut erhalten. Der Eingang lag im Norden und war über eine Treppenflucht zu erreichen. Im Podium befinden sich parallel zueinander zwei niedrige gewölbte Grabkammern, die durch zwei Fenster auf der Südseite erhellt werden. Den darüber errichteten Bau schmücken außen korinthische Eckpilaster, und das hohe Tor hat einen von Volutenkonsolen getragenen, reich dekorierten Türsturz. Der Innenraum war ursprünglich mit einer Halbtonne überwölbt und die Wände sind mit Bogennischen wechselnder Höhe und Steinbänken für Sarkophage ausgestattet. Hier fanden vermutlich Totenmahle zu Ehren der Verstorbenen statt. Die Bauornamentik läßt den Schluß zu, daß dieser prachtvolle Grabtempel aus der römischen Kaiserzeit, etwa der 2. Hälfte des 2. Jahrhunderts n. Chr., stammt.

Die Straßen von Demre lagen verlassen in der drückenden Mittagshitze. Wir fanden den Weg zur Nikolaoskirche instinktiv, indem wir auf eine Gruppe dunkelragender Zypressen zuhielten; daneben führte dann auch wirklich eine breite Rampe zur Niederung hinab. Hier lag, von den immer höher anwachsenden Ablagerungen des Demre Çay eingeschlossen, was wir suchten.

Die Lebenszeit des heiligen Nikolaos ist nicht genau überliefert; vermutete Daten schwanken zwischen dem 3. und dem Anfang des 5. Jahrhunderts n. Chr. Es ist anzunehmen, daß er in einer der frühchristlichen Nekropolen von Myra bestattet wurde und daß sich über dem Grab ein Schrein erhob. Im 6. Jahrhundert, vielleicht nach dem Erdbeben von 529, scheint ein Vorgängerbau der noch heute in großen Teilen aus dem 8. Jahrhundert stammenden Kirche errichtet worden zu sein. Ursprünglich war diese ein Kuppelbau mit Apsis und Bema, zwei Seitenschiffen und einem weiteren südlichen Nebenschiff, sowie einem Exonarthex und Eckräumen im Nordosten und Südwesten. Die Kirche liegt im Norden eines in der 2. Hälfte des 11. Jahrhunderts neu gegründeten Klosters, das mit einer von Türmen bewehrten Mauer umgeben war. 1862/63 kaufte der russische Zar das Gelände und ließ Exonarthex, Emporen und Hauptgewölbe der verfallenen Kirche renovieren; die Arbeiten wurden jedoch abgebrochen, und so wirkt der restaurierte Bauteil heute äußerst kahl und nüchtern. 1963/64 legten von der türkischen Regierung unternommene Grabungen die Ostseite mit drei Apsiden und die gesamte Südseite der Kirche frei, und 1968 wurden Schutzdächer über dem Grabraum des Nikolaos und den anschließenden Kapellen errichtet, um die Freskenreste vor den Unbilden der Witterung zu bewahren. Im Innern des Naos und in den südöstlichen Kapellen sind noch Teile der vielfarbig gemusterten Marmorfußböden, in ›opus sectile‹ ausgelegt, zu sehen. An Wänden, Nischenwölbungen und Kuppeln haben sich Reste von Wandmalereien erhalten, von denen Konzilsbilder und eine Apostelkommunion verhältnismäßig unzerstört sind. Aber wie viel heller und freundlicher sind doch die lykischen Nekropolen mit ihren Särgen, die frei und hoch stehen, von Licht und Luft umflossen! Die Nikolaoskirche ist ein bedrückender Ort, eingeengt von Steilwänden alluvialen Schwemmlandes, düster und feucht, mit abblätternden Fresken an den Wänden und namenlosen Gräbern, die überarbeitete und verstümmelte antike Sarkophage wiederverwenden.

Fragmente von etwa zehn attischen und kleinasiatischen Sarkophagen, die aus einer kaiserzeitlichen Nekropole stammten, sind in diesen dumpfen Räumen identifiziert worden. Wegen der mehrfachen Zerstörung der Kirche – im 8. Jahrhundert durch Sarazeneneinfälle oder Erdbeben, im 11. Jahrhundert durch die Türken – ist die ursprüngliche Grabanlage nicht erhalten. In der östlichsten Kammer des Grabraumes steht heute ein attischer Sarkophag mit herrlichem Rankenwerk in Hochrelief, zu dem vermutlich die in der Nähe liegenden mit Schuppenornament bedeckten Fragmente eines dachförmigen Deckels gehören. In diesen Bruchstücken sind merkwürdige Einarbeitungen erhalten, die vielleicht zur Aufnahme von Ölspenden dienten und annehmen lassen, daß dieses Grab einst für das des Heiligen galt. Ein schwer beschädigter kleinasiatischer Säulensarkophag mit zugehörigem Deckel in Polsterform, auf dem ein kopfloses Paar ruht – ein Werk der 2. Hälfte des 2. Jahrhunderts n. Chr. – wurde uns indessen vom bekçi als das des Heiligen gezeigt. Eine ununterbrochene Tradition hat sich bei den wiederholten Zerstörungen der Grabanlage offenbar nicht erhalten können; und die Überarbeitung und Wiederverwendung antiker Sarkophage zeugt von der Armut der frühchristlichen Kirche. Man kann nicht umhin, es als einen Akt der Gerechtigkeit zu empfinden, daß die Gebeine des Heiligen das gleiche Schicksal erlitten wie die der ursprünglichen, heidnischen Inhaber des Sarkophages,

*58 Myra. Fluß-Nekropole. Giebelrelief des ›Löwengrabes‹.*

die um seinetwillen ihrer letzten Ruhestätte beraubt wurden. Im Jahre 1087 entführten Kaufleute aus Bari die sterblichen Überreste des Nikolaos aus der damals wohl recht zerstörten und vernachlässigten Kirche und brachten sie zu Schiff in ihre Heimatstadt in Süditalien. Dort wurde für die Reliquien eine prachtvolle riesige, romanische Basilika errichtet, die noch heute von der hohen Verehrung zeugt, die der Heilige genoß. Der Ruhm, dessen er sich im Mittelmeergebiet schon lange erfreute, breitete sich weiter nach Norden und Westen aus. Als Schutzpatron der Schiffer ist er ein direkter Nachfahre mächtiger antiker Schutzgötter und Retter in Seenot – des Poseidon und der Dioskuren, und er wird in dieser Rolle von orthodoxen Griechen noch oft angerufen. Gleichzeitig aber ist er der Heilige und Beschützer der Kinder, unser Nikolaus, Santa Claus, Weihnachtsmann und schließlich – traurige Entartung – die Schaufensterfigur des Weißbärtigen im roten Kapuzenmantel.

Von der Nikolaoskirche fuhren wir durch die Obstgärten zum Ostabsturz des Demre-Plateaus. Auf seiner Höhe sind Mauerzüge der Akropolis erhalten: dem 5. Jahrhundert v. Chr. entstammen polygonale Mauerreste und ein Stadttor; im 4. Jahrhundert und in hellenistischer Zeit wurden isodome Mauern aufgerichtet, während kleinteiliges Mauerwerk die byzantinische Periode kennzeichnet.

*Myra. Fluß-Nekropole. Rekonstruktion des ›Löwengrabes‹. 59*
*(Gezeichnet von Charles Texier)*

Am Steilhang, der zum Westufer des Myros hin abfällt, sind die Überreste vieler lykischer Hausgrundrisse zu sehen, und etwas weiter innerhalb der Schlucht liegt die sogenannte Fluß-Nekropole mit zahlreichen Felsgräbern der verschiedensten Fassadenformen. Hart unterhalb und parallel zum Myrosufer verlaufend, ist ein Kanal in die Felswand gehauen, der Wasser zu einem großen Brunnenhaus leitete.

Das interessanteste der Gräber in der Fluß-Nekropole ist das Löwengrab, das schon von Charles Fellows und dem französischen Reisenden Texier beschrieben worden ist. Die Fassade ahmt einen ionischen Peripteraltempel nach; sein Giebelfeld schmückt das Relief eines Löwen, der einen Stier schlägt. Löwenköpfe erscheinen auch über den Kapitellen der mit Rosetten dekorierten Pilaster zu Seiten der Tür, die von der Vorhalle in die Grabkammer führt. Oberhalb des Türsturzes befindet sich ein Relief mit einem Totenmahl; in gleicher Höhe läuft von den Löwenköpfen aus seitwärts bis zu den Ecken der Vorhalle ein Fries mit Ranken, aus denen Göttinnen hervorwachsen. Dieser Pronaos war ursprünglich verputzt und bemalt; Reste von blauer Hintergrundfarbe sind auf dem Totenmahlrelief noch erhalten. Im Grabraum selbst steht nur eine Kline.

Unter den zahlreichen Grabanlagen der lykischen Nekropolen von Myra befinden sich sieben, die mit Reliefs verziert sind. Scharfs Zeichnung gibt eine Gruppe dieser Gräber charakteristisch lykischer Form wieder; von ihren Reliefs hat Fellows durch seine ›formatori‹ Gipsabgüsse machen lassen.

60 *Myra. Reliefgeschmückte lykische Felsgräber. (George Scharf)*

Westlich vom Theater, dort wo der Blick über die Ebene hinweg zum Meer geht, liegt in der Steilwand die sogenannte Meer-Nekropole. Eng aneinander und übereinander gedrängt sind hier – abzulesen wie aus einem Musterbuch – fast alle erdenklichen Variationen über das Thema der hölzernen lykischen Hausarchitektur aus der Felswand oder aus freistehenden Blöcken und Vorsprüngen herausgehauen. Ein merkwürdiger Verwitterungseffekt läßt die bearbeiteten Flächen des Steins in rötlich-braunem Ton leuchten, so daß sie sich schon von weit her von dem kühlen Graublau der unbehauenen Felswand abheben.

Reliefs mit lebensgroßen Figuren sind neben einigen der Grabfassaden auf glatt abgearbeiteten Feldern ausgemeisselt und von unten recht gut zu erkennen. Bei Grab 9 erscheinen auf in verschiedenen Winkeln zueinander stehenden Felsflächen 10 Figuren: ein bärtiger, gepanzerter Krieger, der auf seinen Speer gelehnt von einem kleinen nackten Pagen seinen Helm entgegennimmt; zwei, nur mit leichten, über den Rücken fallenden Mänteln bekleidete Jünglinge mit großen Rundschilden; und eine reich drapierte Kline, auf der der Verstorbene beim Mahl dargestellt ist, während seine Frau zu seinen Häupten auf einem Stuhl sitzt, eine Flötenspielerin und ein Knabe zu seinen Füßen; weitere Mädchenfiguren stehen hinter dem Kopfende des Bettes.

In überraschender Nähe dieser stillen, den Toten vorbehaltenen Felswand liegt, hart an deren Fuß, das große römische Theater von Myra. Der den Halbkreis überschreitende Grundriß der Cavea geht auf hellenistische Vorbilder zurück. Während der Mittelteil des Zuschauerraumes auf den Felsen des Hanges ruht, werden die Seiten von zwei hochgestelzten konzentrischen Gewölben getragen. Die Sitzstufen, durch ein Diazoma in zwei Ränge geteilt, sind über vierzehn Treppenaufgänge zu erreichen. Der untere Rang hat neunundzwanzig, der obere neun Sitzreihen. Der gesamte Zuschauerraum, der zur heißesten Tageszeit der Sonne offenlag, konnte, wie aus Einlassungsspuren für Masten hervorgeht, durch ein riesiges Sonnensegel beschattet werden. Das sehr beschädigte Bühnenhaus und die ›scaenae frons‹ waren mit reichem architektonischen Dekor und vier verschiedenen Maskenfriesen geschmückt. Zahlreiche Fragmente dieser Reliefs – Theatermasken, die über Girlanden angeordnet sind, Medusenköpfe zwischen Konsolenornamenten – liegen am Rande der Orchestra säuberlich aufgereiht. Wie Inschriften zu

61 *Myra. Aus dem Fels geschnittene Grabreliefs der Meer-Nekropole.*

entnehmen ist, wurde das Theater nach dem großen Erdbeben von 141 n. Chr., das so viele lykische Städte verheerte, wieder aufgebaut.

Während der relativ friedlichen Jahrhunderte der römischen Kaiserzeit, hatte sich die Stadt mit ihren öffentlichen Bauten in der Flußebene zu Füssen der Akropolis ausgedehnt. Römische Thermen, die heute noch ›Eski Hamam‹ (Altes Bad) genannt werden, liegen östlich des Theaters. Auf der Westseite führten drei Bogentore in drei, parallel angeordnete, hoch gewölbte Räume; eine große, östlich angrenzende Halle war an den inneren Langseiten durch Bogennischen gegliedert. Die Ziegeltechnik läßt auf eine Erbauungszeit im 3. Jahrhundert n. Chr. schließen.

# FINIKE UND LIMYRA

Als wir die graugrünen Wasser des Demre Çay überquerten, der riesige Bänke von Kies an seinem Ostufer abgelagert hat, wurde die Straße nach Osten wieder recht holprig. Frühere Reisende haben den Bergpfad zwischen Myra und Finike als höchst strapaziös geschildert. Heute zieht sich die Straße jedoch zunächst zwischen den südlichen Ausläufern des Alaca Dağ und der Lagune und hält sich auch weiterhin auf Meeresniveau. Man hat die Trasse aus den Uferklippen herausgesprengt. Sie wirkt noch wie eine frisch klaffende Wunde. Am Ostrand der Lagune, wo die See über eine glatte Sandbank leckt, stehen skelettartig die ausgelaugten Holzpfosten einer Fischerei.

Als wir jenseits davon ein kleines Vorgebirge passiert hatten, dünkte es uns, als ob wir nun jede Spur menschlichen Daseins, ja organischer Natur hinter uns gelassen hätten: die nächsten zwei Stunden führten durch eine erbarmungslose Wüste von grellen Felswänden und gleißendem Meer. Vergebens spähten wir nach einem Busch, in dessen Schatten wir die letzten unserer Äpfel aus dem Bazar in Fethiye zur Mittagsrast hätten essen können. Dies war eine unbelebte Welt kristallinischer Formen und spiegelnder Oberflächen, die einzig dazu geschaffen schien, Sonnenhitze zu reflektieren und intensivieren. Plötzlich wurde die hypnotische Eintönigkeit des glühenden Schotterbandes vor uns von der Bewegung eines Lebewesens unterbrochen. Ein kleines, langschwänziges Tier kroch unbeholfen über das Geröll. Denys bremste, um festzustellen, was es sei. Es erwies sich als Chamäleon. Obgleich das Tierchen sich auf rötlichem Felsboden befand, blieb seine Färbung jedoch hartnäckig ein scharfes Grün, ohne sich dem Hintergrund anzupassen; wir folgten ihm mit den Augen, bis es in einer Spalte am Ufer verschwand.

Weiter ging es, vorbei an kahlen Buchten und Landzungen von mondhafter Öde. Schließlich, nachdem wir um eine steile Felskanzel gedreht hatten, öffnete sich vor uns die fruchtbare Ebene von Finike in einem ungebrochenen grünen Bogen, der nach Süden ausschwingt und von einem Band schimmernden Sandes gesäumt ist. Im Westen und Norden von Gebirgszügen umschlossen, stößt diese Ebene im Osten gegen das Chelidonische Vorgebirge, wo die wildzerklüfteten ostlykischen Ketten zum Meer hin abfallen und sich in Felseninseln zersplittern. Innerhalb dieses ›fruchtbaren Halbmondes‹ lagen in der Antike eine Anzahl lykischer Städte: Gagae, Korydalla, Limyra und schließlich Phoinikos, das heutige Finike. Dieser Ort zwischen der Ostflanke des Alaca Dağ und dem Bett des Başgöz Çay erfreut sich einer asphaltierten Hauptstraße, einiger Hotels, Lokantas und eines bescheidenen Lido; dort können unternehmende Ferienreisende Betonhütten mieten.

Unser Ziel war jedoch Limyra, das etwas nördlich von Finike am Fuß des Toçak Dağ-Massivs bei den Quellen des Limyros gelegen ist. In der 1. Hälfte des 4. Jahrhunderts v. Chr. scheint die Stadt Limyra unter der Herrschaft eines lykischen Fürsten gestanden zu haben, dessen Name ›Perikle‹ auf Inschriften erhalten ist; auch Münzen tragen sein eindrucksvolles Porträt. Nur wenige historische Tatsachen sind uns von ihm überliefert; wir wissen aber, daß er Phaselis, eine Stadt an der ostlykischen Küste belagerte, und daß er in Westlykien Telmessos (Fethiye) einnahm und sich so zum Herren eines großen Teils von Lykien machte. Den Namen Perikle (nach lykischem Sprachgebrauch ohne s am Schluß) trug er wohl als Zeichen der Bewunderung für den großen athenischen Staatsmann. Diese Hochschätzung griechischer Kultur und griechischer Persönlichkeiten, die so viele lykische Dynasten des 5. und 4. Jahrhunderts v. Chr. auszeichnet, hinderte sie nicht daran, gute Beziehungen zu den persischen Satrapen zu unterhalten. Tatsächlich scheinen die lykischen Städte unter ihren lokalen Fürsten ihre Angelegenheiten recht unbehelligt durch fremde Eingriffe geregelt zu haben. Obgleich sie Tribut zahlen mußten und dem Großkönig Truppen und Schiffe zu stellen hatten, bewahrten sie doch ihre nationale Eigenheit und faktische Unabhängigkeit.

Perikle muß jedoch einer der letzten autonomen Feudalherrscher gewesen sein. Unter ihm schlossen sich die Lykier dem Satrapenaufstand an, der fehlschlug und dazu führte, daß die Hekatomniden zu Satrapen auch von Lykien, nicht nur, wie bisher, von Karien gemacht wurden. Seit Entdeckung der ›Trilingue‹ mit dem Erlaß des Pixodares im Letoon (siehe S. 79) wissen wir darüber Genaueres: Pixodares, dieser jüngere Bruder des Mausolos, der von 341–335 v. Chr. regieren sollte, war schon 358 v. Chr. für kurze Zeit Satrap von Termisa, d. h. Lykien gewesen.

*62 Lykische Münze mit dem Porträt des Königs Perikle. (Lykische Namensform ohne s)*

Mit dem Abtreten der einheimischen Fürsten wurden die lykischen Städte zu Republiken, aber sie hielten ihre alten Traditionen aufrecht und entwickelten erfolgreich demokratische Einrichtungen, die in der Alten Welt ihresgleichen suchen. Am Ausgang des 4. Jahrhunderts v. Chr. war die Hellenisierung Lykiens weitgehend vollzogen. Die eigene Sprache und Schrift, die bis dahin neben dem Griechischen weiter verwendet worden waren, verschwinden nun, und langsam verschmilzt die lykische mit der übernationalen hellenistischen Zivilisation, der Schöpfung Alexanders, die auf Jahrhunderte hinaus Griechenland und dem vorderen Orient eine einheitliche Kultur verlieh.

Der erste moderne Reisende, der die Stätte des antiken Limyra aufsuchte, scheint C. R. Cockerell gewesen zu sein. Im Jahr 1811 kopierte er eine zweisprachige Inschrift in Griechisch und Lykisch, die er auf einem Sarkophag in der Westnekropole eingemeißelt fand und regte dadurch die ersten Versuche zur Erforschung des Lykischen an. Fellows folgte 1838 und sammelte eine große Anzahl weiterer Grabinschriften; kurz darauf stellten Spratt und Forbes die Akropolis der antiken Stadt auf dem steilen Berghang fest, der sich als südlicher Ausläufer des Toçak Dağ hinter dem Theater erhebt.

Auf diesem Felskegel haben seit einigen Jahren deutsche Archäologen gearbeitet: sie haben nicht nur umfangreiche Befestigungen aus persischer Zeit, sondern auch am Südende des Bergvorsprungs eine künstliche Terrasse freigelegt. Hier stand einst das Heroon eines lykischen Herrschers. Vom Skulpturenschmuck dieses Baus haben sich zahlreiche Fragmente gefunden, die eindeutig beweisen, daß Bauform und Dekoration von athenischen Vorbildern abhängen. Die wenigen noch erhaltenen griechischen Buchstaben einer Inschrift, die sich in der Nähe eines tempelartigen Grabmals fanden, können zwar ins 4. Jahrhundert v. Chr. datiert werden, nennen aber unglücklicherweise nicht den Namen des Bauherren. Es ist indessen höchst wahrscheinlich, daß ein so prachtvolles, von attischer Architektur inspiriertes Monument von niemand anderem als von König Perikle errichtet worden sein kann; die von Dr. Jürgen Borchhardt und seinen Kollegen seit 1969 durchgeführten Grabungen haben für diese einleuchtende Theorie einen soliden Boden geschaffen.

Wir folgten zunächst der Straße in Richtung Elmalı bis zum Ort Turuncova und bogen dann nach rechts auf einen Weg ab, der am Fuß der Bergkette zum Dörfchen Juvalılar führt. Diese lang ausgezogene Siedlung ist relativ neu. Verstreut liegen hölzerne Häuser in Obst- und Olivengärten; es gibt auch etliche niedrige Betonbauten; doch die fast kahlen Hänge nördlich der Straße sind übersät von schwarzen Zelten, die in kralartigen Umzäunungen aus Dornengestrüpp liegen: ein Teil der Dörfler sind noch Halbnomaden.

Ein grüner Pfad längs eines Rinnsals führt zu dem Bauernhaus gegenüber der Schule, das die deutschen Archäologen während der Grabungskampagne gemietet haben. Dort fanden wir nur den, bequem in einen Pyjama gekleideten, türkischen Grabungskommissar vor, der uns mitteilte, seine deutschen Kollegen seien alle bei der Arbeit oben auf dem Berg. Wir drehten uns um und schauten den Steilhang hinauf, auf dem sich in Gipfelnähe der winzige Kegel eines Zeltes vom nackten Fels abhob. Uns sank das Herz. Der Gedanke, in der Nachmittagshitze nach unserer langen anstrengenden Fahrt diese Höhe erklimmen zu müssen, freute uns nicht besonders. Der Aufstieg dauert etwa fünfunddreißig Minuten; zweimal am Tag treten ihn ein Junge und ein mit Vorräten und Wasserkanistern beladener Esel an, um die oben zeltenden Architekten, Fotografen und Restauratoren sowie die kurdischen Arbeiter zu verproviantieren. Da dieser Junge gerade im Begriff war, sich auf den Weg zu machen, gab ich ihm einen Zettel für Dr. Borchhardt mit, auf dem ich ihm unsere Ankunft in Limyra meldete.

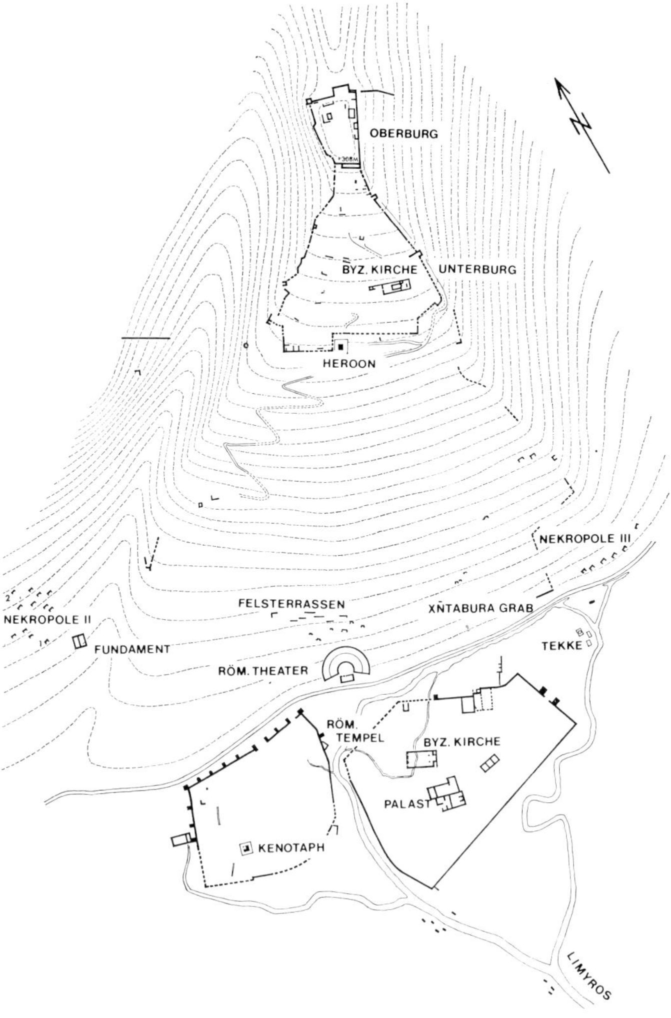
OBERBURG
+308M
BYZ. KIRCHE
UNTERBURG
HEROON
NEKROPOLE III
NEKROPOLE II
FELSTERRASSEN
XÑTABURA GRAB
FUNDAMENT
TEKKE
RÖM. THEATER
RÖM. TEMPEL
BYZ. KIRCHE
PALAST
KENOTAPH
LIMYROS

*63 Limyra. Flachrelief einer Familienszene an einem Felsgrab.*

Wir beschlossen, uns zunächst den Antiken der Unterstadt zu widmen und den Besuch des Heroons auf den nächsten Morgen zu verschieben. Rechts und links fassen die Akropolis Steilhänge ein, die von seltsam regelmäßigen, gekurvten Kalksteinrippen durchzogen sind; sie verlaufen von Nordosten nach Südwesten. In diese niedrigen Felsbänder hat man nebeneinander zahllose Grabfassaden gehauen; ihre Reihung folgt den fallenden Linien der geologischen Formation. Wiederum finden sich verschiedene Typen: einige ahmen hölzerne Hausfronten nach, andere weisen ionische Säulen, Giebel und Akrotere auf. Die feineren Details der Fassaden waren häufig in Farben aufgemalt. Neben einigen der Grabeingänge sind auch zarte Flachreliefs ausgemeißelt, die Familienszenen darstellen: der Ehemann in einem leichten, flatternden Chiton schaut über die Grabtür hinweg zu seiner verschleierten Frau mit ihrem Kind; ein Vater mit drei Söhnen nähert sich links dem Eingang, auf dessen rechter Seite seine grüßende Frau und die junge Tochter stehen. Andere Reliefs zeigen das Motiv des Totenmahls und lebhaft bewegte Schlachtszenen.

Auf dem Weg nach Osten zum Theater kamen wir an einem langen, gut erhaltenen Stück der römischen Stadtmauer mit zehn vorspringenden Türmen vorbei. Sie ist aus Ziegeln, Stein und Mörtel gebaut und enthält viel wiederverwendetes Material. Im üppigen Grün südlich der Mauern entspringen die verschiedenen Quellen des Limyros, der sich in drei Armen durch die Ebene dem Meer zuwindet und bei Finike mündet.

Das römische Theater liegt links der Straße an die kahle Bergflanke gelehnt. Sein Zuschauerraum ist fast völlig der steinernen Sitzstufen beraubt, und vom Bühnenhaus ist nur noch der unterste Teil erhalten. Fragmente der reichen architektonischen Dekoration der ›scaenae frons‹ schauen aus dem wuchernden Unkraut heraus. Die Ornamentformen auf einer kürzlich gefundenen Platte sprechen für einen Bau aus der Zeit des Antoninus Pius (137-161).

Auf dem Abhang zwischen dem Theater und der sogenannten Nekropole III liegt abgesondert ein außerordentlich interessantes Grab. Es hat die charakteristische Form des lykischen Sarkophags mit Spitzbogendeckel auf hohem Unterbau. Seine Inschrift nennt als Grabherren Chñtabura, einen Adligen, der mit König Perikle verwandt, vielleicht sogar dessen jüngerer Bruder gewesen sein könnte. Die sehr verwitterten Reliefs, die die Basis des Monuments schmücken, wurden zuerst in Zeichnungen von Fellows veröffentlicht; doch kürzlich hat Dr. Borchhardt ihnen eine Studie gewidmet, die ganz neues Licht auf die dargestellten Szenen geworfen hat.

Neben den traditionellen Motiven des Totenmahls und Opfers an der Südseite und eines Pferdegespanns an der Nordseite, erscheint auf der Westseite ein esoterisches Thema: ein nackter, bartloser Mann mit kurzem Lockenhaar, der in der linken Hand sein abgelegtes Gewand hält, scheint der Verstorbene zu sein, der sich all seiner irdischen Würden und Attribute entkleidet hat, bevor er sich den Unterweltsrichtern nähert. Zwei dieser langhaarigen, bärtigen Greise sind sitzend zu seinen Seiten dargestellt. Dem Mythos zufolge, der in Platons ›Gorgias‹ und auch in der ›Apologie‹ überliefert ist, war von den drei Totenrichtern Minos, Aiakos und Rhadamantys, der letztgenannte für die Entscheidung des Geschicks der aus Asien stammenden Verstorbenen verantwortlich. Auf dem Relief dürfte also der rechts sitzende Greis, der den Toten mit sachter Geste der Rechten am

64 *Limyra. Grabmal des Chñtabura, Westseite.*
←

65 *Limyra. Relief auf der Westseite des Chñtabura-Sarkophags.*

Arm hält, um sein Urteil zu fällen, Rhadamantys sein. Der Totenrichter zur Linken muß Aiakos sein, der über die Toten Europas entschied. Minos wurde nur im Zweifelsfall zum Urteilsspruch herangezogen.

Ein solches Aufgreifen platonischer Vorstellungen auf einem Grabrelief bezeugt wieder einmal, wie tief Lykien zu dieser Zeit schon von griechischen Gedanken durchdrungen war. Es mag nicht ohne Bedeutung sein, daß diese Urteilsszene sich auf der Westseite des Grabmonumentes befindet, der Himmelsrichtung, in der nach der Überlieferung das Totenreich lag. In den Giebelfeldern des Sarkophagdeckels sind heraldisch einander gegenüber hockende Greifen dargestellt; sie dürften ein Symbol des Jenseits sein.

Als wir zum Grabungshaus zurückgekehrt waren, zeigte man uns die jüngst am Fuß des Sarkophags gemachten Funde: eine lykische Münze, das vielleicht einer Sphinx zugehörende Bruchstück eines Flügels und Teile einer Pferdestatuette. Diese Plastiken in halber Lebensgröße waren wohl mit Standplatten auf dem vorkragenden Gebälk am Unterbau des Grabmals eingelassen. Die Einarbeitungen sind erhalten. Daß Pfeilergräber ebenfalls gelegentlich mit freistehenden Skulpturen bekrönt waren, ist durch die Fragmente vom Inschriftenpfeiler in Xanthos erwiesen. Auch auf den eine Stadt darstellenden Reliefs am Nereidenmonument ist innerhalb der Mauern das Oberteil eines solchen Pfeilers zu sehen, auf dem sich drei Rundplastiken erkennen lassen: eine geflügelte Sphinx und zwei sie flankierende kauernde Löwen.

Im Abenddämmern erschienen, staubig und müde nach dem heißen Arbeitstag auf der Akropolis, Dr. Borchhardt und der Institutsfotograf. Nachdem sie sich an der Quelle beim Grabungshaus gewaschen und dort auch ihren Durst gestillt hatten, luden sie uns zum Abendessen ein. Wir steuerten den Vorräten des Hauses die ansehnlichen Reste der uns in Pinara geschenkten Trauben und die weniger beachtlichen Reste einer Flasche Whisky bei. Als Nachtunterkunft bot man uns die Wahl zwischen einem Zelt der Akropolis oder einem Bett in einer der Strandhütten, die unser Gastgeber in Finike für die Saison gemietet hatte; wir entschieden uns für die weniger abenteuerliche Unterbringung am Strand.

Während das Abendessen von Ali, dem türkischen Eigentümer

des Grabungshauses und seiner vielgeprüften Frau vorbereitet wurde (man bedeutete uns, daß es eine zweite Gattin droben in der Yaila gäbe), führten uns unsere deutschen Freunde aufs flache Dach des Hauses, um dort ein Begrüßungsglas mit uns zu leeren. Wir lagerten uns auf alten Matratzen um einen niedrigen Tisch und sahen so einer antiken Bankettszene recht ähnlich. Die Sonne war hinter der tiefblauen Wand des Alaca Dağ versunken, der sich vom zitronengelben Himmel mit kristallener Schärfe abzeichnete. Der Akropolisfelsen über uns bewahrte noch für eine Weile den purpurnen Abglanz des schwindenden Tages. Aus den dunklen Pflanzungen und Sumpfwiesen um das Haus herum stieg ein Hauch von Frische, gemischt mit dem Duft von Zitrusfrüchten. Gelegentlich unterbrachen rauhe Rufe und abgerissene Fetzen von Gesang aus dem Yürükenlager am Berghang den fernen Chor der Frösche und den nahen der Moskitos.

Der lokale Branntwein schien uns recht stark nach unserem Fastentag, aber ein Pilaf, der mit Pinienkernen gewürzt war, und ein mit Hackfleisch gemischtes Bohnengericht halfen uns bald wieder zu Kräften. Während dann Dr. Borchhardt unsere Gläser immer neu mit Rotwein füllte, machten wir Pläne zu einem weiteren Treffen mit unseren deutschen Freunden, in den kommenden Tagen in Antalya.

Schließlich stieg unser Gastgeber in seinen Minibus, um uns durch die Nacht zu unserem Quartier zu führen. Mit dem Weg eng vertraut, fuhr er sehr rasch voraus, während wir vorsichtig um unbekannte Löcher und Ecken manövrierten und nur hin und wieder seine sich immer weiter entfernenden Scheinwerferkegel über eine fremde Nachtlandschaft schweifen sahen. In Finike fanden wir ihn bei der Brücke auf uns wartend, und dann hatten wir bald einen breiten Sandstrand und die Betonhütte erreicht – unser Quartier für heute.

## DIE AKROPOLIS VON LIMYRA

Im Morgengrauen standen wir auf. Die Stille draußen war vollkommen. Selbst das Meer jenseits des dämmerungsblaßen Strandes atmete kaum. Im Osten hob sich nun der Umriß von Kap Chelidonia gegen einen stets breiter werdenden rosa Himmelsstreifen ab, während im Westen die obersten Regionen des Alaca Dağ bald von den Strahlen der Sonne berührt wurden, die – unserem Blick verborgen – noch unter dem Horizont stand. In solchem Frieden den Motor anzulassen, schien uns eine Entheiligung, aber es galt, den Gipfel der Akropolis von Limyra zu erreichen bevor die Hitze zu groß geworden war.

Beim Grabungshaus taten wir uns mit dem Eseltreiber zusammen, der uns mitsamt dem Wasservorrat für die oben Kampierenden zum Heroon hinauf begleiten sollte. Wir kamen an einigen schwarzen Zelten vorbei und tauschten Morgengrüße mit den Frauen und Kindern, die sich zu rühren begonnen hatten. Bunte Satteltaschen und gestreifte Matten wurden ausgeschüttelt und die Zöpfe von widerstrebenden, funkeläugigen kleinen Mädchen frisch geflochten. Die Yürükenmänner haben sich unbebautes Land am Fuß des Akropolisfelsens angeeignet; schmale Terrassen des mageren Bodens trugen Stoppelfelder, während zu seiten des römischen Theaters junge Olivenstämmchen ein kümmerliches Dasein fristeten.

Dem Esel folgend, zickzackten wir den kargen, ausgewaschenen Steilhang hinauf, an den sich Kissen von Wolfsmilch und Disteln klammerten. Jenseits der Heroon-Terrasse, hoch oben über unseren Köpfen, bekamen wir gelegentlich unsere Kollegen in den Blick, die bereits an der Arbeit waren.

Das Tempelgrab von Limyra hatte ungefähr die gleiche Größe wie das Nereidenmonument von Xanthos, von dem es offensichtlich beeinflußt worden ist. Seine Lage ist jedoch weitaus großartiger. Vom südlichsten Vorsprung des Akropolisfelsens aus überschaut es die gesamte Küstenebene und weithin das Meer. Zum Bau sind die Kalksteinblöcke verwendet worden, die man aus der Bergflanke gehauen hatte, um für das Grab eine Plattform zu schaffen; eine vorgelegte Schautreppe, die ebenfalls aus dem anstehenden Felsen gemeißelt war, führte vom Fuß des Grabbaus hinab zum Rand des Steilabsturzes im Süden, ein optischer

*66 Limyra. Das Heroon nach der Freilegung 1969 mit Fragmenten des Westfrieses.*

Kunstgriff, der dem Monument eine noch eindrucksvollere Höhe verlieh. Von den Bauteilen ist genug erhalten, um eine verläßliche Rekonstruktion des Heroons zu ermöglichen; diese Aufgabe wurde eben mit großem Geschick von unseren deutschen Freunden unter denkbar schwierigen Verhältnissen ausgeführt.

Der hohe Sockel mit einer Grabkammer, über dem sich der Hauptbau erhebt, ist ein typisch lykisches Element; der Oberbau jedoch mit seinen vier Säulen an den beiden Schmalseiten ist ganz offensichtlich vom Tempel der Athena Nike auf der Akropolis von Athen inspiriert, einem Bau des ausgehenden 5. Jahrhunderts v. Chr.; die Säulen in Form von Mädchenfiguren ahmen die berühmten Karyatiden der Südhalle des Erechtheions nach

– eben jener Südhalle, die sich über dem Grab des mythischen Königs Kekrops erhebt. Bei aller Ähnlichkeit ist die Haltung der Mädchenfiguren in Limyra jedoch steifer als die ihrer attischen Vorbilder, und auch ihre Gewandung (Ärmelchiton) ist schwerfälliger; ihr Haar ist hinten von einem Schleier verhüllt und fällt vorn in dicken, tauartig gewundenen Strähnen auf die Brust. Wie Dr. Borchhardt erkannt hat, erinnern die lykischen Karyatiden in der blockhaft geschlossenen Form an die früheste uns bekannte architektonische Stützfigur in Frauengestalt, die Basaltgöttin in der Eingangshalle des Tempelpalastes von Tell Halaf in Nord-Mesopotamien. An ihren robusten Handgelenken tragen die Mädchen von Heroon Armreifen, die in antithetischen Löwenköpfen enden, eine typisch persische Schmuckform. Jede der Eckkaryatiden hält eine Spendeschale und ein Tierkopf-Rhyton in Händen; auch diese Form des Rhytons ist von orientalischen Zeremonialgefäßen abhängig und wurde im griechischen und lykischen Bereich beim Totenkult verwendet.

Ebenso zeigt sich persischer Einfluß in dem Figurenfries, der die Langseiten der Cella schmückte. Verhältnismäßig gut erhaltene Platten auf der Westseite stellen eine Prozession von Kriegern und berittenen Persern dar, die den Grabherren auf seinem Pferdegespann begleiten. Die Platte von der Ostseite ist besonders schön: eine Gruppe von fünf, einander überschneidenden Reitern mit erstaunlich individuellen Zügen. Zwei der Männer sind als Perser gekennzeichnet; sie tragen die Tiara, eine Kappe aus weichem Material mit der nach vorne überfallenden, abgerundeten und den um das Kinn gewickelten seitlichen Laschen. Die anderen Reiter müssen Griechen oder Lykier sein. Der eine hat einen Helm mit Wangenklappen auf, ein zweiter eine Reiterkappe und der dritte einen ›Petasos‹, den flachen griechischen Reisehut. Die Reiter sind aber nicht nur durch ihre Kopfbedekkungen, sondern auch in der Bildung der Gesichtszüge unterschieden, offenbar um zu zeigen, daß sie verschiedenen ethnischen Typen zugehören; sogar ihre Pferde sind keineswegs von gleicher Rasse. Vielleicht war es die Absicht, auf solche Weise darzutun, wie viele Nationalitäten dem Herrscher huldigten.

*67 Limyra. Eine Karyatide vom Heroon.*

*68 Limyra. Reitergruppe aus dem Ost-Fries des Heroon.*

Vom mit Rosetten verzierten Architrav sind zahlreiche Blöcke erhalten, ebenso vom Zahnschnitt, dem Tympanon und der mit Löwenkopfwasserspeiern geschmückten Sima. Die Giebelspitze und die Dachecken trugen Marmorakrotere – die aus vielen Fragmenten zusammengesetzten Figuren befinden sich jetzt im Museum von Antalya. Der Mittelakroter an der Südfassade wurde von der Gestalt des Perseus gebildet; er eilt über den zusammengebrochenen Rumpf der Gorgo Medusa hinweg und hält ihren abgeschlagenen Kopf triumphierend in die Höhe. Die leicht bekleideten, in raschem Lauf dargestellten Mädchenfiguren der Seitenakrotere sind vermutlich Medusas Schwestern, die den Helden – vergebens – verfolgen. Sie sind ganz eindeutig den windumwehten Mädchen des Nereidenmonumentes von Xanthos nachgebildet, wenn auch in den Formen etwas vereinfacht und vergröbert, und dürften im 2. Viertel des 4. Jahrhunderts v. Chr. entstanden sein.

Dem griechischen Mythos nach war Perseus der Vater des Perses, der den Persern den Namen gab, als er ihr König wurde. Vielleicht hat der Dynast sein Grab mit einer Skulptur des Perseus krönen lassen, um der persischen Oberherrschaft diskret anzudeuten, daß ihr Volk einst von einem König griechischer Herkunft regiert wurde.

Den sanfter ansteigenden Berghang hinter dem Heroon nimmt die Unterburg ein, annähernd in Dreiecksform von Mauerzügen mit vorspringenden rechteckigen Türmen befestigt. Innerhalb liegen die Ruinen einer byzantinischen Kirche und mehrere kleine Zisternen. Kürzlich sind hier auch die Reste eines Grabtumulus, ein Altar und Fragmente einer Stele mit dem karischen Symbol der Doppelaxt entdeckt worden. Mag sein, daß es sich um das Grab eines karischen Kommandanten handelt; es würde dann – entsprechend der Pixodares-Inschrift vom Letoon – in die Zeit der karischen Herrschaft über Lykien gehören.

Die Oberburg umschließt – etwa trapezförmig – ein kleineres Gebiet als die Unterburg und ist mit mächtigen, zum Teil zyklopischen Mauern umgeben. An der engsten Stelle zwischen beiden Befestigungssystemen liegt die sogenannte Südbastion mit ihren zwei Toren. Der Burgberg war nur im Norden über einen Sattel vom Hauptmassiv des Toçak Dağ aus relativ leicht erreichbar; diese Geländestelle ist als einzige wirklich gefährdet und deshalb durch eine besonders starke, geböschte Bastion und einen Turm geschützt. Dr. Wolfgang Wurster, der für die Vermessung und Aufnahme der Burganlage verantwortliche Architekt, zeigte uns die gesamte Zitadelle, insbesondere ein noch fast völlig erhaltenes Tor westlich der Südbastion: monolithe Laibungsblöcke tragen den mächtigen Türsturz, und Pfannen- und Riegellöcher lassen auf eine entwickelte Verschlußtechnik schließen.

Die Mauern waren mit einem Wehrgang und spitzbogigen Zinnen versehen, von denen sich Bruchstücke verschiedener Form in Sturzlage gefunden haben. Die Burg von Limyra muß genauso ausgesehen haben, wie die zinnenbewehrten Stadtmauern auf den Reliefs vom Nereidenmonument in Xanthos, dem Heroon von Gjölbaschi-Trysa und dem Felsgrab in Pinara.

69 *Limyra. Das Heroon auf der Akropolis.*

70
*Limyra. Akropolis.*

*Aus dem Fels geschlagene ›Behälter‹ mit rechteckiger Öffnung.*

Die Wasserversorgung der Oberburg war durch zwei große, aus dem Felsen gehauene Zisternen gesichert. Zwischen den Reservoiren sind aus den hier anstehenden Kalkklippen Stufen geschlagen, die zu zwei kleinen Plattformen mit rechteckigen Vertiefungen führen. Man hat diese merkwürdigen Einarbeitungen als Feueraltäre erklärt. Daß in mehr als zweihundert Jahren persischer Herrschaft viele Elemente des persischen Kultes und Rituals in Lykien eingedrungen sind, steht außer Zweifel, und die hoch gelegene Stätte hier wäre in der Tat für achämenidische Feueraltäre passend. Die Form dieser Vertiefungen im Fels hat aber wenig mit den uns bekannten Feueraltären in Naksch-i-Rustem und Tak-i-Bostan in Iran gemein; ich möchte vermuten, daß solche Tröge im Fels mit ihren eingetieften Randleisten (die so aussehen, als ob sie zur Aufnahme steinerner Deckel gedient haben könnten) eher ›Ostotheken‹, Behälter für die Gebeine von verbrannten Toten, gewesen sein könnten.

Die Aussicht von der Terrasse des Heroon ist großartig. König Perikle hatte diesen Platz für seine Akropolis mit strategischem Feingefühl ausgewählt: praktisch uneinnehmbar, überschaute die Zitadelle die gesamte Ebene von Kap Chelidonia bis nach Finike, der Hafenstadt von Limyra. Dieses fruchtbare Schwemmland, von den drei Flüssen Alakir Çay, Limyros und Arykandos bewässert, ausgedehnt und leicht zu bebauen, hat in ganz Lykien nicht seinesgleichen. Es muß die wirtschaftliche Basis der Macht des Herrschers dargestellt haben.

Von hier oben – 308 m über dem Meeresspiegel – wirken die fahle Muschel der Cavea des Theaters und die gezähnte römische Stadtmauer winzig wie Kinderspielzeug. Im Sumpfgebiet innerhalb des noch unausgegrabenen Stadtgebietes liegt der massive

Kern eines römischen Grabbaus, den Dr. Borchhardt kürzlich untersucht hat. Es handelt sich um ein ehemals turmartiges Monument auf hoher Basis, das mit architektonischem Dekor und einem marmornen Figurenfries geschmückt war und eine lateinische Inschrift trug. Obgleich nur spärliche Reste der Inschrift und wenige Relieffragmente (darunter ein Porträtkopf und zwei Liktoren mit Fasces) zutage getreten sind, hat Dr. Borchhardt sehr wahrscheinlich gemacht, daß der Bau ein Kenotaph für Caius Caesar war. Dieser Sohn von Agrippa und Julia wurde im Jahr 20 v. Chr. geboren und drei Jahre später von Kaiser Augustus adoptiert. Während eines Feldzugs in Armenien wurde der erst Vierundzwanzigjährige verwundet und starb auf dem Heimweg nach Italien in Limyra.

In der byzantinischen Stadt, die innerhalb eines eigenen Mauerrings und von zwei Armen des Limyros umflossen, unmittelbar östlich der römischen Stadt liegt, sind die Ruinen einer Kirche und eines Bischofspalastes erhalten; die Mauern stehen zum Teil noch in einer Höhe von 6 m an. Der Boden ist hier jedoch so sumpfig, daß archäologische Untersuchungen in diesem Gebiet – wie sich schon bei der Ausgrabung des Grabmonuments von Caius Caesar zeigte – mit großen Schwierigkeiten verbunden wären.

*71 Limyra. Blick von der Akropolis auf Stadtmauer und Theater.*

# ELMALI UND ANTALYA

Die Straße nach Elmalı folgt dem Lauf des Arykandos stromaufwärts durch eine Landschaft von alpiner Schönheit. Im Geröll des Flußbettes zwischen Rinnsalen grauen Gebirgswassers bilden Oleanderbüsche Inseln von glänzendem Dunkelgrün und zartem Rosa. Stattliche Nadelhölzer klettern die Steilhänge zu beiden Seiten empor. Ihr Geruch zog, vermischt mit dem Aroma von Thymian und anderen Kräutern, durch die offenen Wagenfenster: von der Hitze destillierte, prickelnde Essenzen.

Der Verkehr war dichter als auf der einsamen lykischen Küstenstraße; er bestand meist aus hoch mit Stämmen beladenen Lastwagen. Wie von alters her ist das Holz dieser Bergforsten ein wichtiger Ausfuhrartikel. Noch zu Ende des 19. Jahrhunderts lebten hier verstreute Gruppen eines ›Tachtadschi‹ (Holzfäller, Brettschneider) genannten Stammes, der sich in Sitten und Sprache stark von den seßhaften Türken, aber auch von den Yürüken unterschied. Wie die letztgenannten hatten sie keine festen Wohnsitze; doch statt in rechteckigen schwarzen Zelten, lebten sie in filzbedeckten Rundhütten. Die Frauen gingen unverschleiert und nahmen an den Mahlzeiten der Männer teil, ein für den orthodoxen Türken anstößiger Brauch, ebenso wie die von den Tachtadschis offenbar zuweilen geübte Geschwisterehe. Einmal im Jahr versammelte der ›Baba‹ oder ›Dede‹ genannte Priester ihrer Geheimlehre die zum Stamm gehörigen Familien zur Religionsübung. Diese Treffen fanden nachts, oft in Zelten oder Höhlen statt, begannen mit Gesang und Tanz (deren erregende Wirkung hypnotische Zustände hervorrufen mochte) und endeten in Zerknirschung und Beichte. Die österreichischen Archäologen, die in den achtziger Jahren des vorigen Jahrhunderts diese Tachtadschisitten beschrieben, fühlten sich an schiitische Bräuche erinnert. Für die Türken galten solche nächtlichen Zusammenkünfte als Orgien; und der Genuß von Schweinefleisch und Wein, dem sich die Tachtadschis entgegen den mohammedanischen Geboten hingaben, machten den Stamm vollends verdächtig.

Ob noch heute in den ausgedehnten und abgelegenen Waldgebieten Lykiens Reste der Tachtadschis auf solche Weise leben, ist mir nicht bekannt; doch trafen wir abends in den Ruinen von

Tlos ein äußerst scheues kleines Mädchen, das die Tracht und das mit Münzen benähte Kopftuch trug, wie dies die Fotos der österreichischen Forscher als charakteristisches Kostüm der Frauen des Stammes dokumentieren.

Die Straße steigt gewunden gegen Norden bis zu beträchtlicher Höhe an. Es geht durch tannenbedeckte Schluchten und um Bergkanzeln und Felsblöcke von zyklopischer Größe. Rechts oberhalb der Straße verlaufen die grauen Hausteinmauern der antiken Stadt Arykanda, begleitet von rauschendem Wasser, das bei einem rustikalen Café in starker Kaskade herabstürzt.

Die Enge des Gebirgstales erweitert sich dann zu Alpenweiden mit bescheidenen Feldern und niedrigem Baumbewuchs. Jenseits einer paßartigen Hochebene verwandelt sich die Landschaft plötzlich vollkommen: wir hatten die Gegend erreicht, die in der Antike ›Milyas‹ hieß und einen der südlichsten Ausläufer der großen anatolischen Hochfläche bildet. Mächtige kahle Hügel umgreifen flache Talböden – ehemalige Seen, die heute entwässert und angebaut sind. Als wir am Ufer des Avlan Göl entlangfuhren, sahen wir in der Ferne Bulldozer und Bagger einen Drainagekanal ziehen. Der lebhafte Orangeanstrich der Maschinen war der einzige fröhliche Ton in einer gedämpften Farbskala: rehbraune Hänge, fahle Ackerkrume und silbrig-gelbe Stoppeln.

Elmalı (der Name bedeutet ›Apfelstadt‹) liegt am Fuß des Elmalı Dağ am Nordrand einer größeren Ebene. Es ist ein von Obstgärten und Pappeln umgebenes, wohlhabendes Landstädtchen mit einer Moschee aus dem 15. Jahrhundert, der Ömer Pascha Camii, mit breiter asphaltierter Hauptstraße und einer guten Lokanta. Hier kann man in dem von Weinranken beschatteten Innenhof ausgezeichnete anatolische Küche genießen. An den Wänden hängen die verblichenen Farbfotos türkischer Schönheiten von berückender Üppigkeit.

In Elmalı befindet sich das Hauptquartier einer Gruppe amerikanischer Archäologen, die während der Ausgrabungssaison an verschiedenen Orten in der Umgebung arbeiten. Ihre Forschungen haben zu vielen neuen Einsichten in die Vorgeschichte dieser Gegend geführt. Zu den interessantesten Ergebnissen der Grabungstätigkeit zählen zwei Tumulusgräber aus dem späten 6. und frühen 5. Jahrhundert v. Chr., deren Grabkammern innen mit Fresken geschmückt sind. Das ältere Grab, bei Kızılbel, schaut über den See von Elmalı, das etwas jüngere liegt auf dem Höhenzug von Karaburun zwischen den Dörfern Semayük und Bayindir westlich der Straße nach Korkuteli.

Die Gräber sind schon im Altertum erbrochen worden, Feuchtigkeit ist eingedrungen und die Wandgemälde haben schwer gelitten, doch man hat sie inzwischen restauriert. Sie sind für uns von größter Wichtigkeit, da sich nur ganz wenige griechische Grabfresken aus dieser Zeit erhalten haben. Die einzigen zeitgenössischen, in Qualität und Ausmaß vergleichbar, befinden sich in den etruskischen Kammergräbern von Tarquinia und Chiusi. Wie viele der etruskischen Malereien, stellen auch die neugefundenen Wandfresken Bankett- und Jagdszenen dar, doch allein im Kızılbel-Tumulus findet man mehr Themen aufgegriffen und geschildert, als je in einem einzelnen Grabraum Etruriens. Die Decke der mit Giebeldach versehenen Kammer zeigt geometrische Motive, während die Wände von oben bis unten mit Figurenfriesen bedeckt sind. Auf ihnen erscheinen vor allem Szenen aus dem Leben des Grabherren – etwa sein Auszug zum Kampf auf einem Streitwagen, Schlachtgetümmel und die Fahrt auf einem seetüchtigen Schiff; eine Löwenjagd hat vielleicht eher symbolischen Charakter. Unter den mythologischen Gestalten lassen sich die Gorgo Medusa und ihre Kinder Pegasos und Chrysaor bestimmen.

Der Grabraum im Tumulus II von Karaburun stammt aus dem 1. Viertel des 5. Jahrhunderts v. Chr. und ist auf drei Seiten mit nur einem Fries bemalt, der sich über einer Sockelzone hinzieht. In der Hauptszene ruht der Grabherr beim Bankett auf einer Kline. Seine Frau ist zugegen, und Diener reichen ihm Gefäße von charakteristisch phrygischer und anatolischer Form. Auf den Seitenwänden sind Schlachtszenen und die ›Ekphora‹ (die Begräbnisprozession mit Wagen) dargestellt. Die Umrißzeichnung der Figuren ist von hoher künstlerischer Qualität und die Farbgebung äußerst fein. Die Entdeckung dieser Fresken mit ihrer Mischung lokaler lykischer, wie ostgriechischer, persischer und orientalischer Züge, bildet einen Meilenstein auf dem Weg zur Erforschung der Mittlerrolle Anatoliens zwischen Ost und West.

Bei der Weiterfahrt über das Plateau nach Norden sahen wir links die staubige, durchs Landesinnere führende Straße von Fethiye nach Antalya; sie vereint sich bei Korkuteli mit der über Kaş und Finike kommenden. Der Ort Korkuteli liegt in einer grünen Niederung, von Obstgärten umgeben.

Von jetzt ab wurde uns der Genuß einer asphaltierten Fahrbahn zuteil. Wir mußten jedoch häufig die Geschwindigkeit vermindern und uns im Schrittempo durch Bauernfamilien mit ihren breit dahinzottelnden Herden drängen, die aus der hochliegenden ›Yaila‹ in die Ebene zurückkehrten. Die locker bewaldeten Hänge zu Seiten der Straße waren voll bunten Treibens: kampierende Gruppen, Mütter, die über Lagerfeuern kauerten, um die Abendmahlzeit vorzubereiten, spielende Kinder, Männer, die Pferde- und Kamelzaumzeug in Ordnung brachten oder Ladungen von Bettzeug und Haushaltsgegenständen von den Wagen schleppten, während Schafe, Ziegen und Esel gemächlich unter den Bäumen grasten. Zwei verschiedene Wagentypen dienten dem Transport; der eine war offen, von niedriger Kastenform, mit naiv gemalter Blumendekoration auf den Außenseiten, der andere in hohem Bogen überdacht mit Rundhölzern, über die Plachen gezogen waren; diese Form ähnelt stark den Reisekarren, die auf hellenistischen etruskischen Aschenurnen aus Volterra und auf römischen Reliefs dargestellt sind.

Die Straße führt nun in großen, gut ausgebauten Kurven hinab zur pamphylischen Küste und überwindet so die nördlichen Ausläufer der Gebirgsketten, die sich wie ein gigantisches, tief gestaffeltes Befestigungssystem über der ganzen Länge der lykischen Ostküste auftürmen. Etwa 37 km östlich von Korkuteli, in einem relativ breiten Durchlaß zwischen zwei Bergmassiven, kreuzten wir eine ausgezeichnet erhaltene hellenistische Quadermauer, deren Westseite mit zehn Türmen verstärkt ist. Ein Tor, hart neben dem Straßenrand, beweist, daß im Altertum der Weg ebenfalls an diesem Punkt durch die Mauer führte. Merkwürdig ist, daß der Mauerzug völlig isoliert steht und auf der Nordseite, unvermittelt jenseits eines Hügels am Ufer eines Flußbettes endet, das sich in die Ebene nach Osten hin entwässert. Die Tatsache, daß die Befestigung nach Westen gerichtet ist, hat vermuten lassen, daß es sich um eine Grenzbefestigung der Pamphylier gegen die Termessier handelte; die Nähe von Termessos hingegen macht die Mauer als Werk seiner Einwohner wahrscheinlicher. Strategisch ist die Befestigung sinnlos, wie Freya Stark gezeigt hat. Die Bergstadt Termessos lag hoch oberhalb der Straße im Schutz einer eigenen Mauer und bedurfte keiner Befestigung hier im Talgrund. Professor Bean hat sehr plausibel gemacht, daß es sich vielmehr um eine Kontrollmauer handelt, die den Termessiern gestattete, Zoll von allen den Wegbenutzern zu erheben. Etwas östlich der Mauer führt eine Abzweigung von der Hauptstraße nach rechts in die bewaldeten Hänge hinauf – ein neuer, mit dem Wagen befahrbarer Weg nach Termessos.

Wir behielten uns den ausführlichen Besuch dieser antiken Stadt für einen anderen Tag vor und fuhren weiter in Richtung Antalya. Bald gelangten wir in ein ebenes, wohlgepflegtes Waldgebiet, in dem Picknickplätze, Waldbrandwarnungsschilder und Hotelreklamen die Nähe einer größeren Stadt ankündigten.

Plötzlich wich der Baumbestand zur Rechten zurück, und wir befanden uns am Südabsturz eines Plateaus, das den Blick auf ein großartiges Panorama gewährte. Die pamphylische Ebene, die vom Taurusgebirge im Norden in einer Reihe von flachen Kalkterrassen nach dem Mittelmeer hin abfällt, stößt hier in ihrem westlichsten Winkel auf die Ketten der lykischen Massive und bildet so den mächtigen Bogen der Bucht von Antalya. Die See lag hier schon im tiefer werdenden Abendschatten der Felsgipfel.

Auf der untersten der pamphylischen Kalkstufen liegt mit fast kreisrundem, felsigen Hafen Antalya, das antike Attaleia, das um 158 v. Chr. von König Attalos II. von Pergamon gegründet wurde. Demjenigen, der sich der Stadt von Norden nähert, gibt sie keinerlei Spur ihrer alten Geschichte preis. Die Straße führt neben einem in Beton gefaßten Wasserfall vom Plateaurand hinab und wandelt sich zu einer großtuerischen Autobahn, die stracks nach Süden zwischen die kastenartigen, modernen Bauten der Vorstädte führt. Nur das Felsband, etwas oberhalb des Stadtniveaus, zeigt ein paar Grotten, doch ihre formlosen Eingänge dürften ziemlich neu sein – vermutlich das Werk von Hirten oder Obdachlosen.

Erst im Zentrum stießen wir auf die alte Stadtmauer. Ein Zimmer im ›Perge Oteli‹ erhoffend, folgten wir ihrer Außenseite nach Osten. Das ursprüngliche hellenistische Mauerwerk ist nur noch in den untersten Lagen einer der viereckigen Türme erhalten; der obere Mauerteil ist vor allem byzantinisch (10. Jh.) mit späteren seldschukischen Zutaten. Der verwendete Stein ist durchweg der am Ort anstehende poröse Kalk, der zu einem warmen Goldbraun verwittert. Als Kapitän Beaufort 1811 Antalya besuchte, fand er den Mauerring noch völlig intakt; heute ist er leider auf weniger als die Hälfte reduziert.

Das ›Perge Oteli‹ erwies sich als voll belegt; wir begaben uns zum ›Büyük (Grand) Hotel‹ im Westteil der Stadt. Es ist prachtvoll auf einer den Hafen überschauenden Terrasse gelegen. Gleich daneben befindet sich ein weiter Platz, der von einem gigantischen Bronzedenkmal des Atatürk zu Pferde beherrscht wird.

In unserem Balkonzimmer packten wir aus; draußen dunkelte es schon. Auf der langen Esplanade unterhalb des Hotelgartens ergingen sich die Einwohner von Antalya in der milden Nachtluft oder sie nahmen an Tischen sitzend Tee und Raki ein.

Als wir etwas später auf der Hotelterrasse zu Abend aßen, konnten wir durch die weit offenen Glastüren des Speisesaales eine interessante Szene beobachten: es spielte sich dort eine Familienfeier anläßlich der Beschneidung des jüngeren Sohnes ab. Die wohlhabend wirkenden Verwandten und Freunde der offenbar ortsansässigen Familie begingen das Fest mit einem großen Essen. Der kleine Junge, zu dessen Ehren es stattfand, nahm daran von einem riesigen, hochpolierten Bett aus teil, das man in einer Ecke des Raumes aufgestellt hatte. Zuerst, als sein Vater ihn hereingetragen und dort niedergelegt hatte, sah der Kleine noch etwas blaß und mitgenommen aus, trotz seiner festlichen Tracht, die aus einem weißen Hemd mit roter Schärpe und einer silbergeschmückten, flachrunden Kappe bestand. Da aber alle Gäste ihn sehr verhätschelten und Geschenke sich auf der prächtig bestickten Bettdecke zu häufen begannen, blickte er bald vergnügter um sich. Das Ganze wurde begleitet von einer Kapelle im Frack, die eine Mischung von türkischer Musik und amerikanischem Jazz spielte. Britische Touristen, die gerade vom Flugplatz mit der verbilligten Gruppenreise angekommen waren, betrachteten die Szene mit höflichem Erstaunen. Eine Matrone in tief ausgeschnittenem, geblümtem Abendkleid ließ sich vom Oberkellner erklären, um was es sich handelte: »Sie wollen doch nicht etwa sagen«, rief sie schockiert, »daß diese Operation einem Priester überlassen wird? Dafür mußte man doch einen Chirurgen haben!«

## ALT-ANTALYA

Unfern der Uhrturms, auf zwei Geländestufen übereinander, liegt im Stadtzentrum von Antalya eine prachtvolle Gruppe alter türkischer Bauten; bis vor kurzem war dort das Archäologische Museum untergebracht. Auf der oberen Terrasse steht eine kleine ›Türbe‹, ein islamischer Grabbau, von fast abstrakter Schönheit. Keinerlei Ornament lenkt von der Reinheit in Form und Proportion ab. Ein weiß verputzter achteckiger Grabraum mit einem zeltförmigen Dach von fahlem Braun; die klaren, façettierten Oberflächen wirken wie die eines Kristalls.

Eine von Bougainvillea überwucherte Treppe führt zur tiefer gelegenen Terrasse herab, auf der ein großartiges Minarett sich in den Himmel reckt. Über einer polygonalen Basis mit für Kacheleinlagen vertieften Paneelen erhebt sich der kräftige, wie ein Säulenbündel wirkende Schaft aus rötlichem Ziegel, inkrustiert mit Stückchen türkisfarbener Fayence und bekrönt von einem Balkon unter konischer Spitze. Es ist als Yivli Minare, das ›kannellierte Minarett‹, bekannt und stammt aus dem frühen 13. Jahrhundert. Bauherr war der Seldschukensultan Alâ-et-Tin Kaykobat; unter ihm ist auch in Konya, der einstigen Hauptstadt der Seldschuken, die am Burghügel gelegene Moschee vollendet worden, ein Bau von typisch kraftvoller Einfachheit. Neben dem Yivli Minarett steht leider nicht mehr die ursprünglich dazu gehörige Moschee, sondern eine Ende des 13. Jahrhunderts errichtete Kirche, die später wieder in eine Moschee und schließlich zum Museum umgewandelt wurde. So hübsch dieser weiß gekalkte, von sechs braunen Ziegelkuppeln überwölbte Raum auch ist, er ermangelt doch der knappen, kühnen Formen früher seldschukischer Architektur. Auf der gleichen Terrasse liegen die Ruinen einer alten ›Medrese‹, einer Koranschule, mit einem reich ornamentierten Portal.

Die Moschee diente bis zur Eröffnung des neuen Archäologischen Museums am Westrand von Antalya zur Unterbringung von antiken Skulpturen, Mosaiken und Kleinkunst. Heute sind diese, ständig durch neue Ausgrabungen und Zufallsfunde in Pamphylien und Lykien anwachsenden Sammlungen in einem luftigen, modernen Bau untergebracht, wo sie vom tüchtigen, jungen Direktor Tanju Özoral und seiner Frau und Kollegin be-

72 *Antalya. Das Yivli Minarett. Blick über die Altstadt nach NW zu den lykischen Gebirgsketten.*

treut werden. Die Mehrzahl der Plastiken sind Werke der römischen Kaiserzeit und entstammen den Grabungen, die der Doyen der türkischen klassischen Archäologie, Professor Arif Müfid Mansel und Frau Professor Yale Inan von der Universität Istanbul in Perge und anderen pamphylischen Städten durchgeführt haben. Die Fülle und hohe Qualität der Funde machen das neue Museum nach dem von Istanbul zur wichtigsten Sammlung klassischer Archäologie in der Türkei.

Gerade als wir uns das (ehemalige) Museum beim Yivli Minarett besehen hatten, traf Dr. Borchhardt in seinem Minibus ein und brachte eine weitere Ladung von Skulpturfragmenten des Heroons von Limyra. Unterstützt von seinen Restauratoren breitete er die verschiedenen, formlos scheinenden Bruchstücke von menschlichen Gliedern und Gewanddrapierungen auf der Museumsterrasse aus, begann sie zu sortieren und zusammenpassende Teile mit einem Spezialmittel aneinander zu kleben. Ein ältlicher Museumswärter mit eingefallenem Mund beobachtete diese Tätigkeit voll brennenden Interesses, nicht etwa, wie sich bald herausstellte, aus wissenschaftlicher Passion, sondern weil er hoffte, daß auch sein zerbrochenes Gebiß mit diesem Wundermittel wieder geflickt werden könne.

Wir überließen unsere deutschen Freunde ihrer Arbeit und erklommen das Yivli Minarett, dessen Balkon einen herrlichen Blick auf die ganze Länge der lykischen Bergketten gewährt: vom südlichsten Punkt, dem in Hitze und Ferndunst verschwimmenden Chelidonischen Vorgebirge, bis zu den sich über Termessos im Norden auftürmenden Gipfeln. Etwa in der Mitte dieser Küste liegen auf einer Landzunge, von drei Häfen und einem versumpften See umgeben, die Ruinen der antiken Handelsstadt Phaselis und, weiter südlich, die Reste des alten Olympos.

Durch die steil ins Meer abstürzenden Felsmassive zwischen Phaselis und der pamphylischen Ebene marschierte im Frühjahr 333 v. Chr. Alexander der Große mit seiner Armee auf dem Weg nach Perge. Aus den Beschreibungen bei den antiken Autoren Arrian und Strabon läßt sich die kühne Route, die er genommen haben muß, nicht eindeutig bestimmen; doch hat in neuerer Zeit Freya Stark sich darum bemüht.

Unterhalb der Museumsterrasse ziehen sich die tabakfarbenen Dächer der Altstadt von Antalya zu dem kleinen, von Klippen umringten Hafen hinab. Wir schlenderten durch gepflasterte

Sträßchen, die zwischen Häusern, stillen Gärten und Resten der alten Mauerzüge entlang führten. Erfreulich viele der typisch türkischen hölzernen Wohnhäuser sind hier noch erhalten mit ihrem vorspringenden Obergeschoß und einem Fenster in der Mitte; ein gebauchtes Gitter aus Holzlatten schützt diesen Aussichtspunkt vor Blicken von draußen. So können die Frauen diskret das Straßenleben beobachten. In engen Gassen kommen sich gelegentlich die oberen Stockwerke der Häuser so nahe, daß Nachbarn bei der Unterhaltung mit ihrem Gegenüber die Stimme nicht einmal erheben müssen.

Auch aus Stein gebaute Häuser gibt es, deren elegant verzierte Bogentore wie Eselsrücken geschwungen und von Pilastern flankiert sind. In den Zwickeln erscheinen Halbmonde und Sterne in Flachrelief. Die Unterseite des vorkragenden Daches ist konkav gekehlt, manchmal glatt verputzt und mit blau-weißen Arabesken bemalt, manchmal unverputzt, so daß die feine Zimmermannsarbeit zur Geltung kommt: die Verschalungsbretter sind meist in kunstvollen Stern- oder Rosettenmustern angeordnet. Durch offenstehende Tore konnten wir hin und wieder den Blick in schattige, von hölzernen Galerien umgebene Höfe werfen; in einem stand eines der thronartig wirkenden altertümlichen Bettgestelle mit gedrechselten Holzbalustern auf drei Seiten, auf dem nachts die Schlafdecken ausgebreitet werden, während es tagsüber als Sitzgelegenheit dient.

Inmitten eines Labyrinths von Sträßchen nordöstlich des Hafens erhebt sich das Kesik Minare, das ›abgebrochene Minarett‹, daneben die Ruine einer christlichen Kirche des 5. Jahrhunderts, der Panagia, der ›Ganzheiligen‹ Gottesmutter geweiht. Der Bau aus braunem Haustein wirkt etwas düster, doch seine Fensterrahmen sind aus Marmor und mit Rankenwerk von spitzenartiger Feinheit geschmückt. Der marmorne Rahmen des Eingangstores könnte von einem antiken Tempel stammen. Das Minarett wurde erst im 13. Jahrhundert errichtet, als man die Kirche in eine Moschee verwandelte. Diesem mohammedanischen Bauteil hat die Zeit schwer zugesetzt: nur ein Stumpf des Minaretts ist erhalten geblieben, während das Innere des Gebäudes von Unrat und wucherndem Unkraut erfüllt ist.

Oberhalb des Hafenbeckens ist der Mauerring noch ein Stück weit erhalten und scheint wie mit den gleichfarbigen Klippen verwachsen. Wir stiegen durch eine Bresche auf der von uralten Pla-

73 *Antalya. Römisches Mausoleum, allgemein ›Hıdırlık Kulesı‹ genannt.*

tanen beschatteten Treppe zum Kai hinunter. Kleine Fischerboote lagen vertäut an der Ufermauer und am Boden waren rostfarbene Netze zum Flicken ausgebreitet. Neben einer kleinen Moschee plätscherte ein Brunnen; alte Männer in friedlicher Betrachtung der Dinge saßen über ihren Wasserpfeifen.

Das einzige größere Schiff im Hafen war ein betagter Frachtdampfer, im Begriff, eine Ladung von lykischem Holz aufzunehmen; floßartig von Ketten zusammengehaltene rötliche Stämme wurden gerade von einem kräftigen Seemann in seinem Ruderboot zu dem Frachter hingezogen.

Hoch oben auf dem Felsplateau östlich des Hafens steht ein eindrucksvolles Bauwerk aus römischer Zeit (Hıdırlık Kulesı), das fälschlich als antiker Leuchtturm oder gar als venezianische

74 *Antalya. Hadrianstor.*

Festung beschrieben worden ist. Tatsächlich handelt es sich um ein Mausoleum: seine Form erinnert an das Grab der Caecilia Metella an der Via Appia südlich von Rom und an das noch berühmtere Grabmal des Kaisers Hadrian, die sogenannte Engelsburg. Hıdırlık Kulesi ist aus dem lokalen goldbraunen Kalkstein errichtet; den Eingang zu seinem mächtigen viereckigen Unterbau flankieren zwölf, in Relief dargestellte ›Fasces‹ – Rutenbündel mit einer Axt in der Mitte – Symbol der römischen Gerichtsgewalt; es dürfte sich also um das Grab eines Magistratsbeamten handeln. Der Grabraum selbst war durch eine tiefer gelegene Seitentür im Kellergeschoß zugänglich, die heute halb verborgen ist von Erdreich und Unkraut. Der tambourförmige Oberbau hat auf der Hauptseite nur ein Fenster; Wasserspeier in den vier Himmelsrichtungen leiteten das Regenwasser von dem flachen, einst mit einem Zinnenkranz umgebenen Dach ab; die Brüstung aus Bruchsteinmauerwerk, die jetzt die Bekrönung des Baus bildet, stammt von einer späteren Veränderung.

Ein weiteres bedeutendes, wenn auch stark restauriertes Denkmal aus der römischen Kaiserzeit ist das Hadrianstor. Man hat es errichtet, als der Kaiser im Jahr 130 n. Chr. Attaleia besuchte. Obgleich es zwischen zwei wuchtige Vierecktürme der hellenistischen Stadtmauer eingefügt ist, hatte dieses elegante dreibogige Tor keinerlei Verteidigungszweck zu erfüllen, sondern war ein rein dekorativer Ehrenbogen. Vier korinthische Marmorsäulen auf freistehenden Postamenten flankieren die drei gleich hohen Durchgänge mit ihren kassettierten Archivolten. Das Gebälk ist mit einem Fries aus Rankenwerk, die Sima mit Palmetten und Löwenköpfen geschmückt. Ursprünglich besaß der Bogen ein Obergeschoß, das die griechische Weihinschrift für Hadrian in vergoldeten Bronzebuchstaben trug. Einige dieser Buchstaben – zum Namen des Trajan, des Adoptivvaters von Hadrian gehörend – sind 1882 in der Nähe des Bogens ausgegraben worden; sie befinden sich heute im Ashmolean Museum in Oxford.

# TERMESSOS

Es war ein nebliger Morgen, als wir nach Termessos aufbrachen; die Zeit der Tag- und Nachtgleiche neigt stets zu Wetterumschwüngen. Aber gelegentlich kam die Sonne durch, und auch der Blick auf das Meer wurde dann und wann frei; doch bald verschwand alles wieder in den eilig dahintreibenden, hell leuchtenden Nebelfetzen.

Droben in den bewaldeten Bergen vor Termessos war der Himmel klarer als in Meeresnähe, doch rollten von Süden her ständig neue Wolkenbänke über den Kamm des Güllük Dağ (den antiken Solymos) und hingen malerisch zwischen Felsen und Tannen, bis ein frischer Windstoß sie zerstreute.

Der neue Fahrweg, der von der Straße Antalya-Korkuteli links abzweigt – wir kannten die Stelle ja schon von der Hinfahrt – windet sich an der Nordflanke des Solymos entlang, vorbei an einem einsam stehenden antiken Turmbau, und endet schließlich in einem kleinen Hochtal zwischen steilen Berghalden. Die absolute Stille dieser Waldlichtung wurde nur von gelegentlichem Vogelzwitschern und vom Rascheln der zahlreichen herumhuschenden Eichhörnchen unterbrochen. Steineichen, Unterholz und Schlingpflanzen bedecken die von antiken Gräbern durchzogenen Steilhänge mit einem fast undurchdringlichen Urwald. Die Stadt selbst, gänzlich von der Vegetation überwuchert, liegt weiter oben in einem Sattel zwischen dem Güllük Dağ und einem benachbarten Gipfel. Termessos wurde 1841 von Schönborn entdeckt, und die Feststellung seines antiken Namens gelang Spratt und Forbes, als sie es im folgenden Jahr aufsuchten. Noch gibt es – außer hilfreichen Skizzen – keinen verläßlichen Plan, und eine moderne kartographische Aufnahme wäre dringend nötig. Wenige antike Städte böten dem Ausgräber ein so vielversprechendes Feld.

Termessos war eine pisidische Stadt, doch ist keine Inschrift in dieser Sprache auf uns gekommen – eine Tatsache, die vermuten läßt, daß die Hellenisierung relativ früh stattgefunden haben muß. Die bisher älteste unter den vielen dort gefundenen griechischen Inschriften stammt aus dem 2. Jahrhundert v. Chr.; die Mehrzahl aber gehört der Zeit nach dem Ende des mithridatischen Krieges (70 v. Chr.) an. Damals wurden die Einwohner von Ter-

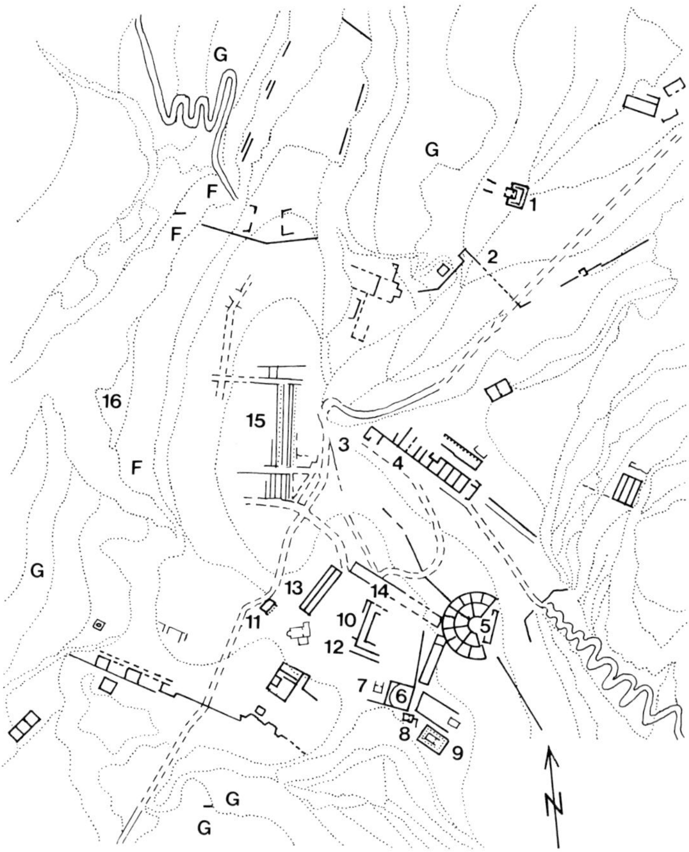
G
G
1
2
F
F
16
15
3
4
F
G
13
14
11
10
5
12
7
6
8
9
G
G

messos »Freunde und Verbündete des römischen Volkes«. Auf einigen der Inschriften bezeichnen sie sich als Solymer. Bereits Homer wußte von den Solymern (Ilias VI. 184f.) als den kriegstüchtigen Nachbarn der Lykier; gegen sie sandte König Iobates den Bellerophon aus, nachdem er die Chimaira erschlagen hatte. Der antike Geograph Strabon hat die Bevölkerung von Termessos mit den Solymern gleichgesetzt, weil ihre Stadt unterhalb des Solymos-Gipfels lag und ihr Hauptgott Zeus Solymeos hieß. Der Name Termessos geht auf dieselbe Wurzel zurück wie Termisa, das lykische Wort für Lykien, wie wir nunmehr aus der ›Trilingue‹ vom Letoon (siehe S. 79) wissen.

Wir begannen unsere Stadtbesichtigung mit einem Blick auf die eindrucksvollen Reste eines ›Propylon‹, des monumentalen Torbaus, der einst zu einem ionischen Peripteraltempel hadrianischer Zeit Zugang gewährte. Er beherrscht heute noch die kleine Waldwiese, auf der man den Wagen parkt. Eine breite Treppenflucht in zwei Absätzen, die jetzt einer Kaskade aus Architekturtrümmern gleicht, führte zum Eingangstor des Propylon hinauf; dessen Laibung und der reich mit reliefierten Zierleisten geschmückte Türsturz stehen noch aufrecht. Rundum verstreut liegen Reste der Säulen und des Architravs, die sich einst vor dem Durchgangstor erhoben; die Menge der erhaltenen, schön gemeißelten Quadern würde eine Rekonstruktion des Baus wohl gestatten.

*Plan von Termessos*

1 Propylon
2 untere Befestigungsmauer
3 obere Befestigungsmauer
4 Gymnasion
5 Theater
6 Bouleuterion (oder Odeon)
7 Tempel des Zeus Solymeos
8 Artemistempel
9 Artemistempel
10 Agora
11 kleiner korinthischer Tempel
12 Heroon
13 Stoa des Attalos II.
14 Stoa des Osbaras
15 Kolonnaden-Straße
16 Grab des Alketas
F Felsgräber
G größere und kleinere Grabmäler

Als wir zur Stadt selbst hinaufzusteigen begannen, hörten wir plötzlich Kinderstimmen und sahen dann ein Brüderpaar aus dem Gebüsch auftauchen, von denen der Ältere sich erbot, uns zum Theater zu führen. Es waren Söhne des ›Yangin bekçi‹, des Feuerwächters der Forstverwaltung. Die Hütte der Familie liegt droben in den Stadtruinen. Nachdem wir auf einem recht steilen Pfad durch die sich verengende Waldschlucht hinaufgeklommen waren, stießen wir links oberhalb am Hang auf ein Stück der prachtvollen Stadtmauer mit einem vorspringenden Turm. Jenseits des Turmes ist auf dem feingefugten regelmäßigen Mauerwerk das Relief eines Rundschildes zu sehen; dieses Emblem, das sich häufiger an pisidischen und pamphylischen Befestigungen findet, stellt vielleicht eine Erinnerung an wirkliche, einst vom Feind erbeutete und als Siegeszeichen an der Stadtmauer aufgehängte Schilde dar. Ursprünglich muß die Mauer etwas oberhalb dieses Punktes im rechten Winkel umgebogen sein und das Tal in nordwestlicher Richtung überquert haben, um so den einzig möglichen Zugang zur Stadt zu blockieren. Angesichts der faktisch uneinnehmbaren Lage von Termessos kann man verstehen, daß Alexander der Große sich 333 v. Chr. nach kurzem Gefecht entschloß, es nicht zu belagern.

Im Weitersteigen wurde ein höher gelegener Mauerzug sichtbar, der die Oberstadt abzustützen scheint. Ihre weitläufigen Ruinen bedecken einen Hang, der sich zwischen Felskämmen im Osten und Westen hinaufzieht. Links vom Pfad liegen die riesigen, überwachsenen Reste eines Gymnasions.

Südlich davon erhebt sich auf dem Sattel oberhalb das hellenistische Theater. Dem griechischen Plan gemäß überschreitet der wohlerhaltene Zuschauerraum etwas die Halbkreisform. Er schaut nach Osten. Man betritt ihn von der gekurvten Rückwand durch den gewölbten Haupteingang, der einst mit einer Heraklesstatuette am Keilstein geschmückt war. Von dort führt eine breite Treppe an den acht oberen Sitzreihen vorbei zum Diazoma und hinab zu den sechzehn unteren Rängen. Das ursprünglich freistehende Bühnenhaus mit unüberdachten Parodoi (seitlichen Zugängen zur Orchestra) ist in römischer Zeit verändert und mit der rechten Flanke des Zuschauerraums verbunden worden, um zusätzliche Sitzstufen unterzubringen. Die gut erhaltene Rückwand der Bühne besteht aus Bruchsteinmauerwerk, das ehemals verkleidet gewesen sein muß; sie hat fünf Eingänge, deren mittel-

*Termessos. Das Propylon* *75*

*76 Termessos. Das hellenistische Theater. Im Hintergrund der Gipfel des Solymos.*

ster der größte ist. In römischer Zeit waren dieser Fassade freistehende Säulen auf Postamenten vorgesetzt, die die Türen flankierten. Durch die Verwendung von spiralig kanellierten Schäften war wiederum die Mitteltür hervorgehoben. Die Stirnen der vorspringenden kurzen Seitenmauern der ›scaenae frons‹ schmückten Panzer in Hochreliefs. Die Vorderseite der niedrigen Bühne, das sogenannte ›Hyposkenion‹, hatte gleichfalls fünf Öffnungen, zwischen denen viereckige Reliefplatten mit Rundschilden saßen; der kriegerische Geist der Termessier scheint sich selbst in der Dekoration des Theaters auszudrücken.

Jenseits des Bühnenhauses wurden während unseres Aufenthaltes die tannenbedeckten Felsgipfel des Solymos von schnell dahintreibenden Nebelfetzen abwechselnd verhüllt und wieder frei gegeben; man glaubte sich mitten in einem chinesischen Gemälde. Zur Rechten des Doppelgipfels stürzt eine Schlucht, durch die ein steiler Zickzackpfad führt, zur pamphylischen Ebene hinab. Dort konnte man zuweilen das ferne Antalya und die Küste erahnen.

Südwestlich vom Theater liegt ein annähernd quadratischer Bau, dessen Mauern bis auf etwa 10 m Höhe erhalten sind. Außen treten im oberen Teil flache dorische Pilaster hervor, und auf der Ost- und Südseite befinden sich insgesamt elf Fenster. Ursprünglich war das Innere wohl überdacht und die Wände mit farbigen Marmorplatten verkleidet. Obgleich der Bau voll Geröll und Unkraut ist, kann man noch Spuren von gekurvten Sitzreihen erkennen und nimmt daher an, daß es sich um ein Rathaus, wahrscheinlicher noch um ein ›Odeon‹, eine Halle für musikalische und dichterische Vorträge handelt. Zwischen den Pilastern an der nördlichen Außenwand sind Namen von Siegern eingemeißelt. Die jetzt schwer lesbaren Buchstaben waren einst durch Farbe hervorgehoben; sie nennen aber nicht, wie man es erwarten würde, musikalische Wettstreiter, sondern Preisträger im Ringkampf, in Waffenläufen und Wettrennen zu Fuß und zu Pferde, beziehen sich also auf sportliche Ereignisse. Die Ringkämpfe mögen in dem nahe oberhalb gelegenen Gymnasion stattgefunden haben; von Stadion und Hippodrom, dem vermutlichen Schauplatz der anderen Wettkämpfe, sind jedoch bisher noch keine Spuren entdeckt worden.

Hart neben dem Odeon steht ein kleiner Tempel aus hervorragendem Quaderwerk, der dem Zeus Solymeos, dem kriegerischen Schutzgott der Stadt, geweiht gewesen sein könnte. Die Cellamauern sind bis über 5 m Höhe erhalten und innen an der Rückwand befindet sich noch eine durchlaufende steinerne Statuenbasis.

Der Haupttempel des Zeus muß westlich von diesem kleineren Heiligtum gelegen haben, wo eine Unmenge von Architekturtrümmern den Hang bedeckt. Hier fanden österreichische Archäologen, die 1884 Termessos untersuchten, Relieffragmente, auf denen Zeus und andere Gottheiten im Kampf mit den Giganten dargestellt waren; auch eine Rundbasis mit einer Opferszene ist dort aufgetaucht.

Eine weitere Gruppe von Tempeln erhebt sich auf einer Terrasse, die vom Odeon nach Süden vorspringt. Einer, dessen Eingang noch gut erhalten und von Statuenbasen flankiert ist, war, der Inschrift am Tor zufolge, der Artemis heilig. Die Kosten für den Bau und das Kultbild der Göttin bestritt eine Dame namens Aurelia Armasta mit Unterstützung ihres Mannes; für Schmuck und Weihgeschenke aus Silber kam die Mutter der Stifterin auf. Der Tempel stammt wohl aus dem frühen 3. Jahrhundert n. Chr.

In der Nähe davon befinden sich Grundmauern eines größeren ionischen Tempels, der ebenfalls der Artemis geweiht gewesen sein mag, da am Ostende der Ruine zwei Reliefplatten mit Darstellungen aus dem Iphigeniemythos entdeckt worden sind: Iphigeneia, die Tochter des Agamemnon, wurde durch Artemis vor dem Opfertod bewahrt und diente der Göttin nach ihrer Entrückung zu den Taurern als Priesterin. Neben Zeus Solymeos war Artemis offenbar die wichtigste Gottheit von Termessos.

Weiter nach Westen, jenseits des Marktplatzes, gibt es noch einen kleinen Tempel, der fast völlig von Bäumen überwuchert ist; wem er geweiht war, wissen wir nicht. Der Bau ist korinthisch mit vier Säulen an der Fassade und stand auf hohem Fundament mit Zugangstreppe im Osten; nur eine Ecke des Tempels mit dem Giebelansatz ragt noch relativ unzerstört über die dschungelartige Vegetation empor.

Von diesem Tempel aus erreichten wir den einst mit Steinplatten gepflasterten Marktplatz, der von nicht ganz rechtwinklig zueinander angeordneten Säulenhallen umgeben war; sie sind alle von Erdbeben oder vom sprengenden Druck der Baumwurzeln zerstört worden.

An der Südwestseite der Agora ist ein mächtiges, isoliertes Felsmassiv als Grabmonument, vermutlich für einen Lokalheros, ausgestaltet worden. Die eigentliche Grablege, die sich im rückwärtigen Teil einer breiten, oben auf dem Felsblock ausgehauenen Plattform befindet, war durch eine Treppe zu erreichen, die von gekurvten Sitzstufen flankiert war. In der vorderen, vertikal geglätteten Stirnwand des Felsens sind drei bogenförmige Nischen von ungleicher Größe eingearbeitet; sie dienten vielleicht zur Aufnahme von Opfergaben. Leider ist uns der Name des Heros, dem dieses merkwürdige Monument geweiht war, nicht erhalten. Die Namen von zwei Männern, die in großen, schräg gestellten Buchstaben auf der Rückseite des Felsblocks eingegraben sind, müssen sich auf andere Verstorbene beziehen, die in der Nähe bestattet waren.

Als wir die jetzt mit Gras bewachsene Agora überquerten, klangen unsere Schritte seltsam hohl; im Zentrum des Platzes stießen wir auf eine Reihe von fünf runden Öffnungen im Boden: die steingefaßten Einlässe von unterirdischen Zisternen. Unser Begleiter warf einen Stein in die dunkle Höhlung hinab und bezeichnete sie mit einer Grimasse, die Furcht ausdrücken sollte, als Gefängnis. Die Wasserversorgung durch Quellen mag bei der hohen Lage der Stadt unzureichend gewesen sein und sollte offenbar durch diese Reservoire für Regenwasser gewährleistet werden.

Die an der Nordwestseite des Marktplatzes liegenden Trümmer gehören zu einer Stoa, die König Attalos II. von Pergamon (159-138 v. Chr.) gestiftet hat; die Bürger von Termessos scheinen ihm in seinem Krieg gegen die pamphylische Stadt Selge geholfen zu haben. Die etwa zweihundert Jahre jüngere Säulenhalle an der Nordostseite wurde von einem Wohltäter namens Osbaras errichtet, von dem wir außer seinem Namen nichts wissen.

Wir folgten unserem kleinen Führer nun durch die Ruinen dieser Wandelhallen zur einzigen heute noch fließenden Quelle von Termessos; sie liegt nördlich des Marktes an verborgener Stelle. Er zauberte eine an einem Strick befestigte Blechdose aus ihrem Versteck im Gebüsch hervor, ließ sie in den Quellenschacht hinab und zog mehrere Ladungen des köstlich frischen Trinkwassers für uns herauf. Damit hielt er allerdings seine Pflicht uns gegenüber für getan; denn als wir ihn baten, uns nun das Grab des Alketas zu zeigen, das wichtigste der zahllosen Grabmonumente von Termessos und ohne Ortskundigen nur schwer zu finden, da behauptete er hartnäckig, daß wir alles Sehenswerte bereits erledigt hätten und begann stur bergab zum Parkplatz zu trotten.

Wir, nicht minder entschlossen, entfernten uns in entgegengesetzter Richtung, nachdem wir dem Jungen ein reiches Bakschisch gegeben, dazu meinen Drehbleistift, an dem er lebhaftes Interesse bekundet hatte. Soviel wir wußten, lag dieses Grab unterhalb des felsigen Steilabsturzes, der die Stadt im Nordwesten überragt. Das Dickicht von Sträuchern, Schlingpflanzen und Efeu erwies sich in dieser Richtung jedoch wieder als ziemlich undurchdringlich. Etwas zögernd tauchten wir in einen düster-grünen Tunnel im Unterholz; hier stießen wir zunächst auf eine Wildschweinsuhle und dann auf einen gestürzten Riesenstamm, aus dessen hohlem Inneren der drohende Summton eines wilden Bienenschwarms ertönte. Da hörten wir zu unserer geheimen Erleichterung unseren abtrünnigen Führer uns durchs Gestrüpp nachstolpern; er hatte es sich offenbar anders überlegt und setzte sich ohne weitere Erklärung wieder an die Spitze.

Hart am Fuß einer geologisch vielfach geschichteten steilen Bergwand gelangten wir schließlich ins Freie und waren am Ziel. Auf der linken Seite einer Einarbeitung im Fels rahmt ein roh ausgehauener Bogen die lebensgroße Relieffigur eines galoppierenden Reiters. Die Hinterbeine des Pferdes sind nicht erhalten. An dieser Stelle hat die Naturgewalt einen riesigen Block herausgesprengt. Der Reiter, der auf einer Satteldecke sitzt, trägt einen Lederpanzer mit Laschen und eine um die Taille geknotete Schärpe; sein auf der Schulter befestigter Mantel flattert ihm im Rücken. Er hat die erhobene Rechte zurückgenommen, um einen Speer zu schleudern, der ursprünglich gemalt gewesen sein muß. Sein Kopf ist sehr verstümmelt, war aber vermutlich behelmt. Etwas tiefer, auf derselben Seite der Felswand, ist ein Rundschild ausgemeißelt und dahinter ein Schwert, dessen Griff die Form eines Vogelkopfes hat. Oberhalb des Schildes erscheint ein Helm mit Kamm und unter diesem ein Paar Beinschienen – die komplette Rüstung eines griechischen ›Hopliten‹ (Fußsoldaten).

Auf der rechten Wand der Felsnische ist in der Mitte ein Sarkophag in Form einer Bettstelle mit palmettengeschmückten Füßen ausgehauen. Hinter diesem sehr beschädigten Totenbett befinden sich die Reste eines Baldachins in flachem Relief; darüber schwebt ein Adler mit ausgebreiteten Flügeln, der in den

77 *Termessos. Felsgrab des Alketas, Felsrelief eines Reitenden.*

Krallen eine Schlange hält. Ein niedriger Tisch für Weihgaben steht vor dem Sarkophag.

Links von der Grablege ist eine vertiefte, ursprünglich mit einem Deckel versehene Ostothek (ein Behälter für Gebeine und Asche) aus dem Felsen gehöhlt; auf der Vorderseite zeigt sie die Reliefdarstellung einer Tür. Rechts entsprechen diesem Behälter die Reste von drei weiteren aus dem Felsen gearbeiteten Gefäßen, die jedoch für Flüssigkeiten bestimmt gewesen sein mögen. Zwei sind von rechteckiger Form und vorne mit Löwenköpfen dekoriert; das rechte schmücken außerdem noch zwei kleine Relieffiguren – vielleicht Dionysos und Aphrodite. Zwischen diesen beiden Behältern befindet sich, etwas tiefer gesetzt, ein großes Mischgefäß, dessen Seitenwand zertrümmert ist. Die Grabanlage mit ihren Reliefs hat nicht nur durch Erdbeben und Verwitterung, sondern vor allem durch Grabräuber schwer gelitten.

Dieses Grabmonument mag traurig verstümmelt sein, doch es ist von höchstem geschichtlichen Interesse. Mit großer Wahrscheinlichkeit handelt es sich um das Ehrengrab, das – Diodor zufolge – die jungen Krieger von Termessos dem makedonischen Heerführer Alketas errichteten. Er war ein Bruder von Perdikkas, einem der Generäle Alexanders des Großen. Im Jahr 319 v. Chr. war Alketas zu ihm befreundeten Pisidiern nach Termessos geflüchtet; er hatte sich den Herrschaftsansprüchen des Diadochen Antigonos widersetzt und dabei eine Niederlage erlitten. Die Ältesten der Bürgerschaft wollten den Flüchtigen an Antigonos ausliefern; zu diesem Zweck hatten sie die jungen, dem Alketas ergebenen Krieger durch eine List aus der Stadt entfernt. Um seinem Gegner nicht lebend in die Hände zu fallen, beging Alketas Selbstmord. Sein Leichnam, den die Ältesten dann dem Antigonos überließen, wurde von diesem geschändet und blieb unbestattet, bis die empörten Jungmannschaften ihn bargen und ein prunkvolles Begräbnis ausrichteten.

Stilistisch wie motivisch paßt der Reliefschmuck des Felsgrabes völlig ins Ende des 4. Jahrhunderts v. Chr.; es wirkt unter den zahllosen anderen Gräbern der Stadt einzigartig. Darum ist seine Deutung als letzte Ruhestätte des Alketas so überzeugend. Daß der Tote zu Pferde dargestellt ist, mag auf seine Heroisierung hinweisen. Die Teile der korrekten Bewaffnung des Fußsoldaten sind gesondert wiedergegeben und stimmen mit der Nachricht überein, daß Alketas unter Alexander als Infanteriegeneral diente.

Mit Ausnahme dieses Grabes und zweier Felsgräber lykischen Typs stammen alle anderen bisher entdeckten aus späterer Zeit. Die Mehrzahl liegt in den ausgedehnten Nekropolen im Südwesten und Norden der Stadt. Fast alle haben Sarkophagform, doch variieren sie in Dekoration und Aufstellung: es gibt aus dem anstehenden Felsen gehauene Grablegen, andere stehen einzeln oder in Gruppen auf Stufenbasen oder in kleinen Grabtempeln. Als Reliefschmuck dieser Särge taucht auch das kriegerische Motiv des Rundschildes mit Lanzen wieder auf. Hunderte von Inschriften geben Auskunft über die Namen der Verstorbenen und drohen Grabräubern mit Geldstrafen und der Rache der Götter. Trotz dieser Vorsorge gähnen heute all die moos- und flechtenbedeckten Sarkophage von Termessos in trauriger Leere. Ihre Deckel liegen verstreut und zertrümmert umher – ein Anblick, der Darstellungen von Auferstehung und Jüngstem Gericht auf mittelalterlichen Gemälden heraufbeschwört.

# VON PAMPHYLIEN NACH PHRYGIEN

Eine Woche hatten wir in Pamphylien, dem weiten »Land aller Stämme« verbracht und Perge, Aspendos und Side besucht. Diese in der Ebene gelegenen antiken Städte mit ihren riesigen Theatern, Stadien, prächtigen Säulenstraßen und Brunnenhäusern scheinen einer anderen Welt anzugehören, als die im kargeren Hochland von Lykien und Pisidien. Nun fuhren wir nach diesem Ausflug von Antalya aus wieder nach Norden; bald fühlten wir uns in der herben Gebirgslandschaft wieder zu Hause.

Diesmal ließen wir die Abzweigung nach Korkuteli links liegen und nahmen die Straße nach Isparta. Die Wälder blieben zurück, und zu beiden Seiten dehnten sich Stoppelfelder. Auf den schlaffen Telegrafendrähten am Wegrand saßen gelegentlich Bienenfresser mit lebhaft blaugrün und gelb schimmerndem Gefieder. Am Fuß der fahlen Bergketten im Westen kennzeichneten isolierte frischgrüne Flecken die Stellen, wo Quellen aus dem Kalk treten. Im Weiterfahren kamen wir an Teichen und einem stillen See, voll von Wasserrosen, vorbei – eine Augenweide vor der Spätsommerdürre, die uns in der anatolischen Hochebene erwarten sollte. Dort, wo die Straße in den Randabsturz des Plateaus zu klettern beginnt, liegt rechts eine alte seldschukische Herberge, der ›Kirkgöz Han‹; der wehrhafte Rechteckbau mit seinen abweisenden Außenmauern bot Reisenden und Händlern Rast und Schutz nach einer besonders beschwerlichen Wegstrecke.

Haarnadelkurven führten zur Paßhöhe Çubuk Boğazı hinauf. Dort oben umgab uns wieder die rauhe Schönheit des Hochlandes mit den kahlen Hügeln, die ihre immer wechselnden Farbnuancen nicht der Vegetation, sondern Wolkenschatten verdankten. Ein paar magere Felder schmiegten sich in die Talböden.

Ab und zu überholten wir schwerfällige Bauernwagen von altertümlicher Bauart, die von Ochsen gezogen wurden. Der offene Wagenkasten ist wie das Spantengerüst eines Bootes konstruiert und kann vom Fahrgestell leicht abgehoben werden. Wir sahen, wie einer umgestülpt am Wegrand stand; im Schatten der über die Rippen gebreiteten Decke lag schlafend ein Baby, derweilen die Eltern auf dem Acker arbeiteten. Die Räder dieser Karren bestehen aus dicken Holzscheiben, die aus sechs Stücken in zwei konzentrischen Ringen um die Nabe zusammengefügt sind.

Auf den staubigen grauen Feldern leuchteten hier und da gelbe Flecken – Maiskolben, die zum Trocknen ausgebreitet waren. Bei der kleinen Stadt Ağlasun kauerten Frauen vor einem gewaltigen Berg von Kolben, die sie entkörnten; ein alter Mann mit einer Schaufel stand dabei und warfelte. Die Sonne ließ die in die Luft geworfenen Körner wie einen goldenen Regen aufblitzen, während die Spreu in einer fahlen Wolke davongeblasen wurde.

Der Name Ağlasun erinnert noch an die antike Form ›Sagalassos‹. Die am Fuß eines Gebirgsmassivs hervorsprudelnden Quellen haben hier eine Oase von Obst-, Walnußbäumen und Pappeln entstehen lassen. In der Ortsmitte, wo die obligate Büste des Atatürk den Hauptplatz kennzeichnet, liegen am Fuß einer uralten, knorrigen Platane Fragmente antiker Skulpturen: eine verschleierte Frauenfigur, das Bruchstück eines Säulensarkophags, eine Grabstele mit einem Traubenbündel in Relief; dazu ein paar große Marmorurnen auf kanellierten, glockenförmigen Basen; ihr Oberteil ist mit starrenden tragischen Theatermasken geschmückt, zwischen denen schwere Fruchtgirlanden herabhängen; die Deckel sind verloren. Doch bewahrt das interressante kleine Museum von Burdur einige dieser relativ seltenen pisidischen Graburnen mit konischem Deckel. Mag sein, daß solche Urnen typisch für Sagalassos sind; wir haben sie sonst nirgendwo gefunden.

Die Stadt war eine bedeutende Grenzfestung der kriegs- und freiheitsliebenden Pisidier. Auf dem Weg nach Gordion besiegte Alexander der Große die Sagalassier 333 v.Chr. in einer schweren Schlacht. Etwa hundertundvierzig Jahre später wurden die hartnäckigen Bergbewohner vom römischen Konsul Cnaeus Manlius Vulso zur Unterwerfung gezwungen, nachdem er ihr Gebiet verwüstet hatte. Während der ›Pax Romana‹, der ungestörten Epoche der Kaiserzeit, entwickelte sich Sagalassos zu einer blühenden Stadt mit prächtigen öffentlichen Gebäuden.

Seine weitläufigen Ruinen sind jedoch wesentlich weniger gut erhalten als die des pisidischen Termessos. Die Stadt war am Südhang eines steilen Felsmassivs und oberhalb des modernen Ortes terrassenartig angelegt. Reste von Straßen, Marktplätzen, Basiliken, von einem Nymphäum und zwei Tempeln sind er-

*Ruinen von Sagalassos, rechts im Tal der heutige Ort Ağlasun.* *78*

halten. Ein großer korinthischer Tempel war dem Kaiser Antoninus Pius geweiht; ein ionischer – dem Apollon Klarios heilig – wurde in christlicher Zeit in eine Kirche verbaut. Die Gräber außerhalb des Stadtgebietes liegen vor allem am Nordhang eines Tals östlich der Ruinen und an den Flanken des Kegelberges, der den südöstlichsten Sporn der Felsterrassen von Sagalassos beherrscht. Wie im befreundeten Termessos finden sich auch hier auf den Sarkophagen gelegentlich Reliefs von Schilden, Schwertern und Helmen. In den Trümmern eines Heroon haben österreichische Archäologen kürzlich weitere Reliefplatten eines schon in Teilen bekannten Frieses mit tanzenden Mädchen gefunden. Die reich drapierten Figuren sind durch schalartige Tücher, die sie in den Händen halten, in einem Reigen verbunden; eines der Mädchen begleitet den Tanz mit Kitharamusik. Das relativ am besten erhaltene Monument von Sagalassos ist das Theater; wir mußten jedoch eine Armee von kleinen Buben tief enttäuschen, die sich mit eifrigen Rufen »Tiyatro« und bergwärts zeigenden Händen als Führer dorthin anboten. Uns blieb keine Zeit zur Besichtigung, da unser Ziel für diesen Abend Pamukkale war, das alte Hierapolis in Phrygien.

Wir fuhren durch Isparta, sahen für einen Augenblick den See von Burdur – silberblau in einem Ring von Hügelketten – und erreichten vor Dinar die große Ost-West-Straße, die nach Denizli und Izmir führt. Auf ihr waren wir schon einmal zehn Jahre zuvor gereist. Die Dörfer hatten sich inzwischen stark verändert. Anstelle der niedrigen, flach gedeckten Lehmziegelhäuser von damals, deren Farbe sie kaum von der umgebenden Landschaft unterschied, gab es viele Neubauten: saubere, weiß verputzte Häuschen mit roten Ziegeldächern, Tankstellen und große Schilder, die mehrsprachig Reklame für »Handgefertigte Teppiche direkt vom Hersteller« machten.

Doch der Acı Gölü, der ›Bittersee‹ – so typisch für die Salzseen des anatolischen Hochlandes – lag noch genauso da, wie wir ihn in Erinnerung hatten: die bleiern wirkende Wasserfläche war von glitzernden Salzkrusten umrandet, der Uferstreifen bar jeden Bewuchses. Wolfsmilch und salzliebende Kriechpflanzen bedeckten den steinigen Hang von der Straße zum See hinunter. Unheimlich still spiegelte das Wasser den dunklen Absturz des jenseits gelegenen Yan Dağ, dessen Fuß rostrot gefärbt ist vom Eisengehalt des Gesteins.

Auf der Weiterfahrt waren wir damals an weiß-lila blühenden Mohnfeldern vorbeigekommen; inzwischen war diese Art des Opiumgewinns offiziell verboten worden und eine traditionelle Erwerbsquelle des anatolischen Bauern ist damit versiegt.

Die Nachmittagssonne begann das weite, geologisch reich geformte obere Lykos-Tal in eine Landschaft von Claude Lorrain zu verwandeln, die in tiefen Blau- und Goldtönen leuchtete. Kurz vor Denizli liegt in einer Niederung am Wegrand der ›Ak Han‹. Diese Karawanserei aus dem 13. Jahrhundert besteht aus schönem Quaderwerk; die Fassade des Viereckbaus ist durch ein überwölbtes Eingangstor und Ecktürme hervorgehoben.

Wir bogen auf einer neuen Asphaltstraße nach Norden ab; sie führte durch Baumwollfelder, in denen Frauen die letzten Fasern pflückten und sie in sackartige Schürzen stopften. Zu beiden Seiten der Straße priesen zahllose Schilder Hotels in Pamukkale an und wir begannen zu fürchten, daß wir diesen Ort nicht mehr so herrlich unberührt finden würden wie vor zehn Jahren.

## WIEDER IN HIERAPOLIS

Schon aus weiter Ferne kann man die blendend weißen Sinterterrassen am Hang des Çal Dağ auf der Nordseite des Lykos-Tals erkennen. Die Ablagerungen der kalkhaltigen Thermalquellen, die auf dem Plateau von Hierapolis entspringen, haben über die Jahrtausende hin das Bodenniveau beträchtlich erhöht und die Terrasse zur Talseite hin erweitert. Unter den in diesem Prozeß entstandenen Kalkkrusten sind die Ruinen der antiken Stadt und einer mittelalterlichen Burg zum Teil verschwunden. Das Thermalwasser läuft von zentral gelegenen Quellen in sich ständig durch Versinterung erhöhenden Aquädukten und Kanälen zum Rand des Bergabsturzes. Hier hat das herabrinnende Wasser seine Mineralien in halbkreis- und muschelförmigen, flachen Becken abgelagert, die, wiederum überlaufend, tiefer gelegene Becken mit Stalaktiträndern gebildet haben. Ein stark strömender Hauptkanal ist so an Breite und Länge angewachsen, daß er wie eine Art Kalkrampe vom Plateaurand zum Talboden hinabführt, wo er Felder und Gärten des Dorfes bewässert. Pamukkale bedeutet auf türkisch ›Baumwollschloß‹ und bezieht sich auf die vom Sinter watteweiß verkrusteten Ruinen am Plateaurand.

Die moderne Straße nach Hierapolis hinauf schneidet schräg durch den glitzernden Hang und endet auf der Terrasse in einem öden Parkplatz mit windschiefen Elektrizitäts- und Telefonmasten, schreienden Reklameschildern und häßlichen Andenkenbüdchen. Die ehemals so einsame Ruinenstätte ist zu einer Touristenattraktion mit einem halben Dutzend Motels geworden, die alle mindestens eines der natürlichen Bassins in ihre Schwimmbad- und Gartenanlagen einbezogen haben. Ohne Zweifel ist es höchst angenehm, in einem bequemen Hotel untergebracht zu sein und in Becken mit diesem Thermalwasser schwimmen zu können; dennoch erfüllt uns Bedauern. Wir erinnern uns der zauberhaften Einsamkeit, in der wir bei unserem letzten Besuch hier in der ›Heiligen Quelle‹ badeten, von deren Grund umgestürzte Säulen silbrig durchs blaue Wasser heraufschimmerten; der Stoffstreifen, die, als Weihgaben an Oleandersträuche gebunden, davon zeugten, daß türkische Dörfler sich vom Thermalwasser Heilung versprachen. Die wenigen Zelte einer Armeeabteilung beim Manöver, von denen man wußte, daß sie bald

*Hierapolis-Pamukkale. Kalksinterterrassen 79*

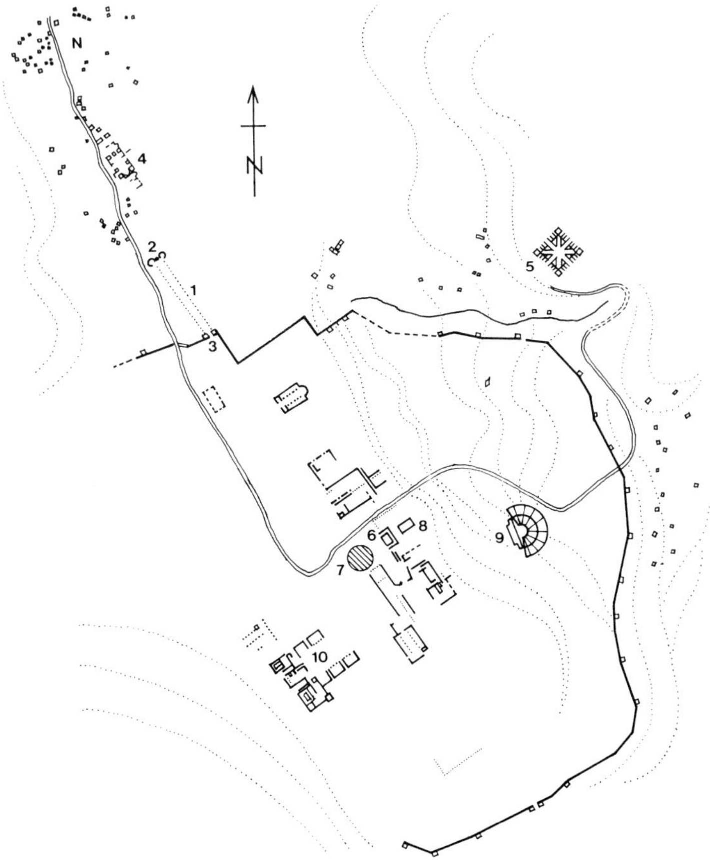


*Plan von Hierapolis*

1 Kolonnaden-Straße
2 Torbogen des Domitian
3 Byzantinisches Tor
4 Frühchristliche Kirche, zuvor Thermen
5 ›Martyrium‹ des Apostels Philipp
6 Nymphäum
7 ›Heilige Quelle‹
8 Apollon-Tempel und ›Plutonium‹
9 Römisches Theater
10 Thermen
N Nördliche Nekropole

wieder verschwinden würden, störten damals nicht so sehr in dieser antiken Landschaft.

Hierapolis wurde im 2. Viertel des 2. Jahrhunderts v. Chr. vermutlich von König Eumenes II. von Pergamon an der großen Verbindungsstraße von Zentralanatolien zur Mittelmeerküste gegründet. Von dieser hellenistischen Stadt hat sich kaum etwas erhalten. Sie wurde mit den übrigen pergamenischen Besitzungen von König Attalos III., der 133 v. Chr. starb, an Rom vermacht, und aus dieser römischen Periode stammen die meisten der heute noch sichtbaren Bauten. Um 60 n. Chr., in der Regierungszeit von Nero, scheint ein heftiges Erdbeben Hierapolis fast völlig zerstört zu haben. Es war das verheerendste einer ganzen Reihe, die die Stadt heimgesucht hatten. Die Mehrzahl der erhaltenen Gebäude sind daher nachneronisch.

Die erste wissenschaftliche Untersuchung der Stätte wurde 1887 von deutschen Archäologen unternommen; in jüngerer Zeit haben italienische Gelehrte erfolgreiche Ausgrabungen durchgeführt.

Der Stadtplan weist regelmäßige, im rechten Winkel einander kreuzende Straßenzüge auf. Viele der öffentlichen Bauten lagen an einer langen Kolonnadenstraße, die ungefähr parallel zum Plateaurand von Norden nach Süden führt. Anfangs- und Endpunkt dieser Prachtstraße waren durch monumentale Torbögen hervorgehoben, der nördliche ist noch ›in situ‹ sichtbar. Als Baumaterial wurde der am Ort anstehende bräunliche Kalk verwendet, der wie Travertin aussieht. Der Bogen hat drei annähernd gleich hohe Durchgänge und wird von zwei Rundtürmen flankiert. Wie das Hadrianstor in Antalya war auch dieser Bau einst von einem Obergeschoß bekrönt. Teile einer Inschrift sind erhalten, aus denen hervorgeht, daß der Ehrenbogen für Kaiser Domitian im Jahr 84/85 von dem Prokonsul Frontinus errichtet wurde.

Bei den in den letzten Jahren durchgeführten Grabungen in der Nähe des Tores kamen die Reste eines großen Grabmals zutage, das an den westlichen Torturm anschloß. Den eleganten Bau haben italienische Archäologen kürzlich restauriert. Er ist von kubischer Form mit Eckpilastern, einem dorischen Fries mit Rosetten zwischen den Triglyphen und einer marmornen Eingangstür, die eine Holztür nachbildet. Das Grab gehörte einem weitgereisten Händler namens Flavius Zeuxis (die Inschrift erwähnt, daß der Grabherr zweiundsiebzig Mal um Kap Malea nach Italien geschifft sei). Auf der Kalkterrasse vor diesem Monument liegen verschiedene zerstörte Gräber, von Ablagerungen überschichtet. Wir liefen über die hohl klingenden Kalkkrusten zum Plateaurand, wo ein kleines hausförmiges Grab, bis zur halben Höhe versintert und von treppenartig abgestuften natürlichen Becken des Thermalwassers umgeben ist. Das über die geriefelten Ränder herabrieselnde Wasser läuft dann allenthalben den Abhang hinunter; die unteren Zweige der dort wachsenden Oleanderbüsche versteinern langsam unter Mineralkrusten, die wie Rauhreif aussehen.

Die Hauptnekropole von Hierapolis liegt zu beiden Seiten einer Fortsetzung der Prachtstraße nach Norden. Dieser sehr ausgedehnte Friedhof weist höchst vielfältige Grabformen auf, und die zahlreichen dort entdeckten Inschriften geben aufschlußreiche Einblicke in die sozialen und wirtschaftlichen Verhältnisse der Bürgerschaft.

Die eindrucksvollen Ruinen eines eingewölbten Baukomplexes mit drei großen Arkaden, an denen man auf dem Weg in die Nekropole vorbeikommt, waren ursprünglich Thermen, die später in eine christliche Kirche verwandelt wurden. Jenseits davon beginnt ein wahres Labyrinth von Begräbnisstätten, die alle schon in der Antike ausgeraubt worden sind. Das apokalyptische Chaos von aufgebrochenen Sarkophagen, verstreuten Deckeln und umgestürzten Grabmonumenten, das wir bei unserem letzten Besuch vorfanden, ist inzwischen von den italienischen Kollegen etwas geordnet worden, und viele der Grabstelen sind restauriert. Man findet dort hausförmige Gräber mit flachen Dächern; tempelartige Bauten mit schön gemeißelten Scheintüren und dekorierten Giebelfeldern; Sarkophage, die einzeln oder in Gruppen auf Steinsockeln oder hohen Postamenten stehen; Tumulusgräber mit ringförmig gemauerten Basen und phallischen Symbolen auf den bekrönenden Erdhügeln; und schließlich merkwürdige Grabräume, deren tonnengewölbtes Dach von langen Steinbalken gebildet wird. Die beiden letztgenannten Typen mögen noch in die hellenistische Periode zurückreichen. Die Tumulusgräber ähneln in erstaunlicher Weise den wesentlich älteren etruskischen Grabhügeln in Cerveteri, und die tonnengewölbten Grabkammern dem ›Tanella di Pitagora‹ genannten Grabmonument in der Ebene unterhalb Cortona.

*80 Sarkophag und Kuppelgräber in der Nord-Nekropole*

*81 Hierapolis-Pamukkale. Domitianstor.*

Die Nekropole ist heute ein interessantes Gebiet, doch in der Antike muß sie ein wahrhaft lieblicher und anziehender Teil des Stadtgeländes gewesen sein. Hier gefundene Inschriften bezeugen, daß viele der Gräber von Gärten umgeben waren; andere wieder wurden an den Jahrestagen mit Kränzen geschmückt, für deren Kosten Fonds aufkamen, die von öffentlichen Treuhändern verwaltet wurden. Einige der Grabbauten waren an der Fassade mit Steinbänken versehen, auf denen die Hinterbliebenen sitzen konnten, in trostspendender Betrachtung der rings angepflanzten Blumen – Symbolen der Vergänglichkeit und Wiedergeburt alles Lebendigen. Weitere Inschriften erwähnen eine Zunft von Gärtnern: dies stimmt mit antiken Überlieferungen überein, die die Gärten und Weinberge von Hierapolis preisen.

Ein ungewöhnlicher Bau aus relativ später Zeit, dem 5. Jahrhundert n. Chr., ist unlängst auf dem Berghang nordöstlich der Stadt ausgegraben worden. Dieses hoch gelegene Gebäude war über eine breite Treppe zu erreichen. Es ist als ›Martyrium‹ des Apostels Philipp identifiziert worden, der seine letzten Jahre in Hierapolis verbrachte; es scheint, daß man hier Gedächtnisfeiern für ihn abhielt. In der Mitte des quadratischen Komplexes erhob sich ein Achteckraum, der ursprünglich mit einer Kuppel überwölbt war. Durch Säulenstellungen öffnete sich dieser Zentralraum zu acht ihn umgebenden Nebenräumen; an die vier Außenseiten der Baugruppe reihten sich nebeneinanderliegende rechteckige Zellen, die vermutlich Pilgern zur Unterkunft dienten. Im Oktogon sind eine halbkreisförmige Stufenbank für die Geistlichkeit und der Standplatz eines Chorpultes aufgedeckt worden.

Wir hatten dieses Monument und die Nordnekropole als erstes wieder aufgesucht, um den Busladungen von Touristen zu entrinnen, die sich meist auf die Besichtigung der besonders eindrucksvollen Ruinen in unmittelbarer Umgebung der Hotels beschränken. Gegen Abend befand sich die Mehrheit in den Schwimmbecken, und wir gingen die nun einsamer gewordene Säulenstraße entlang nach Süden. Die sinkende Sonne verwandelte die Ruinenstätte in eine magische Landschaft gleich einem pompejanischen Fresko, auf dem ockerfarbige Heiligtümer und Kolonnaden lange tiefviolette Schatten werfen.

Der jüngst ausgegrabene Teil der Prachtstraße zwischen dem Domitianstor und der Stadtmauer weist Reste eines Kanalisationssystems und darunter liegender früherer Gräber auf. Zu beiden Straßenseiten stehen noch Grundmauern und Erdgeschosse von geräumigen Wohnhäusern römischer Zeit. Die Grabung endet bei einem byzantinischen Tor, dessen Lage anzeigt, wie klein die Stadt in dieser Periode geworden war.

Innerhalb der spätantiken Stadtmauer liegt östlich der Straße die Ruine eines großen Nymphäums. Seine hohe Rückwand und zwei vorspringende Seitenwände umgaben ein rechteckiges Wasserbecken, dessen Vorderseite über eine niedrige Treppenflucht zugänglich war. Ursprünglich war dieses monumentale Brunnenhaus mit einer reichen Säulenarchitektur ausgestattet, die die fünf, in der Rückwand noch zu erkennenden Nischen einrahmte. Das Wasser wurde durch eine Öffnung in der mittleren Nische in das Bassin geleitet.

Etwas unterhalb des Nymphäums kommt man auf der Westseite der Prachtstraße zu der sogenannten ›Heiligen Quelle‹, die jetzt zum Schwimmbad eines Motels profaniert worden ist. In römischer Zeit umgab den Teich ein Säulenportikus, von dem noch Basen, umgestürzte Säulenschäfte und Gebälkstücke unter Wasser zu sehen sind.

Die in der Antike berühmteste Sehenswürdigkeit von Hierapolis war – neben den Heilquellen – das ›Plutonium‹ – ein unterirdischer Wasserlauf, von dem durch einen Felsspalt giftige Dünste aufstiegen. Strabon, Cassius Dio und anderen Autoren zufolge vermochten diese Gase Stiere und kleinere Tiere zu töten, wenn man sie in die Grotte trieb, von wo sie ausströmten. Die todbringenden Eigenschaften des Wassers und sein unterirdischer Verlauf waren der Grund, daß dieser Ort als dem Unterweltsgott Pluton heilig galt. Bis vor kurzem war die Lage des Plutoniums ein Rätsel, da es völlig unter Kalkablagerungen begraben war. Als die italienischen Archäologen jedoch unlängst den Apollontempel südöstlich vom Nymphäum freilegten, stießen sie auf dieses Heiligtum, das mit dem Tempel durch einen großen dorischen Säulenhof verbunden war. Das Podium des Tempels ruht mit der Rückseite auf einer niedrigen Felsbank; in ihr hat man südlich des Baus eine muschelförmig überwölbte Öffnung entdeckt, durch die man in eine gepflasterte unterirdische Kammer hinabgelangt. Hier strömt in einer natürlichen Felsspalte ein rasch fließender Wasserlauf, von dem ein beißender Geruch ausgeht; es handelt sich vermutlich um Kohlendioxyd, ein Gas, das

*82 Hierapolis-Pamukkale. Plutonium.*

Augen und Kehle reizt und, am Boden der Grotte konzentriert, für kleine Lebewesen wohl tödlich sein konnte.

Höher am Hang, hinter dem Plutonium, liegt das römische Theater – eines der besterhaltenen Bauwerke von Hierapolis. Griechischem Brauch folgend, ist die Orchestra kreisrund, und der mächtige Zuschauerraum mit seinen etwa fünfzig Sitzreihen überschreitet im Plan etwas den Halbkreis. In der Mitte der Cavea sieht man noch die Loge für Ehrengäste: eine Nische mit halbkreisförmigem Sitz auf Löwentatzen, davor eine steinerne Fußbank. Möglicherweise hat man beim Bau des Zuschauerraums Werkstücke des älteren hellenistischen Theaters wiederverwendet, das sich etwas weiter im Norden, außerhalb der Stadt befand.

Die Bühne ist fast völlig erhalten, doch Teile ihrer Rückwand, der architektonisch reich ausgestalteten ›scaenae frons‹, sind eingestürzt und werden restauriert. Diese Bühnenwand war oberhalb der üblichen fünf Eingänge von Bogenfenstern durchbrochen. Dekorative Reliefplatten zeigen Szenen aus dem Mythos des Gottes Dionysos, dem Wein und Drama heilig waren; daneben erscheinen die Göttin Artemis auf ihrem Gespann, fliehende Niobiden, Kultprozessionen und ein Opfer vor dem Standbild der Artemis von Ephesos. Ein Relief aus der oberen Zone der ›scaenae frons‹ stellte den Kaiser Septimius Severus und seine Familie, umgeben von allegorischen Figuren dar, was beweist, daß dieser Teil des Theaters während seiner Regierungszeit (193-211) errichtet worden sein muß. Auch lebensgroße Statuen, die zum Schmuck der Bühnenwand dienten, sind erhalten.

Der Ausblick von den obersten Rängen des Zuschauerraums über den Plateaurand und das Lykostal hinweg auf die schneebedeckten Gipfel des Salbakos- und Kadmos-Massivs ist großartig. Das Schauspiel auf der Bühne mag Mühe gehabt haben, sich dagegen zu behaupten.

Am Westrand der Stadtterrasse, nahe dem Endpunkt der aus dem Tal heraufführenden Straße, ist ein großer Komplex von Bauten – Thermen und Palästra – sehr gut erhalten. Einige der riesigen gewölbten Räume der Badeanlagen sind noch intakt; Stiftlöcher, die allenthalben in der Oberfläche der mächtigen porösen Kalkquadern zu sehen sind, zeigen an, daß diese Hallen innen einst mit Marmorplatten ausgekleidet waren.

VII
Xanthos. Lykisches Grabhaus
zwischen den Stufen des römischen Theaters.
*Aquarell von William James Müller, 1843*

83 *Das römische Theater, kurz vor der Restaurierung. Architekturfragmente der ›scaenae frons‹.*

*84 Blick auf Orchestra und ›scaenae frons‹ des römischen Theaters.*

Ein tonnengewölbter Raum, der sich nach dem Plateauabsturz hin öffnet, dient als provisorisches Lokalmuseum, in dem die wichtigsten Plastiken und Architekturteile aus den Ausgrabungen untergebracht sind. Hier befinden sich einige Statuen und Reliefs, deren gekonnte Technik der Oberflächenbehandlung an den Stil der Skulpturen von Aphrodisias erinnert; diese phrygische Stadt im Süden von Hierapolis war für ihre Marmorplastiken berühmt.

In den Andenkenbuden bei den Thermen wurden auch Teppiche und Stickereien zum Verkauf geboten. Uns fielen zwei schöne alte anatolische Kelims auf, verlockende Stücke, die uns die hiesige antike Tradition der Textilherstellung ins Gedächtnis riefen: Inschriften von Hierapolis erwähnen Zünfte von Wollwäschern, Färbern und Webern. An Stelle des raren und kostspieligen, aus der Murexschnecke gewonnenen Purpurs, verwendeten die Färbereien der Stadt offenbar einen Pflanzenfarbstoff, der mit Hilfe des heißen Quellwassers fixiert werden konnte und so einen guten und billigen Ersatzpurpur lieferte. Eine große jüdische Gemeinde scheint an der Blüte dieser antiken Textilindustrie mitbeteiligt gewesen zu sein.

*85*
*Hierapolis-Pamukkale*
*Grabhaus, von Kalksinterablagerungen eingeschlossen.*

# NYSA

Westlich von Denizli, nahe Sarayköy, mündet der Lykos in den Mäander. Das obere Mäandertal gleicht einem riesigen Obstgarten, voll von Feigen-, Aprikosen-, Orangen-, Zitronen- und Olivenbäumen, in deren Schatten auch Gemüse gezogen wird; diese erstaunliche Fruchtbarkeit bringt ein besonders reicher Boden hervor, der von den Bergketten zu Seiten des Tales herabgeschwemmt worden ist. Im Ort Sultanhissar bogen wir von der Hauptstraße nach rechts ab und fuhren in die Vorberge des Aydin-Massivs. Diese nach Süden abfallenden, von Wildbächen zerfurchten Hänge mit ihren Lehmschluchten und von der Erosion zersägten Gipfeln und Kämmen sind beinahe ebenso fruchtbar wie das Mäandertal zu ihren Füßen. Eine gute Asphaltstraße schlängelt sich durch diese malerisch wilde Landschaft zu den Ruinen des ›Karischen Nysa‹ oder ›Nysa ad Maeandrum‹ hinauf. Mittels dieser Beinamen unterschied man die Stadt von zahlreichen anderen, die ebenfalls Nysa hießen.

Folgt man dem griechischen Geographen Strabon, so entstand Nysa durch die Vereinigung von drei älteren, ursprünglich unabhängigen Siedlungen, die nach ihren spartanischen Gründern, den Brüdern Athymbros, Athymbrades und Hydrelos benannt waren. Die neue Stadt hieß zunächst Athymbra; sie mag im 3. Jahrhundert v. Chr. von einem der Nachfolger Alexanders des Großen gegründet worden sein, vermutlich von Antiochos I. Soter, dem Sohn des Seleukos. Vielleicht wurde sie im frühen 2. Jahrhundert v. Chr. zu Ehren einer seleukidischen Prinzessin in ›Nysa‹ umgetauft.

Strabon ist um 63 v. Chr. in Amasia in Pontus (dem modernen Amasya bei Samsun) geboren. Da er aber in Nysa unter Aristodemos Rhetorik und Grammatik gehört hatte, war er mit der Stadt seiner Studententage sicher wohlvertraut und seine Beschreibung muß auf genauer Ortskenntnis beruhen. Wenn er über die Lage der Stadt spricht, scheint er sie von einem hochgelegenen Punkt oberhalb des Theaters am Südabfall des Mesogis-Massivs aus betrachtet zu haben. Wir stiegen daher zunächst zum Theater auf, nachdem wir den Wagen bei einem Brunnen hatten stehen lassen.

Der große Zuschauerraum am steilen Berghang ist verhältnis-

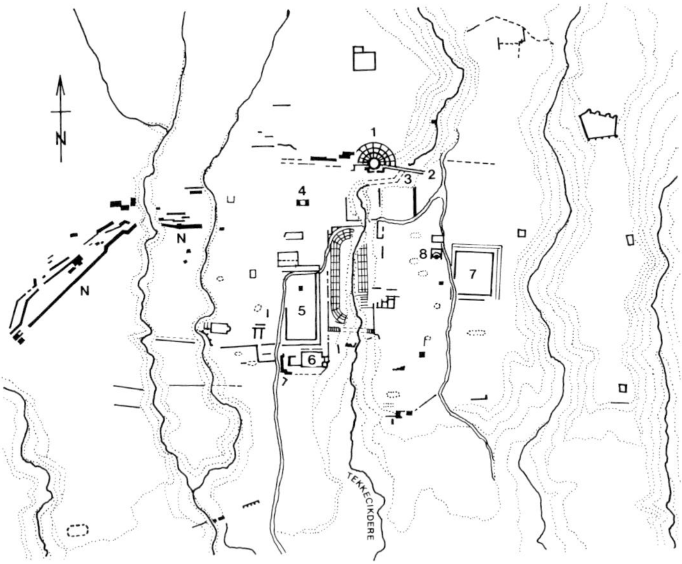


*Plan von Nysa*

1 Theater
2 Römische Brücke
3 antiker Tunnel
4 Bibliothek
5 Gymnasion
6 Byzantinische Kirche, zuvor Thermen
7 Agora
8 Gerontikon
N Nekropolis

mäßig gut erhalten und kürzlich gereinigt worden. Er hat ein Diazoma und achtundvierzig Sitzreihen. Wie beim Theater von Hierapolis und vielen anderen kleinasiatischen Theatern, die sich an griechische Vorbilder halten, überschreitet die Cavea auch hier etwas die Halbkreisform. Das Bühnenhaus hatte die übliche architektonisch reich ausgestaltete Fassade mit fünf Türen; es ist jedoch recht beschädigt und noch nicht ganz ausgegraben. Was heute dem Theater von Nysa seinen ungewöhnlich anmutigen Charakter verleiht, sind die vielen alten Oliven,

*86*
*Nysa*
*Das Theater.*

die sich auf den Kalksteinstufen des Auditoriums angesiedelt haben. Ihre Zweige bewegten sich im leichten Fallwind, – und plötzlich erinnerten diese Stämme an die letzten Zuschauer einer Aufführung: der Vorhang ist längst schon endgültig gefallen, und immer noch hoffen sie durch fortgesetzten Beifall ein Wiedererscheinen der Schauspieler zu erreichen.

Die Aussicht von den oberen Rängen nach Süden beeindruckt durch ihre Großartigkeit, wie durch ihre Übereinstimmung mit Strabons Beschreibung. Jenseits des Bühnenhauses wird die Bergflanke von einer tiefen Schlucht durchzogen. Der Sturzbach Tekkecikdere hat sie ausgewaschen. Er entspringt hoch oben zwischen den Gipfeln des Mesogis und ändert im Stadtgebiet zweimal seinen Lauf. Zunächst fließt er an der Ostflanke des Theaters vorbei, wendet sich dann in scharfem Knick nach Westen und biegt schließlich wieder nach Süden um. Es ist der gleiche Wasserlauf, von dem Strabon sagt, daß er Nysa durch seine Schlucht zu zwei Städten mache. Heutzutage liegt dieser tiefe Einschnitt, von Gestrüpp und verfallenen Ruinen angefüllt, dem Auge offen bis zu dem Punkt, wo der Bach über den Südrand des Plateaus ins Mäandertal hinabstürzt. In der Antike jedoch war das Bachbett von riesigen Substruktionen für ein Amphitheater mit dreißig Sitzreihen überbrückt und so dem Blick völlig entzogen. Strabons »zwei Städte« waren durch diese kühne Konstruktion miteinander verbunden, und der darunter verborgene Wasserlauf konnte zum Füllen der Arena benutzt werden, wenn Seeschlachten oder andere Wasserspiele dort aufgeführt werden sollten.

Eine ebenso eindrucksvolle technische Leistung stellt die Erbauung zweier Brücken und eines etwa 150 m langen Tunnels dar, durch den der Wildbach südlich des Theaters geleitet wurde. Auf diese Weise war zwischen der Rückwand des Theaters und dem Nordende des Amphitheaters Platz für eine große Piazza geschaffen. Obgleich die Erosion vom Westende des Tunnels viel weggespült hat, kann man seinen Eingang südlich vom Bühnenhaus noch gut sehen.

Die anderen öffentlichen Bauten, die Strabon aufzählt, können fast alle identifiziert werden, obgleich sie später weitgehend verändert worden sind. Die moderne Anfahrtsstraße führt an der Langseite eines großen, rechteckigen Platzes, westlich der Schlucht entlang; hier lag vermutlich das von ihm erwähnte

Gymnasion. Im späten 3. Jahrhundert n. Chr. wurde es mit Arkaden auf Säulen umgeben; die deutschen Archäologen, die Nysa 1907 und 1909 untersuchten, fanden davon nur noch Spuren; die meisten der Werkstücke waren schon verschleppt und zum Bau der Eisenbahnlinie durchs Mäandertal verwendet worden.

Südlich vom Gymnasion stehen Ruinen aus unregelmäßigem Bruchsteinmauerwerk. Da Reste von Wasserrohren dorthin führen, könnte es sich hier um Thermen handeln. Gewöhnlich lagen in der Nähe von Sportplätzen auch Badeanlagen; der ursprüngliche Plan des Komplexes ist jedoch durch den späteren Einbau einer byzantinischen Kirche verunklärt.

Auf einer Geländestufe im Norden über dem Gymnasion erhebt sich in einem Olivenhain ein interessanter Rechteckbau. Strabon erwähnt ihn nicht, weil er vermutlich zu seiner Zeit noch nicht existierte. Das Gebäude ist auf Grund seiner Ähnlichkeit mit der Bibliothek des Celsus in Ephesos als solche erkannt worden. Die hiesige Bibliothek ist kleiner als die ephesische und weniger gut erhalten, würde aber eine Ausgrabung und Rekonstruktion gewiß lohnen. Gegenwärtig ist das Erdgeschoß völlig mit Trümmern und Geröll gefüllt. Der Bau mag ursprünglich drei Stockwerke hoch gewesen sein. Zwischen den Bäumen sind nur die Mauern der Schmalseiten und die mit Nischen gegliederten inneren Wände zu erkennen. Die Südseite mit dem Eingang ist völlig verschwunden, aber von der Nordseite stehen noch Mauerreste, aus denen zu schließen ist, daß sich Fenster darin befanden. Die Nischen in den Doppelwänden im Osten und Westen waren einst mit Borden zur Unterbringung von Schriftrollen ausgestattet. Selbst in so verfallenem Zustand ist die Bibliothek ein schöner Bau von ausgewogenen Proportionen. Auf unerklärliche Weise hat sich innerhalb dieser grauen Mauern noch eine Atmosphäre von ungestörter Ruhe und humanistischer Gelehrsamkeit erhalten.

Wir gingen dann am Theater vorbei auf die Ostseite der Schlucht, wo, wie Strabon berichtet, Agora und Gerontikon von Nysa lagen. Der große ebene Platz der einstigen Agora ist jetzt ein Feld. Mit Ausnahme von ein paar Säulenstümpfen unter den Oliven ist von den Portiken, die den Markt umgaben, nichts erhalten. Die deutschen Archäologen stellten jedoch durch Suchgrabungen fest, daß auf der Ost- und Nordseite des Platzes zweischiffige ionische Säulenhallen standen, während den Süd- und Westrand einschiffige Hallen dorischer Ordnung begrenzten. Das ›Gerontikon‹ (Rathaus der Ältesten) liegt nahe der Nordwestecke der Agora. Auch dieser Bau ist mehrfach verändert worden. Das von Strabon beschriebene Rathaus muß ein späthellenistisches Gebäude gewesen sein, das vielleicht nicht überdacht war. Die heute noch erhaltenen mächtigen Umfassungsmauern dürften aus dem 2. Jahrhundert n. Chr. stammen. Sie bestehen aus etwas roh zugerichteten, wiederverwendeten Werkstücken und unregelmäßigen Quadern; vermutlich waren sie einst mit farbigen Marmorplatten verkleidet, von denen die Ausgräber Fragmente gefunden haben. Drei Türen auf der Südseite führten in den Ratssaal, dessen elegante, halbkreisförmig ansteigende Sitzstufen, zwölf an der Zahl, von fünf radialen Treppen aus zugänglich waren. Der Boden vor dem Auditorium ist mit Steinplatten gepflastert. Auf der Nordseite des Ratssaales lag ein Vorraum, in den man von außen durch vier gekoppelte Säulenpaare von ungewöhnlichem, elliptischem Querschnitt gelangte.

Das Rauschen des Wassers und der Gesang des Windes in den Bäumen waren die einzigen Laute, die wir in Nysa hörten. Obwohl der Ort relativ leicht zu erreichen ist, hat er seine unverdorbene natürliche Schönheit bis jetzt bewahrt.

Die oberen Regionen des Mesogis-Massivs im Norden des Stadtgebietes waren in der Antike für ihre Fruchtbarkeit und ihre Reben berühmt, insbesondere für den Wein eines Dorfes mit dem treffenden Namen ›Aroma‹. Auch heute sind diese Berghänge von üppiger Vegetation bedeckt.

Noch weiter oberhalb, hart unter den Trachytgipfeln des Kızıl Kaya, liegt die einsame, grasbewachsene Hochebene, die Strabon als den ›leimōn‹ von Nysa bezeichnet; dort befand sich der Versammlungsplatz der Einwohner von Nysa und ihrer Nachbarn. Diese numinose Bergwiese scheint über die Jahrtausende hinweg ein verehrungswürdiger Ort geblieben zu sein. Anfang dieses Jahrhunderts wurde den deutschen Ausgräbern der Stadt dort oben noch ein runder Steinwall gezeigt, der das Grab eines islamischen Heiligen unter uralten Eichen umgab. Die türkischen Führer der Gruppe berichteten, daß der Ort einmal im Jahr der Schauplatz eines Festes aller Umwohner sei, bei dem – wie beim Bairam – Schafe geschlachtet würden. Der Name des Heiligen sei Iaran Dede, der ›Zerspalter‹, und ein donnerähnliches Getöse,

*Nysa. Die Ruine der Bibliothek 87*

das aus dem Berg dringe, könne manchmal auf der Wiese vernommen werden. Diese 1909 noch blühende Lokaltradition ist nicht ohne Interesse. Strabon zufolge befand sich nämlich auf der Wiese ein tiefer Schlund, der mit dem Heiligtum der Unterweltgötter von Acharaka in Verbindung stand. Die Reste dieses, dem Pluton und der Persephone geweihten, Tempels in Acharaka sind von den deutschen Archäologen damals ausgegraben worden. In einem Hain in der Nähe lag in der Antike das ›Charonium‹, eine Höhle, in der Wunderheilungen durch Inkubation stattfanden. Von Strabon wissen wir, daß entweder die Priester des Ortes oder die Kranken selbst sich im Charonium zum Schlafen niederlegten; im Traum wurden ihnen dann die Heilmethoden für ihre Leiden offenbart. Da Acharaka noch heute Schwefelquellen hat, liegt die Vermutung nahe, daß die therapeutischen Erfolge im Altertum auf die Wirkung dieser heilsamen Wasser zurückzuführen waren. Ob Schwefelgase in einem höhlenreichen, zerklüfteten Berggelände gelegentlich Erdgrollen hervorrufen können, muß dahingestellt bleiben. Von einem unterirdischen Schlund fand sich auf der Bergwiese von Nysa keine Spur mehr; doch mögen sich das Gelände des ›leimōn‹, wie die Schlucht von Acharaka, durch Erosion und Verschüttung seit der Antike zum Teil verändert haben.

Westlich von Nysa, jenseits eines tiefen Bachtales und ziemlich unzugänglich, liegt die Nekropole. Die aufgebrochenen Fassaden der Grabgewölbe sind oft zweistöckig und ihre Reihung täuscht flüchtigem Hinschauen einen trümmerhaften Aquädukt vor; doch es sind nur die Behausungen der Toten am Saum der alten Straße von Nysa nach Acharaka.

# KLAROS UND NOTION

Im Süden von Izmir, jenseits der großen Cumaovası-Ebene ziehen sich am Nordrand der Bucht von Kuşadası bewaldete Bergketten hin. Durch diese Hügel haben sich mehrere Flüsse den Weg zum Meer nach Süden gegraben; einer ist der alte Ales oder Halesos, in dessen Tal die Ruinen von Klaros und Notion liegen.

Der Fluß entspringt im Gebiet von Kolophon, einer Stadt, die in der Antike für ihren Reichtum berühmt war und, wie auch Sybaris, berüchtigt wegen ihres verschwenderischen Aufwandes. Über ihre Liebe zum Luxus vernachlässigten die Kolophonier die frühere Kriegstüchtigkeit – ihre Reiterei und Flotte hatten einst einen großen Ruf genossen. So konnten die Männer, denen Purpurgewänder und Parfum wichtiger als die Waffen geworden waren, im 7. Jahrhundert v. Chr. dem Ansturm des Lyderkönigs Gyges keinen Widerstand leisten. Auch die Perser, im 6. Jahrhundert, hatten leichtes Spiel. Gleich vielen anderen Städten in Kleinasien wurde Kolophon ein Mitglied des Delisch-Attischen Seebundes, den Athen nach dem Sieg über die Perser im Jahr 479 v. Chr. gegründet hatte. Später, im Lauf des 5. Jahrhunderts v. Chr., kam jedoch eine perserfreundliche Partei in Kolophon zur Macht. Während der hellenistischen Periode litt die Stadt schwer in den Diadochenkriegen: 299 v. Chr. wurde sie von Lysimachos zerstört, und die Einwohner nach dem neu gegründeten Ephesos umgesiedelt. Obgleich Kolophon nach Lysimachos' Tod am ursprünglichen Ort wieder aufgebaut wurde, erreichte es nie mehr seinen früheren Wohlstand; der Handel lag jetzt in Händen des sich rasch ausdehnenden Ephesos, das über ein größeres Hinterland gebot. Der Hafen Notion hieß nun ›Neu-Kolophon‹ oder ›Kolophon-am-Meer‹, während das ursprüngliche Kolophon einfach ›Die Alte Stadt‹ genannt wurde.

Die Ruinen dieser beiden Städte haben deutsche Archäologen 1886 wiederentdeckt, aber die Ausgrabung von Kolophon wurde erst 1922 von amerikanischen Gelehrten unternommen. Sie legten Reste der hellenistischen Stadtmauer frei, fanden Wohnhäuser, Straßen und den Tempel der Demeter Anteia. Das Stadtgebiet war recht ausgedehnt: es umfaßte drei beieinander liegende Hügel und ein von Bächen durchzogenes Tal. Die Ruinen sind unansehnlich und von dichtem Nadelgehölz so überdeckt, daß sie schwer zu finden sind. In diesen Wäldern gewann man bereits in der Antike ein Harz, das ›Kolophonium‹ genannt wurde.

Im von Kolophon verwalteten Gebiet war der Tempel des Apollon Klarios seines Orakels wegen weithin berühmt; er lag am Unterlauf des Halesos, wenige Kilometer von seiner Mündung entfernt. Dieses Orakelheiligtum erlebte während der hellenistisch-römischen Periode eine besondere Blüte. Der Mythos freilich verbindet es mit Prophetinnen und einem Seher der Frühzeit: die Sibylle Herophile soll vor dem Trojanischen Krieg nach Klaros gekommen sein. Später ließ sich hier die aus Theben geflüchtete Prophetin Manto nieder; sie heiratete den griechischen Anführer einer Gruppe kretischer Siedler, die die karischen Ureinwohner von Klaros vertrieben hatten. Manto gebar dann den Mopsos, der selber ein berühmter Seher und der mythische Gründer mehrerer Städte in Pamphylien wurde. In dieser legendären Periode spielten also weibliche Prophetinnen eine hervorragende Rolle in Klaros; während der historischen Existenz des Orakels waren die Weissagenden jedoch ausschließlich Männer.

Von dem römischen Historiker Tacitus erfahren wir, daß dem Orakelpriester nichts weiter als der Name dessen gesagt wurde, der über sein Schicksal Auskunft begehrte. Der Priester stieg dann des Nachts in eine Höhle hinab, wo er aus einer verborgenen Quelle trank. Auf solche Weise inspiriert, vermochte er nicht nur die Fragen zu erahnen, die der Orakelbesucher zu stellen wünschte, es fiel ihm auch alsbald die Antwort zu. Die »Quelle in der Höhle des Apollon von Klaros« wird auch von Plinius erwähnt. Die Suche danach hat die moderne Forschung lange auf falsche Wege geführt; man nahm an, sie müsse in einer natürlichen Grotte außerhalb des Tempels entspringen. Bis vor kurzem wurde deshalb eine Höhle hoch oben in einem Seitental des Halesos – ungeachtet ihrer Unzugänglichkeit – für die von den antiken Autoren beschriebene gehalten. 1950 haben jedoch die französischen Ausgräber von Klaros das Rätsel der Lage des Orakels endgültig gelöst. Bei der Freilegung des Tempels, der in den hoch angewachsenen Ablagerungen des Flußes ganz verschwunden war, entdeckten sie, daß in den Fundamenten ein gewölbter Raum mit Brunnen lag, der ganz offenbar der Weissagung diente. Diese Ausgrabung, die nur bei ständigem Abpumpen des Grundwassers durchgeführt werden konnte, war besonders schwierig.

Von der guten Asphaltstraße, die Izmir mit der Küste bei Notion verbindet, zweigt links ein Feldweg ab; er brachte uns nach Klaros. Der ebene Talboden war teilweise angebaut. Das ausgegrabene Gebiet lag brach – ein Labyrinth von Löchern, Gräben und Erdhaufen, auf denen sich Unkraut und spärliches Gestrüpp angesiedelt haben. In den letzten Jahren war das Grundwasser wieder angestiegen und in die Fundamente der freigelegten Bauten eingesickert. Wir hatten indessen das besondere Glück, am Ende eines regenlosen Sommers die Grabung völlig ausgetrocknet vorzufinden. Obwohl die Ruinen jetzt etwas vernachlässigt sind, läßt sich der Plan des Heiligtums gut erkennen.

Den monumentalen Eingang zu Tempelbezirk und Heiligem Hain bildeten dorische Propyläen mit vier Säulen an der Front und zweien an der Rückseite. Da in der Antike die meisten Besucher zu Schiff in Notion ankamen, und sich von dort nach Klaros begaben, befand sich dieser Haupteingang im Süden. Die zum Teil noch erhaltenen Säulen tragen Inschriften, vornehmlich aus römischer Zeit: sie nennen die weitverstreuten Städte Kleinasiens und Europas, die Gesandtschaften zur Orakelbefragung geschickt hatten. Auch die Namen von jungen Sängern sind hier verewigt, die bei Festen zu Ehren des Apollon in Chören mitgewirkt hatten. Die Säulen der Propyläen waren die einzigen antiken Überreste, die bis ins 19. Jahrhundert noch über die Flußablagerung herausragten. Man hielt sie für die Ruine des Apollontempels, bis die französischen Grabungen den wahren Sachverhalt klärten. Heute liegen die Propyläen in einer Ausgrabungsmulde im Schatten spärlicher Bäume.

Westlich davon befand sich eine Säulenhalle, und auf der Ostseite steht eine wohlerhaltene halbkreisförmige ›Exedra‹, eine Steinbank, auf der ermüdete Reisende sich ausruhen konnten, bevor sie sich dem Orakel näherten.

Von den Propyläen führte eine Heilige Straße nach Norden zur Ostfront des Apollontempels. Auf beiden Seiten war sie von kleinen Monumenten, Weihgeschenken und Statuen flankiert, deren Basen vereinzelt noch ›in situ‹ stehen. Vom Tempel sind nur die Grundmauern und der Stylobat erhalten; Cella und Säulenumgang sind bei Erdbeben eingestürzt, die meisten der Werkstücke als Baumaterial verschleppt worden.

Der Apollontempel war ein dorischer Peripteros von klassischen Proportionen mit elf Säulen an den Lang- und sechs an den

Schmalseiten. Er stand auf einem fünfstufigen Fundament aus blauem Marmor. Die Form der noch umherliegenden Kapitelle und Säulenschäfte des Pronaos läßt darauf schließen, daß man mit dem Bau im späten 4. Jahrhundert v. Chr. begann; vermutlich ersetzte er einen älteren Tempel. Die Bauzeit muß sich jedoch über viele Jahrhunderte erstreckt haben, denn eine Inschrift auf dem noch erhaltenen Architrav besagt, daß die Kolonnade unter Kaiser Hadrian vollendet wurde. Die vier obersten Fundamentstufen der Ostfront sind ganz und gar mit Namen von Orakelheischenden, wie auch von Chorsängern bedeckt. Vor der Cella lag eine tiefe Vorhalle; und im Kultraum befand sich eine Gruppe von drei großen Göttergestalten. Gigantische Fragmente dieser Kultbilder liegen noch heute am Westrand der Cella.

Aus den Münzbildern von Klaros geht hervor, daß der Hauptgott Apollon dargestellt war, sitzend zwischen zwei Göttinnen; zweifellos waren dies seine Mutter Leto und seine Schwester Artemis. Die Skulpturenreste im Tempel erweisen sich in der Tat als Bruchstücke von einer männlichen und zwei weiblichen Figuren. Das größte der Fragmente ist etwa 3,50 m lang und muß das linke Bein der Apollonstatue sein. Der Gott saß in einem um Unterkörper und Beine geschlagenen Mantel, hielt einen Lorbeerzweig in seiner Rechten und ließ den linken Arm auf seiner Leier ruhen. Die Statuen dürften aus frühhellenistischer Zeit stammen; ihrer Entstehungszeit und Größe wegen sind diese Bruchstücke von größter Wichtigkeit. Nicht viele originale Kultbilder des 4. Jahrhunderts v. Chr. sind erhalten, und man kann nur hoffen, daß diese kostbaren Fragmente bald vor Witterungsunbilden und Überschwemmungsgefahr beschützt werden. Ihr gegenwärtiger exponierter Zustand gibt zu großer Sorge Anlaß.

Die Orakelkammer mit der ›Quelle‹ wurde in den Fundamenten am Westende des Tempels entdeckt. Der Cellaboden ruht hier auf niedrigen Bogenrippen, die zwei aneinanderstoßende Kellerräume überwölben; diese grottenartigen Räume waren nicht einmal mannshoch. Man erreichte sie durch zwei verwinkelte Korridore in dem aus blauen Marmorblöcken gebauten Fundament. Sie gingen von Treppen am Ostende des Tempels aus. In absichtlich verwirrender Weise mehrfach rechtwinkelig gebrochen, trafen sie einander schließlich. In der ersten der beiden unterirdischen Kammern befanden sich zwischen den Bögen Marmorbänke. Hier wurde auch ein ›Omphalos‹ entdeckt, ein

*88 Klaros. Apollontempel. Fundament, gestürzte Säulentrommeln und Fragmente gigantischer Götterstatuen.*

dem Apollon heiliger, eiförmiger Stein, der den Nabel der Erde symbolisierte. Das Urbild des Omphalos stand in Delphi, dem berühmtesten aller Apollonorakel. In diesem Raum warteten vermutlich der ›Thespiode‹, der Verfasser der Orakelverse, mit den Schreibern, die sie alsbald aufzeichneten. Der Seher selbst mußte durch eine enge Tür in das nächste Gewölbe, das Adyton, treten, um dort von dem Wasser zu trinken, dem die prophetische Kraft innewohnte. Die Ausgräber fanden in diesem Raum ein rechteckiges Wasserbecken, das von einer hohen Brüstung umgeben war. Dies innerste Heiligtum lag genau unterhalb der Kultstatue des Apollon. Die komplizierte und einmalige Anordnung dieser unterirdischen Räume entspricht vollkommen der Beschreibung des Tacitus, und heute besteht somit kein Zweifel mehr, daß dieser Orakelplatz der von ihm erwähnte ist.

Östlich vom Tempel ist ein großer Altar mit zwei Opferstellen für Apollon und Dionysos gefunden worden. Hier, wie in Delphi, genoß dieser Gott neben Apollon besondere Verehrung. In der Nähe des Altars steht eine dem Dionysos geweihte steinerne Sonnenuhr.

Ein kleiner ionischer Tempel mit dazugehörigem Altar ist nordwestlich vom Haupttempel ausgegraben worden. Es fand sich dort auch eine Frauenfigur aus archaischer Zeit mit der Weihinschrift eines Timonax, Sohn des Theodoros, der die Skulptur der Artemis gestiftet hatte. Offenbar gehörte der Tempel also dieser Göttin. Von ihrem Kultbild hat sich nichts erhalten. Es dürfte die steife und dem Organischen fremde Form gehabt haben, die wir von der Ephesischen Artemis kennen; auf Münzen von Kolophon erscheint das klarische Artemisidol mit einem pfeilerartigen Unterkörper und einem hohen Polos auf dem Kopf, der charakteristisch für diese anatolische Erscheinungsform der Göttin ist.

Daß dies Heiligtum schon im 6. Jahrhundert v. Chr. existierte, ist nicht nur durch das Weihgeschenk des Timonax erwiesen, sondern auch durch andere archaische Votivgaben, wie zum Beispiel die eines Mannes mit einem Opferkalb, jetzt im Museum von Izmir. Unter den am Ort verbliebenen Weihgeschenken besitzt ein Inschriftenpfeiler südlich vom Apollonaltar besonderes historisches Interesse: die Inschrift nennt Quintus Tullius Cicero, den Bruder von Cicero, der von 61 bis 59 v. Chr. die Provinz Asien verwaltete. In der Nähe davon steht ein prachtvoll gemei-

*89 Klaros. Steinerner Thron mit reliefgeschmückten Seitenlehnen.*

ßelter steinerner Thron, dessen Fußteil mit Blütenranken geschmückt ist; die Armlehnen haben die Form von geflügelten Schlangen.

Der Halesos mündet in die weite Bucht von Kuşadası. Auf einem steilen Doppelhügel an seinem linken Ufer liegen die Ruinen von Notion, nur wenige Autominuten von Klaros entfernt. Herodot zufolge war Notion äolisch und als südlichste der ursprünglich zwölf äolischen Städte ganz von Ioniern umgeben. Ihre Lage verband militärische mit wirtschaftlichen Vorzügen: der Hügel ließ sich leicht verteidigen, die Flußmündung gewährte neben einem Hafen auch die Verbindung zum Hinterland. Das reiche ionische Kolophon hing von Notion als dem Export- und Kriegshafen ab, und in der Frühzeit, während derer Kolophon blühte, muß auch Notion an diesem Wohlstand teilgehabt haben. Als beide Städte an die Perser fielen, wird ihr Reichtum gleichermaßen gelitten haben. Der Peloponnesische Krieg entzweite dann die Städte; das dauerte bis in die Alexanderzeit. Parteikämpfe innerhalb der Bürgerschaften führten dazu, daß Perserfreunde in Kolophon ans Ruder kamen, während sich in Notion zunächst eine persische und eine athenische Partei gegenüberstanden, bis die Stadt endlich wieder ganz zur athenischen Sache zurückkehrte. In hellenistischer und römischer Zeit erging es Notion etwas besser als ihrer vormals so mächtigen Nachbarin, und schließlich übernahm die Stadt sogar den Namen von Kolophon.

Der Strand von Notion, allzu leicht von Izmir aus zu erreichen, ist bereits von ›Entwicklung‹ bedroht; schon entstellen einige Lokale und Ferienhäuschen die reine Kurve der Sandküste, die sich zwischen den flankierenden Hügelketten erstreckt. Wir ließen den Wagen dort stehen und liefen an einem mit Brackwasser gefüllten Graben entlang, der vielleicht ein Rest des antiken Hafens ist. Er endet landeinwärts unter dem steilen Westabfall des Stadthügels. Auf den schon abgeernteten Feldern hier im Tal wuchs nur noch Mandragora mit den runden, gelben Früchten in gekräuselten Blattrosetten. Am Ende des Grabens öffnet sich nach Osten ein Seitenarm des Halesostales; es schneidet den Doppelhügel von Notion von den das Flußtal begleitenden Bergketten ab. Auf dem Nordhang dieses Seitentales liegt die Nekropole der Stadt.

Wir wendeten uns wieder süd- und meerwärts und erklommen den steilen Stadtberg. Teile der hellenistischen Stadtmauer sind auf der Südwest- und Nordostseite noch recht gut erhalten. Diese Quadermauern haben in regelmäßigen Abständen vorspringende, rechteckige Türme; an verschiedenen Stellen sind spätere Reparaturen erkennbar. Der Mauerring verläuft hoch am Hügelrand entlang und folgt getreu den Umrissen der beiden ins Meer hinausreichenden Vorgebirge.

Auf dem höchsten Punkt des westlichen Stadthügels liegen die dürftigen Reste eines kleinen, der Athena Polias geweihten Tempels. Er ist 1921 von französischen Archäologen ausgegraben worden. Es war ein korinthischer Bau auf dreistufigem Fundament, der aus hadrianischer Zeit stammt. Fragmente seines Frieses zeigen, daß er mit Lorbeergirlanden verziert war, die von Stierköpfen herabhingen. Der Bau hatte einen Altar vor der Ostfront und stand – merkwürdigerweise nicht axial ausgerichtet – innerhalb eines rechteckigen dorischen Portikus. Heute sind nur noch ein paar Grundmauern und wenige Säulentrommeln unter Sträuchern zu erkennen.

In dem Sattel zwischen dem westlichen und östlichen Stadthügel kann man die Fundamente eines Marktplatzes ausmachen. Auf seiner Ostseite sprang ein kleiner viereckiger Bau vor, in dessen Innerem auf drei Seiten gestufte Bänke umliefen. Diese Anordnung von Sitzstufen erinnert an den Plan des Rathauses von Priene und läßt vermuten, daß auch der Bau in Notion ein ›Bouleuterion‹ war.

Noch weiter östlich, jenseits der engsten Stelle des Stadtgebietes, liegt ein kleines Theater in den Hang gebettet. Der Zuschauerraum blickt nach Westen; er ist von Gestrüpp überwuchert und bisher noch nicht ausgegraben worden. Soweit man sehen kann, dürfte das Theater aus hellenistischer Zeit stammen. Die Reste des Bühnenhauses zeugen von einem Umbau in der römischen Epoche. Nahe der hier gut erhaltenen Stadtmauer befand sich – südöstlich vom Theater und heute kaum mehr kenntlich – ein weiterer Marktplatz.

So unbedeutend die Ruinen von Notion sein mögen, ihre Lage und die Aussicht von der Höhe lohnen den Aufstieg, sind überwältigend. Von hier oben gesehen scheinen die beiden Vorgebirge des Stadthügels wie zwei gekoppelte Schiffe, die in den Golf von Ephesos hinaussegeln. Jenseits des vom Meltemi silbrig gerauhten Golfs liegt die Landzunge von Kuşadası und dahinter der lange Kamm der Mykale-Halbinsel in immer blasseren Schattierungen von Fernblau. Zwischen beide schiebt sich von Westen die bewaldete Silhouette von Samos. An dieser Stelle berühren sich Kleinasien und Griechenland beinahe. Von unserem Aussichtspunkt aus wirkten die einander überschneidenden Kaps und Inseln wie eins. Das schenkte uns die tröstliche Illusion von Einheit: jener Kultureinheit im Geben und Nehmen, die uns an den antiken Stätten immer wieder begegnet war. Im Süden, verborgen von diesem großen Panorama, liegen Karien und Lykien: das Land der Chimaira. Es war das Ziel unserer Reise gewesen und wird uns immer zum Wiederkehren verlocken.

## Aussprache türkischer Buchstaben

c = dsch (wie italienisch ›giorno‹)
ç = tsch (wie ›Tscheche‹)
ğ = gehauchter Zwischenlaut zwischen g und j; z.B. norddeutsch ›sagen‹
ı = dumpf und kurz gesprochen, zwischen e und ü
j = weiches sch wie ›Jacques‹ oder ›Garage‹
s = scharf und stimmlos wie ›Kuß‹ oder ›Riß‹
ş = sch wie ›Schiller‹
v = w
y = j
z = stimmhaftes s wie ›Reise‹ oder ›Saat‹

## Erklärung der Fachworte

| | |
|---|---|
| Adyton | das ›Unbetretbare‹; abgeschlossener, nur dem Priester zugänglicher Raum im Tempel |
| Agora | Marktplatz; Mittelpunkt öffentlichen Lebens |
| Akropolis | ›Hochstadt‹; auf Berg oder Hügel gelegener Teil einer Stadt, als Burg befestigt für Verteidigungsfall |
| Akroter | figürliche oder ornamentale Plastik als Bekrönung der Giebelspitze(n) und -ecken |
| Ante | verlängerte Cellaseitenwand, die beidseitig an der Cellafront bzw. auch an der Rückseite vortritt; Wandenden sind pfeilerartig verstärkt und tragen eigenen Kapitelltyp |
| Apsis | halbrunder, meist mit Halbkuppel überwölbter Raum als Anbau an Hauptraum oder Eintiefung in eine Wand |
| Architrav | waagerecht liegender, rechteckiger Steinbalken (früher auch Holz) über Säulenstellung; trägt Oberbau des Tempels; unterer Teil des → Gebälks |
| Basilika | langgestreckter Rechteckbau, gewöhnlich mit je einem oder je zwei Seitenschiffen neben höherem Mittelschiff; in römischer Zeit Sitz von Börse und Gericht |

| | |
|---|---|
| bekçi | türkisches Wort für Wärter, Aufseher |
| Bema | Altar, Altarraum |
| Bouleuterion | Gebäude der Ratsversammlung, Rathaus |
| Cavea | muschelförmiger Zuschauerraum des ungedeckten antiken Theaters |
| Cella | Hauptraum des Tempels, Ort für das Kultbild |
| Diazoma | Umgang zwischen höher und tiefer liegenden Sitzreihen des griechischen Theaters |
| Exedra | nach oben offener Bau auf halbrunder oder polygonaler Basis; auch halbrunde Ausbuchtung am Säulengang eines Baus |
| Exonarthex | dem → Narthex vorgelegte äußere Vorhalle einer Kirche |
| Fries | im allgemeinen: schmaler horizontaler Streifen zur Gliederung oder Dekoration von Architekturteilen; glatt, plastisch oder bemalt; an Tempeln: mittlerer Teil des → Gebälks |
| Gebälk | horizontaler Überbau einer Säulenordnung; gliedert sich in → Architrav, → Fries und → Geison |
| – | alle zur Decken- und Dachkonstruktion gehörenden Balken |
| Geison | vorkragendes Kranzgesims; oberer Teil des → Gebälks; Schräggeison: Gesims über Giebelschrägen |
| Giebel | dreieckiger Wandteil am Ende eines Firstdaches; bestehend aus Giebelfeld und Schräggeison (→ Geison) |
| Gerontikon | Sitz des Ältestenrates einer griechischen Stadt |
| Heroon | Kult-, meist auch der Grabbau eines ›Heros‹, dem als Sterblichem göttliche Verehrung zuteil wird |
| isodomes Mauerwerk | mit gleichhohen Quaderlagen geschichtet |
| Kapitell | Bekrönung der Säule, des Pfeilers |
| Karyatide | Mädchenstatue, anstelle einer Säule → Gebälk abstützend |
| Metope | rechteckige Platte, glatt, bemalt oder reliefgeschmückt; im Wechsel mit → Triglyphen Teil des → Frieses am dorischen Tempel |

| | |
|---|---|
| Monolith | Bauelement oder Monument aus einem einzigen Steinblock |
| Narthex | Vorhalle einer Kirche |
| Nymphäum | ursprünglich: Kammer, auch Grotte, durch die Wasser floß; den Nymphen heilig. In römischer Zeit: öffentliche, architektonisch reich ausgestaltete Brunnenanlage |
| Odeon | ganz oder teilweise überdachter Bau für Konzert und Vortrag; dem Theater verwandtes Bauwerk |
| Omphalos | ›Nabel‹; halbkugeliger Stein; ›Nabel der Welt‹ im Apollon-Heiligtum zu Delphi; in Anlehnung daran auch in anderen Apollon-Heiligtümern. |
| ›opus sectile‹ | zugeschnittene, farbige Marmorplatten, in Mustern verlegt; Verkleidung von Fußböden und Wandteilen |
| Orchestra | kreisrunder Tanzplatz im griechischen Theater; halbkreisförmig der Bühne vorgelagert im römischen Theater |
| Orthostat | hochkant gestellter Quader, bildet in Reihung unterste Mauerschicht |
| Palästra | Bauanlage für sportliche Übungen; meist in Verbindung mit Gymnasion |
| Parodos | Zugang beiderseits der Bühne zu → Orchestra und Zuschauerraum (→ Cavea) |
| Peripteros | Ringhallentempel; rings von Säulenhalle(n) umgebener Tempel |
| Podium | erhöhter Unterbau für ein Bauwerk römischer Stilrichtung |
| – | durchlaufende, Säulen tragende Grundfläche |
| Pronaos | an → Cella anschließende Vorhalle |
| Propyläen, Propylon | Toranlage, Torbau zu umgrenztem Tempelbezirk oder zu monumentalem Baukomplex |
| Proskenion | die vor der → Skene gelegene Bühne eines Theaters |
| Protome | Oberteil einer Menschen- oder Tierdarstellung (Kopf, Kopf mit Hals, Kopf mit Oberkörper) |
| ›scaenae frons‹ | Fassade des Bühnenhauses (→ Skene), zugleich Hintergrundwand (Kulisse) auf der dem → Proskenion zugewandten Seite |

| | |
|---|---|
| Skene | Bühnenhaus |
| Sima | aufgebogener Dachrand über dem → Geison, Rinnleiste zur Ableitung des Regenwassers |
| Stadion | Rennbahn, Laufbahn |
| Stele | aufgerichtete Platte, auch freistehender Pfeiler als Denk- oder Grabmal; kann mit Bemalung, Relief, Inschrift versehen sein |
| Stoa | langgestreckte Halle mit Säulenstellung zur einen, geschlossener Rückwand zur anderen Langseite |
| Sturz | horizontaler Holz- oder Steinbalken, der Tür- oder Fensteröffnung nach oben abschließt |
| Stylobat | oberste Stufe des griechischen Tempelfundamentes, Standfläche der Säulen |
| Temenos | umgrenzter Bereich eines Heiligtums, ›Heiliger Bezirk‹ |
| Triglyphe | ›Dreischlitz‹; Platte mit zwei vollen und zwei halben senkrechten Kerben (diese an Seitenkanten); plastisch vortretendes Element des Frieses am dorischen Tempel, schließt → Metope zu beiden Seiten ein |
| Zahnschnitt | Schmuckband aus rechtkantigen Klötzchen, ›Zähnen‹, die in engem Abstand unterhalb des → Geisons plastisch vor die Flucht des → Frieses treten. Motiv leitet sich ab von an frühen Bauten sichtbaren Enden der hölzernen Deckenbalken |
| zyklopische Mauer | in frühgeschichtlicher Zeit aus unbehauenen Steinblöcken errichtet |

# Bibliographie

(In chronologischer Reihenfolge des Erscheinens)

R. CHANDLER, Travels in Asia Minor 1764-1765. Herausgegeben und bearbeitet von Edith Clay. Britisches Museum, London 1971

COUNT CHOISEUL GOUFFIER. Voyage pittoresque de la Grèce. Bd. 1, Paris 1782

L. MAYER, Views in the Ottoman Empire, chiefly in Karamania, a part of Asia Minor hitherto unexplored. London 1803

J. VON HAMMER (VON HAMMER PURGSTALL), Topographische Ansichten gesammelt auf einer Reise in die Levante. Wien 1811

F. BEAUFORT, Karamania or a brief description of the coast of Asia Minor and of the remains of antiquity, 1811-1812. London 1818

C. R. COCKERELL, Journal of Travels in Southern Europe and the Levant. Edited by Samuel Pepys Cockerell. London 1903

R. WALPOLE, Travels in various countries of the East. London 1820

W. M. LEAKE, Journal of a Tour of Asia Minor. London 1824

C. TEXIER, Description de l'Asie Mineure faite par l'ordre du Gouvernement Français de 1833 à 1837. Paris 1849

C. FELLOWS, A Journal written during an excursion in Asia Minor. London 1839.

– Discoveries in Lycia. London 1841

T.A.B. SPRATT and E. FORBES, Travels in Lycia, Milyas and the Cibyratis. 2 Bde. London 1847

C.T. NEWTON, Discoveries at Halicarnassus, Cnidus and Branchidae. 2 Bde. London 1862

O. BENNDORF und G. NIEMANN, Reisen in Lykien und Karien. Wien 1884

E. PETERSEN und F. VON LUSCHAN, Reisen im südwestlichen Kleinasien. Wien 1889

KARL GRAF LANCKOROŃSKI unter Mitwirkung von G. NIEMANN und E. PETERSEN, Städte Pamphyliens und Pisidiens. 2 Bde. Wien 1890 und 1892

O. BENNDORF, G. NIEMANN, Das Heroon von Gjölbashi-Trysa. Wien 1890

E. KALINKA, Bericht über zwei Reisen im südwestlichen Kleinasien. Denkschrift der Kaiserlichen Akademie der Wissenschaften in Wien XLV, I. 1890

– Tituli Asiae Minoris, Bd. I. Tituli Lyciae lingua Lycia conscripti. Wien 1901

C. HUMANN, Altertümer von Hierapolis. Berlin 1898

W. VON DIEST, Nysa ad Maeandrum. Berlin 1913

TH. WIEGAND, Der Latmos. Berlin 1913

F. EICHLER, Die Reliefs des Heroon von Gjölbashi-Trysa. Wien 1950

FREYA STARK, The Lycian Shore. London 1956

– Alexander's Path. London 1958

J.M. COOK, The Greeks in Ionia and the East. London 1962

G.E. BEAN, Aegean Turkey. London 1966

– Turkey's Southern Shore. London 1968

– Turkey beyond the Maeander. London 1971

P. DEMARGNE, Fouilles de Xanthos. Bd. I. Les piliers funéraires. Paris 1958

H. METZGER, Fouilles de Xanthos. Bd. 2. L'acropole Lycienne. Paris 1963

P. COUPEL et P. DEMARGNE, Fouilles de Xanthos. Bd. 3. Le Monument des Nereides. Paris 1969

W. RADT, Siedlungen und Bauten auf der Halbinsel von Halikarnassos. Beiheft 3 der Istanbuler Mitteilungen. 1970

E. AKURGAL, Ancient Civilizations and Ruins of Turkey. Istanbul 1970

J. BORCHHARDT, Myra. Istanbuler Forschungen 30. Berlin 1974;

– Die Bauskulptur des Heroons von Limyra. Das Grabmal des Lykischen Königs Perikles. Istanbuler Forschungen 32. Berlin 1976

## Verzeichnis der Farbtafeln, Abbildungen, Pläne und Karten

Das Britische Museum gestattete die Wiedergabe von Zeichnungen und Aquarellen zweier Künstler, die in der ersten Hälfte des vorigen Jahrhunderts die in diesem Buch behandelten Landschaften bereist und ihre Eindrücke so genau wie einfühlsam wiedergegeben haben. Es sind dies zum Teil Erstveröffentlichungen von Arbeiten von:

*George Scharf d.J.*, englischer Maler, Zeichner, Radierer, Kunstschriftsteller; in London am 16.12.1820 geboren und dort am 19.4. 1845 gestorben. Er war Sohn und Schüler des aus Mainburg (Bayern) stammenden George Scharf d.Ä. (1788-1860), der sich 1816 als Maler und Lithograph in London niedergelassen hatte. In jungen Jahren begleitete er 1843 die von Sir Charles Fellows geführte Expedition nach Syrien und Kleinasien.

*William James Müller*, Landschafts- und Figurenmaler; geboren 28.6.1812 und gestorben 8.9.1845 in Bristol als Sohn des aus Deutschland stammenden Direktors des Museums in Bristol. Die dem Buch beigefügten Aquarellskizzen entstanden 1843/44 auf einer Reise nach Lykien.

*Die Farbtafeln*


I Knidos. Geländeterrassen der antiken Stadt über dem ›Handels‹-Hafen (links) und dem ›Trieren‹Hafen (rechts). (Aufnahme Gerhard Klammet) 49

II Lykische Felsgräber bei Pinara. (Aquarell von William James Müller. 1843) 64/65

III Tlos. Lykische Felsgräber unter der Zitadelle. (Aquarell von William James Müller. 1844) 97

IV Das Xanthos-Tal bei der antiken Stadt Xanthos. Blick nach Norden. (Aquarell von William James Müller. 1843/44) 104/105

V Xanthos. Die ›Römische Akropolis‹, rechts das ›Löwengrab‹, im Hintergrund das Pfeilergrab. (Aquarell von William James Müller. 1843/44) 128/129

VI Myra. Lykische Felsgräber in der Meer-Nekropole. (Aufnahme Gerhard Klammet) 152/153

VII Xanthos. Lykisches Grabhaus zwischen den Stufen des römischen Theaters. (Aquarell von William James Müller. 1843) 225

*Auf dem Umschlag*

Das ›Wassergrab‹ in der Bucht von Fethiye-Telmessos. (Aquarell von William James Müller. 1843/44)

*Abbildungen*

*1* Bellerophon, auf dem Pegasos reitend, im Kampf gegen die Chimaira. Melisches Terrakottarelief. (Um 470/460 v. Chr. Höhe 12 cm)
*2* Felseninsel im Bafa-See.
*3* Herakleia am Latmos. Athenatempel.
*4* Euromos. Der Tempel des Zeus.
*5* Milâs. Römisches Stadttor.
*6* Labraynda. Blick auf eine Tempelterrasse.
*7* Milâs. Karisches Grabmonument (›Gümüşkesen‹).
*8* ›Han‹ in Milâs.
*9* Blick über Bodrum-Halikarnassos und das Kastell St. Peter.
*10* Bodrum-Halikarnassos. Das ›Mausoleum‹. Rekonstruktion der Ostansicht (nach Krischen).
*11* Mausolos. Marmorstatue. (Um 350 v. Chr. Höhe 3 m)
*12* Kampf zwischen Griechen und Amazonen. Reliefplatte eines Marmorfrieses am Mausoleum.
*13* Bodrum-Halikarnassos. Die am Kastell von St. Peter verbaute Reliefplatte des Amazonenfrieses vom Mausoleum.
*14* Aphrodite von Knidos. Antike Kopie im Museo Vaticano, Rom. Nach verschollenem Original (um 350 v. Chr.) des Praxiteles.
*15* Die Göttin Demeter von Knidos. Marmorstatue. (Um 340 v. Chr.).
*16* Marmorlöwe vom ›Löwengrab‹, nahe von Knidos.
*17* Kaunos. Felsgräber.
*18* Telmessos. Lykische Felsgräber. (George Scharf)
*19* Pfeiler-Grab in Xanthos, ›Römische Akropolis‹. (Ausschnitt nach Charles Fellows)
*20* Grabhaus mit flachem Dach in Xanthos, Lykische Akropolis. (George Scharf, Ausschnitt)
*21* Sarkophag mit Spitzbogendach in Atiphellos. (George Scharf, Ausschnitt)
*22* Fassade eines ionischen Antentempels; Grab des Amyntas in Telmessos. (Ausschnitt nach Charles Texier)
*23* Lykischer Sarkophag (›Wassergrab‹) in der Bucht von Fethiye-Telmessos. (Aquarell von William James Müller)
*24* Fethiye-Telmessos. Felsgrab des Amyntas. Fassade eines ionischen Antentempels.
*25* Letoon. Blick über die Fundamente dreier hellenistischer Tempel.
*26* Pinara. Der Felsblock der Akropolis. (Zeichnung von George Scharf)
*27* Pinara. Blick auf das größere der Theater, im Hintergrund die Xanthos-Ebene, darüber die Kette des Massikytos-Massivs.

*28* Pinara. Lykisches Felsgrab. Das Spitzbogendach krönen über der Sarkophag-Schmalseite aus dem Fels geschlagene Hörner und Ohren eines Stierschädels.

*29* Pinara. Rechts das Felsgrab mit Reliefs der Stadtansichten; links Schnitt durch den Vorraum. (George Scharf)

*30* Tlos. Die Zitadelle. Im Hintergrund die Akropolis von Pinara. (Aquarell von William James Müller, 1844)

*31* Tlos. Das ›Grab des Bellerophon‹. (George Scharf)

*32* Grabmal des Izraza. (Nach einem Abguß im Britischen Museum)

*33* Xanthos. Blick nach Süden über das Xanthostal und auf das Stadtgebiet, von der ›Römischen Akropolis‹ aus gesehen. (George Scharf)

*34* Xanthos. Torbogen des Vespasian. (George Scharf)

*35* Xanthos. Lykische Grabdenkmäler: rechts das Harpyiengrab, ein 5 m hoher Monolithpfeiler mit von Reliefplatten geschmückter Grabkammer; links Sarkophag auf hohem Unterbau (George Scharf)

*36* Xanthos. Siehe Abb. 35, von den Sitzstufen des römischen Theaters gesehen.

*37* Xanthos. Marmorrelief von der Nordseite des Harpyiengrabes.

*38* Kämpfende Hähne und Hennen. Detail aus dem Kalksteinfries an einem Heroon in Xanthos.

*39* Begräbnisprozession. Kalksteinfries von einem Heroon in Xanthos.

*40* Xanthos. Pfeiler mit Inschriften vom Grab des Khäräi. (George Scharf)

*41* Lykische Münze mit dem Porträt des Khäräi.

*42* Xanthos. Das Fundament des Nereidenmonuments. (George Scharf)

*43* Fassade des Nereidenmonuments. Rekonstruktion im Britischen Museum.

*44* Nereidenmonument. Nereide.

*45* Nereidenmonument. Kampfszene vom unteren, den Sockel umlaufenden Marmorfries.

*46* Nereidenmonument. Ein lykischer Fürst empfängt Gesandte. Reliefplatte vom oberen, den Sockel umlaufenden Marmorfries.

*47* Xanthos. Das ›Löwengrab‹. (George Scharf)

*48* Sarkophag des Payava. (George Scharf)

*49* Zwei lykische Krieger. Relief vom Grab des Payava. (Südseite).

*50* Reliefgeschmücktes Spitzbogendach vom Sarkophag des Merehi.

*51* Xanthos. Sarkophag des Merehi. (George Scharf)

*52* Xanthos. Relief tanzender Mädchen im Giebel vom ›Sarkophag der Tänzerinnen‹.

*53* Patara. Römisches Stadttor.
*54* Kaş-Antiphellos. Sarkophag auf hohem Sockel.
*55* Kyaneai. Lykische Nekropole am Berghang.
*56* Tempelgrab nahe bei Myra. Frontansicht (Nordseite).
*57* Tempelgrab nahe von Myra. Süd- und Ostseite.
*58* Myra. Fluß-Nekropole. Giebelrelief des ›Löwengrabes‹.
*59* Myra. Fluß-Nekropole. Rekonstruktion des ›Löwengrabes‹. (Gezeichnet von Charles Texier)
*60* Myra. Reliefgeschmückte lykische Felsgräber. (George Scharf)
*61* Myra. Aus dem Fels geschnittene Grabreliefs der Meer-Nekropole.
*62* Lykische Münze mit dem Porträt des Königs Perikle.
*63* Limyra. Flachrelief einer Familienszene an einem Felsgrab.
*64* Limyra. Grabmal des Chñtabura, Westseite.
*65* Limyra. Relief auf der Westseite des Chñtabura-Sarkophags.
*66* Limyra. Das Heroon nach der Freilegung 1969 mit Fragmenten des Westfrieses.
*67* Limyra. Eine Karyatide vom Heroon.
*68* Limyra. Reitergruppe aus dem Ost-Fries des Heroon.
*69* Limyra. Das Heroon auf der Akropolis.
*70* Limyra. Akropolis. Aus dem Fels geschlagene ›Behälter‹ mit rechteckiger Öffnung.
*71* Limyra. Blick von der Akropolis auf Stadtmauer und Theater.
*72* Antalya. Das Yivli Minarett. Blick über die Altstadt nach NW zu den lykischen Gebirgsketten.
*73* Antalya. Römisches Mausoleum, allgemein ›Hıdırlık Kulesı‹ genannt.
*74* Antalya. Hadrianstor.
*75* Termessos. Das Propylon.
*76* Termessos. Das hellenistische Theater. Im Hintergrund der Gipfel des Solymos.
*77* Termessos. Felsgrab des Alketas, Felsrelief eines Reitenden.
*78* Ruinen der antiken Bergstadt Sagalassos, rechts im Tal der heutige Ort Ağlasun.
*79* Hierapolis-Pamukkale. Kalksinterterrassen.
*80* Hierapolis-Pamukkale. Sarkophag und Kuppelgräber in der Nord-Nekropole.
*81* Hierapolis-Pamukkale. Domitianstor.
*82* Hierapolis-Pamukkale. Plutonium.
*83* Hierapolis-Pamukkale. Das römische Theater, kurz vor der Restaurierung aufgenommen. Architekturfragmente der ›scaenae frons‹
*84* Hierapolis-Pamukkale. Siehe Abb. 83. Blick auf Orchestra und ›scaenae frons‹.

*85* Hierapolis-Pamukkale. Grabhaus, von Kalksinterablagerungen eingeschlossen.
*86* Nysa. Das Theater.
*87* Nysa. Die Ruine der Bibliothek.
*88* Klaros. Apollontempel. Blick über Fundament, gestürzte Säulentrommeln und Fragmente gigantischer Götterstatuen.
*89* Klaros. Steinerner Thron mit reliefgeschmückten Seitenlehnen.

*Pläne*

Bodrum-Halikarnassos S. 31
Knidos S. 52
Pinara S. 88
Xanthos S. 106
Patara S. 135
Myra S. 148
Limyra S. 167
Termessos S. 198
Hierapolis S. 216
Nysa S. 231

*Karten*

Die Stammeslandschaften Kleinasiens 268/269
Lykien 270/271
Die südwestliche Türkei nach S. 272

# Nachweis der Farbtafeln, Abbildungen, Pläne und Karten

## *Farbtafeln und Abbildungen*

Gerhard Klammet, Bildautor des Bandes: Dimitriou/Klammet, Die Türkische Westküste, Wien/Frankfurt a. M., 1976, stellte freundlicherweise folgende Aufnahmen aus seinem Archiv für dieses Buch zur Verfügung: Farbtafeln I und VI; Abbildungen 2-7, 9, 13, 17, 24, 25, 27, 28, 36, 53, 54, 55, 61, 63, 72, 74-88.

Dem Britischen Museum, London, ist zu danken für die Vorlagen zu den Farbtafeln II, III, IV, V, VII, für den Buchumschlag und zu den Abbildungen 1, 12, 15, 16, 18, 20, 21, 23, 26, 29-35, 37, 38-51, 58, 62.

Das Deutsche Archäologische Institut, Istanbul, überließ Aufnahmen für die Abbildungen 56 (Foto W. Schiele), 57 (Foto D. Johannes), 58 (Foto D. Johannes), 64, 65, 66, 67 (Foto W. Schiele), 68, 69.

Aus dem Bildarchiv Hirmer, München, stammen die Aufnahmen für die Abbildungen 11, 14.

Weitere Quellen: (Abb. 10) nach F. Krischen, Weltwunder der Baukunst, Tübingen 1956. – (Abb. 19) nach Ch. Fellows, Ein Ausflug nach Kleinasien und Entdeckungen in Lykien (dt. Ausg.), Leipzig 1853. – (Abb. 22) nach Ch. Texier, Asie Mineure. Description géographique, historique et archéologique, Paris 1862. – (Abb. 59) nach Ch. Texier, Description de l'Asie Mineure, Bd. III, Paris 1849. – (Abb. 73) nach K. Graf Lanckoroński, Städte Pamphyliens und Pisidiens, Bd. I, Wien 1890.

Alle anderen Aufnahmen stammen von Denys und Sybille Haynes.

## *Pläne*

Neuzeichnungen von Peter Langemann nach folgenden Unterlagen: (S. 31) G. E. Bean, Turkey beyond the Maeander, 1971. – (S. 52) siehe I. Love in: American Journal of Archaeology, 1968. – (S. 88) E. Kalinka, Tituli Asiae Minoris, Bd. II, 1930. – (S. 106) P. Demargue, Fouilles de Xanthos, Bd. I, 1958. – (S. 148) J. Borchhardt, Myra, 1975. – (S. 216) K. Graf Lanckoroński, Städte Pamphyliens und Pisidiens, Bd. II, 1890. – (S. 135) (S. 198) (S. 231) E. Akurgal, Ancient Civilisations and Ruins of Turkey, 1973.
(S. 167) Wolfgang Wurster zeichnete den Plan in: J. Borchhardt, Limyra, 1976.

## Karten

gezeichnet von Alfred Beron.

# Register


Acharaka 238
  Charonium 238
  Tempel 238
Acı Gölü, See 212
Ağlasun (Sagalassos) 210, 212
  Nekropole 212
  Tempel des Antoninus Pius 212
    des Apollon Klarios 212
  Theater 212
Aiakos 169, 172
Ak Dağ *siehe* Massikytos
Ak Han 213
Alaca Dağ 150, 163f., 173f.
Alâ-et-Tin Kaykobat 190
Ales (Halesos), Fluß 239f., 245
Alexander der Große 165, 192 200, 208, 210
Alketasgrab 205-208
Amazonen 37, 38, 42
Amyntasgrab 72
Andriake 138, 151
Antalya (Attaleia) 188-195
  Altstadt 192-195
  Hadrianstor 196
  Kesik Minare 193
  Medrese 190
  Moschee, Museum 190
  Museum 125, 178, 190
  Röm. Mausoleum (Hıdırlık Kulesı) 194, 195
  Stadtmauer 188, 193
  Türbe 190
  Yivli Minare 190, 192
Antigonos 208
Antikragos (Baba Dağ) Gebirge 66, 84, 102
Antiochos I. Soter 230
Antiphellos *siehe* Kaş
Antoninus Pius,
  Tempel in Ağlasun 212
Aphrodisias 228
Aphrodite
– Euploia, Tempel in Knidos 48, 53
– von Knidos, Statue des Praxiteles 48, 53, 55, 58
Apollon
– Karneios, Tempel in Knidos 55
– Klarios, Tempel in Klaros 240-244
– Klarios, Tempel in Salagassos 212
– Patroon, Tempel in Patara
–, triopischer; Heiligtum bei Knidos 47
– Tempel in Hierapolis 222
– Tempel im Letoon 78, 79
Araxa 75
Aristodemos 230
Arkesimas 79
Arñna (Xanthos) 107
Arrian 192
Artemidoros, C. Julius 55
Artemis 204, 224
– Statue in Klaros 242
– Tempel in Klaros 244
– Tempel im Letoon 81
Artemisia 34, 36, 39
Arttum̃pura 123
Arykanda 185
Arykandos (Başgöz Çay), Fluß 164, 182, 184
Athen
  Erechtheion 175
  Parthenon 120
  Tempel der Athena Nike 175

Athena
– Polias, Tempel in Notion 246
– Altar der A. in Knidos 54
– Tempel in Herakleia 15
Athymbra (Nysa) 230
Attaleia *siehe* Antalya
Attalos II. von Pergamon 188, 205
Attalos III. von Pergamon 217
Autophradates, Satrap 81, 126, 130
Avlan Göl 185
Aydin-Massiv 230

Baba Dağ *siehe* Antikragos
Bafa, Dorf 13
Bafa Gölü (Bafa-See) 11, 12, 13
Insel im See 13, 16
Başgöz Çay (Arykandos), Fluß 164, 182, 184
Basileos Kaunios 63, 79, 81
Bayindir, Dorf 186
Bean; Prof. G.E. 48, 136, 187
Beaufort, Kapitän F. 136, 188
Belevi, Mausoleum 118
Bellerophon 9, 77, 100, 131, 149, 199
Grab in Tlos 99
Benndorf, Otto 66
Beş Parmak Dağ *siehe* Latmos
Bodrum *siehe* Halikarnassos 30-32, 34, 39-44
Kastell St. Peter 32, 41-43
Museum 41, 42
Borchhardt, Dr. J. 166, 169, 172, 173, 177, 183, 192
Boreas 118
Bryaxis 35
Bubon 75
Burdur
Museum 210
See von B. 212

Caesar, Caius 183
–, Gajus Julius 55
Çal Dağ 214
Canning, Sir Stratford 35
Cassius Dio 222
Cerveteri 218
Chandler, Richard 18, 26
Chelidonia, Kap 41, 163, 174, 182, 192
Chimaira 9, 77, 99, 131, 149, 199
Choiseul-Gouffier, Graf 66
Christodoulos, Abt 11
Chrysaor 186
Cicero, Quintus Tullius 244
Cockerell, C.R. 165
Cook, Professor J.M. 48
Cortona 218
Coupel, Pierre 116
Çubuk Boğaz, seldschukischer Han bei, 209
Cumovasi 239

Dalaman Çay (Indos), Fluß 63
Dalton, Richard 35
Delos 15, 137
Delphi 47, 48, 244
Demargne, Professor P. 116
Demeter
– Anteia, Tempel in Kolophon 239
– Heiligtum in Knidos 56, 58
– von Knidos, Statue 58
Demre (Myra) 146-162
Akropolis 156
Nekropolen 157, 160
Nikolaoskirche 154-156
Röm. Thermen 160
Tempelgrab 151, 154
Theater 160
Demre Çay (Myros), Fluß 146, 149, 150, 154, 163

Demre-Plateau
Lykische Städte, Sarkophage und Felsgräber 146-149
Denizli 213, 230
Dilettanti, Society of, 12, 18, 48, 51, 53
Diodor 208
Dionysos
– Altar in Klaros
– Reliefs mit mythischen Szenen, Theater in Hierapolis 224
– Tempel in Knidos
Dioskuren (Kastor und Polydeukes) 118
Domitian, Kaiser, Ehrenbogen in Hierapolis 217, 221
Dorer 32, 42
Dorische Hexapolis 47
Dorische Pentapolis 47
Dumanlı Dağ 140
Dupont-Sommer, Prof. A. 79
Düver 96

Elmalı 185
Elmalı Dağ 166, 185
Endymion 14
Ephesos 118, 239, 247
Bibliothek des Celsus 235
Eşen (früher Kestep) 78
Eskihissar *siehe* Stratonikeia
Eudoxos 48
Eumenes II. von Pergamon 217
Euromos 18-21
Agora 20
Karische Gräber 20, 21
Tempel des Zeus Lepsynos 18, 20
Theater 20
Thermen 20

Fellows, Sir Charles 84, 86, 93, 99, 101, 103, 111, 114, 116, 124, 125, 131, 157, 165, 169
Fethiye (Telmessos) 63-75, 99, 164
Akropolis 74
Amyntasgrab 72
Museum 67, 102
Nekropolen 66, 72
Theater 66, 67
Typen lyk. Grabbauten 67-71
Fineka, Kap 150
Finike (Phoinikos) 164
Forbes, E. 86, 93, 101, 165, 197
Frontinus, Prokonsul 217

Gagae 164
Gell, Sir William 138
Gjölbaschi-Trysa, Heroon 149, 179
Glaukos 66
Glaukos Kolpos 66
Gök Tepe, ›Himmelshügel‹ 40
Güllük Dağ (Solymos), Berg 197, 203
Gyges, König von Lydien 239

Hadrian, Kaiser 138, 195
Hadrianstor i. Antalya 196, 217
Halesos (Ales), Fluß 239, 245
Halikarnassos *siehe* Bodrum 23, 30-40, 47
Häfen 39, 43
Mausoleum 26, 34-39, 118
Friese 35, 37, 38, 42
Statuen 36
Palast des Mausolos 38
Salmakis-Quelle 32
Theater 40
Hekatomniden, Dynastie 23, 35, 37, 39, 81, 164
Hekatomnos 23
Herakleia am Latmos 11-16
Athena-Tempel 15
Byzantinische Festungen 16

Endymion, Heiligtum 14, 15
Klöster 11, 16
Rathaus 15
Stadtmauern 13, 14, 16
Herodot 30, 32, 66, 108, 245
Heroon
in Limyra 118, 165, 166, 174
in Xanthos 110-115
Herophile 240
Hıdırlık, Hügel bei Milâs 26
– Kulesı in Antalya 194
Hierapolis (Pamukkale) 212, 213, 214-228
antike Textilherstellung 228
Apollon, Tempel des 222
Domitianstor 217, 221
Heilige Quelle 222
Kolonnadenstraße 217, 221 f.
›Martyrium‹ des Apostels Philipp 221
Nekropole 217-221
Nymphäum 222
Palästra 224
Plutonium 222
Theater 224
Thermalquellen 214
Thermen 218, 224
Zeuxis, Flavius, Grab 217 f.
Hippokrates 45
Homer 9, 16, 30, 66, 77, 107, 123, 199
Hyssaldomus 23

Ialysos 47
Ibanollis 23
Idrieus 23
Ilias 107, 149, 199
Inan, Frau Professor Yale 192
Indos (Dalaman Çay), Fluß 63
Iobates 99, 199
Iphigeneia 204
Isparta 209, 212
Istanbul, Museum 111, 114
Izmir 212, 239, 241
Museum 244
Izraza, Grabmal in Tlos 101 f.

Johanniter-Orden 32, 35, 41, 74
Juvalılar, Dorf 166

Kadyanda 75
Kalkan, Bucht von 140
Kallimachos 133
Kamiros 47
Kanopus, Stern 48
Kapıkırı, Dorf 14, 15
Kara Ada, Insel 32, 40
Karaburun, Höhenzug, dort Grab mit Fresken 186
Karer 23, 30
Kaş (Antiphellos) 141-144
Bucht 141, 142
Lykische Nekropole 144
Reede von Sevedo 141
Sarkophag mit Inschrift 144
Theater 143, 144
Kastellorizo (Meïs), Insel 141 f.
Kastor 118
Kaunos 63
Kekrops 177
Kemer 96
Kentauren 37, 38
Keramischer Meerbusen 44-46, 61
Khäräi, Sohn des Harpagos 113-115
Kınık 103
Kirgöz Han 209
Kızılbel, Grab bei 185, 186
Kızıl Dağ, Bergstock über Bucht von Fethiye 63
– Kaya, Berg bei Nysa 263
Klaros 239-245

Altar des Apollon 244
Kultstatuen 242
Propyläen 241
Steinerner Thron 245
Tempel des Apollon Klarios 240-244
Tempel der Artemis 244
Knidos 47-59
Aphrodite-Statue des Praxiteles 48, 53, 55, 58
Apollon, triopischer; Heiligtum bei Knidos 47
Athena-Altar 54
Byzant. Kirchen 51, 55
Demeter-Heiligtum 57, 58
– Statue 58
Dorische Halle 48, 52
Handelshafen 50
Hellenist. u. röm. Häuser 56
Lage der Stadt 47-50
Löwen-Grab 58, 59, 118
Odeon 53
Stadtmauern 50
Tempel
der Aphrodite Euploia 48, 53
des Apollon Karneios 55
des Dionysos 51
korinthischer 53
Theater 51, 52
Trieren-Hafen 50, 55, 56
Versammlungshalle 55
Kolophon 239, 240, 244, 245
Tempel der Demeter Anteia 239
Konya 190
Korkuteli 186, 197, 209
Korydalla 164
Kos 45, 47, 54
Köyceğiz-See 61
Kragos-Gebirge (San Dağ) 9, 77, 78, 102
Krio, Kap 45, 48, 50
Ktesias 48
Kuşadası 239, 245, 247
Kyaneai 148

Labraynda 23, 26, 40
Lapithen 37
Laroche, Professor E. 79
Latmos (Beş Parmak Dağ), Gebirge 11, 12, 13, 14
Leleger 30
Leochares 35
Leto 78, 79, 82
– Statue in Klaros 242
Letoon 78-83
frühchristliches Kloster 82
hellenistische Säulenhalle 83
Nymphäum 82
Tempel A, 82
– B, Apollon-T. 79, 81
– C, Artemis-T. 81
Theater 83
›Trilingue‹, Inschriften-Stele 79, 81, 112, 164, 179, 199
Leukippos, Töchter des 118
Limyra 164-183
Akropolis 165, 168, 172-182
Befestigungen 179
Bischofspalast und Kirche 183
Caius Caesar, Grabbau 182
Chñtabura-Sarkophag 169, 172
Feueraltäre(?) 182
Heroon 118, 165, 166, 174
Karyatiden 175, 177
Nekropolen 165, 168f., 179
Stadtmauer, römische 169
Theater, römisches 169, 182
Limyros, Fluß 164, 169, 182f.
Lindos 47
Love, Dr. Iris C. 51, 53, 55, 57, 58

Löwengrab bei Knidos 58f., 118
in Xanthos 124, 125
Lykier 66, 78, 136
Lykische Grabbauten, Typen der, 67-71
Lykos, Sohn des Pandonion 66
Lykos, Fluß 213, 214, 224, 230
Lysimachos 14, 239

Mäander-Tal 11, 12, 16, 230
Makri 66; *siehe auch* Fethiye
Manlius Vulso, Cnaeus 210
Mansel, Professor Arif Müfid 192
Manto 240
Massikytos (Ak-Dağ), Bergkette 76, 92, 93, 96, 146
Mausoleum von Halikarnass 26, 34-39, 41, 42, 118
Mausolos 11, 14, 23, 26, 30, 32, 34, 36, 39, 40, 79, 81
Meğre Ada, Insel 75
Meïs, Insel *siehe* Kastellorizo
Merehi, Grab in Xanthos 131, 132
Mesogis-Massiv 230, 234, 236
Metzger, Professor H. 78, 79
Milâs (Mylasa) 18, 23-29
Baltalı Kapı 26
Gümüşkesen 26, 28
Han 28, 29
Tempel
von Augustus und Roma 26
des Zeus Karios 23
Milyas 185
Minara, Dorf 84, 93
Mindis 123
Minos 169, 172
Mopsos 240
Muğla 60, 61
Müsgebi 42
Mykale, Halbinsel 247
Mylasa *siehe* Milâs
Myndos 30
Myra *siehe* Demre
Myros, Fluß, *siehe* Demre Çay

Nereidenmonument in Xanthos 70, 71, 116-123, 124, 125, 172, 179
Newton, C.T. 35, 36, 48, 51, 53, 55, 58
Niemann, Georg 66
Nikolaos, Heiliger, 154
Niobiden, Relief in Hierapolis 224
Nisyros, Insel 54
Notion 239, 241, 245-247
Athena Polias, Tempel 246
Bouleuterion 246
Hafen 246
Stadtmauer 246, 247
Theater 247
Nymphäum
in Hierapolis 222
im Letoon 82
Nysa ad Maeandrum 230-238
Agora 235, 236
Bibliothek 235
Brücken 234
Gerontikon 235, 236
Gymnasion 235
›leimōn‹ 236, 238
Nekropole 238
Tekkeçidere, Bach 234
Theater 230-234
Thermen 235

Odeon
in Knidos 53
in Termessos 203
Odyssee 149
Oinoanda 75

Oliatos 23
Olympos, Ruinen von 192
Oreithyia, Töchter der 118
Osbaras, Säulenhalle des O. in Termessos 205
Ostotheken 182, 207
Ovid 82
Özoral, Tanju 190

Pamphylien 187, 209, 240
  Ebene von P. 187, 188
Pamukkale *siehe* Hierapolis
Parameridia 130
Pars, William 26
Patara 135-139, 140, 143
  Apollon
  – Patroos, Tempel 136
  – Orakel 136
  Korinthischer Tempel 138
  Kornspeicher 138
  Lykische Sarkophage 136
  Röm. Triumphbogen 136
  Theater 137, 138
  Thermen 138, 139
Paulus, Apostel 138
Payava, Grab des 125-130
Pegasos 99, 149, 186
Perdikkas 208
Perge 192
Perikle, König 123, 164, 166, 169, 182
Persepolis
  Apadana 112
  Achämeniden-Palast 115
Perseus 178, 179
– und Medusa 178
Persische Satrapen 126
  Aufstand 81, 130, 164
  Beziehungen lykischer Dynasten zu 164
Pfeilergrab in Xanthos 125
Phaselis 164, 192
Phoinikos 164, *siehe* Finike
Pinara 78, 84-92, 93, 98
  Akropolis 85
  Gräber 85-92, 179
  Theater 86
Pisidier 197, 208, 210
Pixodares 79, 81, 164, 179
Platon 169
Pleistarch 14
Plinius 133, 240
Plutonium in Hierapolis 222
  in Acharaka 238
Polydeukes 118
Polygnot 47
Praxiteles 48, 53, 55, 58, 59
Priene, Rathaus 246
Proïtos 99
Pseudo-Lucian 53
Pytheos, Baumeister 35
Pythische Wettkämpfe 47

Radt, Dr. W. 30
Revett, Nicholas 26
Rhadamantys 169, 172
Rhodos 39, 47, 50, 54
Rhyton 122, 177

Sagalassos *siehe* Ağlasun
Şakir, Cevat 44
Samos 32, 247
San Dağ *siehe* Kragos
St. Peter, Kastell in Bodrum 32, 41-43
Sardis 130
Sarpedon 66, 77, 100, 107
Satyros, Baumeister 35
Schönborn, J. A. 149, 197
Selene 14
Seleukos 14
Selimiye, Dorf 18
Semayük, Dorf 186
Septimius Severus, Kaiser 224

Serdaroğlu, Dr. Ümit 18
Sevedo, Reede von 141
Skopas 35
Solymer 199
Solymos (Güllük Dağ), Berg 197, 203
Sostratos 48, 52
Spratt,T. 86, 93, 101, 165, 197
Stark, Freya 187, 192
Strabon 9, 30, 55, 192, 199, 222, 230, 234-238
Stratonikeia (Eskihissar) 60, 61
Sura 151
Susa, Achämeniden-Palast 115
Susuz Dağ 146
Syangela 30
Syme, Golf von 54, 58

Tachdatschi, Volksstamm 184
Tacitus 240, 244
Taurusgebirge 188
Tell Halaf 177
Telmessos *siehe* Fethiye
Termessos 123, 187, 192, 197-208, 210, 212
  Agora 204, 205
  Grab des Alketas 205-208
  Grabmonument, Heroon? 205
  Gymnasion 200
  Hellen. Mauerzug nahe von T. 187
  Nekropolen 208
  Odeon 203
  Propylon 199
  Säulenhalle
    des Attalos II. 205
    des Osbaras 205
  Stadtmauern 200
  Tempel
    des Zeus Solymeos 203 204
    der Artemis 204
  Theater 200, 203
Termilen 66
Texier, C. 157
Theater in
  Antiphellos (Kaş) 143, 144
  Halikarnassos 40
  Hierapolis 224
  Knidos 51, 52
  Letoon 83
  Limyra 169
  Notion 247
  Nysa 230-234
  Patara 137, 138
  Pinara 86
  Termessos 200, 203
  Tlos 101
Thurii 32
Tilos, Insel 54
Timotheos, Bildhauer 35
Tlos 93-102, 185
  Akropolis 96-100
  Grab des Bellorophon 99
    des Izraza 101, 102
  Lykische Felsgräber 98, 99
  Lykische Stadt und Stadtmauer 96, 98
  Römische Stadt und Stadtmauer 100, 101
  Theater 101
Toçak Dağ Massiv 164, 165, 179
Trajan, Kaiser 138, 196
Trieren-Hafen in Knidos 50, 56
›Trilingue‹, Inschriften-Stele *siehe* Letoon
Trysa 149, 179
Turunkova 166

Vespasian, Kaiser 139
Vitruv 30, 32, 35, 36

Wurster, Dr. Wolfgang 96, 179

Xanthos 103-134
Ehrenbogen des Vespasian 107
Felsgräber 125, 132
Frühchristl. Kirchen 133, 134
Grab des Payava 125-130
des Merehi 131, 132
Harpyiengrab 108, 110, 118, 125
Heroa 111, 112
Inschriftenpfeiler (Grab des Khäräi) 112, 115
Löwengrab 124
Lykische Akropolis 107-115
Nereidenmonument 71, 116-123, 124, 125, 172, 179
Pfeilergrab 125

Die Stammeslandschaften Kleinasiens

›Römische Akropolis‹
124-127
Sarkophag auf Unterbau 111
der Tänzerinnen 132, 133
Theater 111
Xanthos-Tal 76-140 passim
Xenophon 130

Yaila 135, 173, 187
Yan Dağ 212
Yavu, Dorf 148
Yürüken 149, 173, 174

Zeus
– Karios 23
– Labrayndos 26
– Lepsynos 20
– Solymeus 199, 203, 204

Lykien
BUBON
OINOANDA
ARAXAS
Üzümlü
KADYANDA
Kirdüve Gölü
Kemer
TELMESSOS
Fethiye (Makri)
TLOS
Antikragos
1975
Baba Dağ
Düver
Massikytos
3024
Ak Dağ
PINARA
Minara
XANTHOS
Eşen (Kestep)
Chimaira-
Schlucht
Kragos
1023
San Dağ
Dumanlı Dağ
XANTHOS
Kınık
LETOON
Ova Gölü
PATARA
Kalkan
ANTIPHELLOS
Kaş
ÇATAL ADA
KYANEAI
Yavu
REEDE VON SEVEDO
RHO
KASTELLORIZO
(MEIS) (MEGISTE)
M I T T E

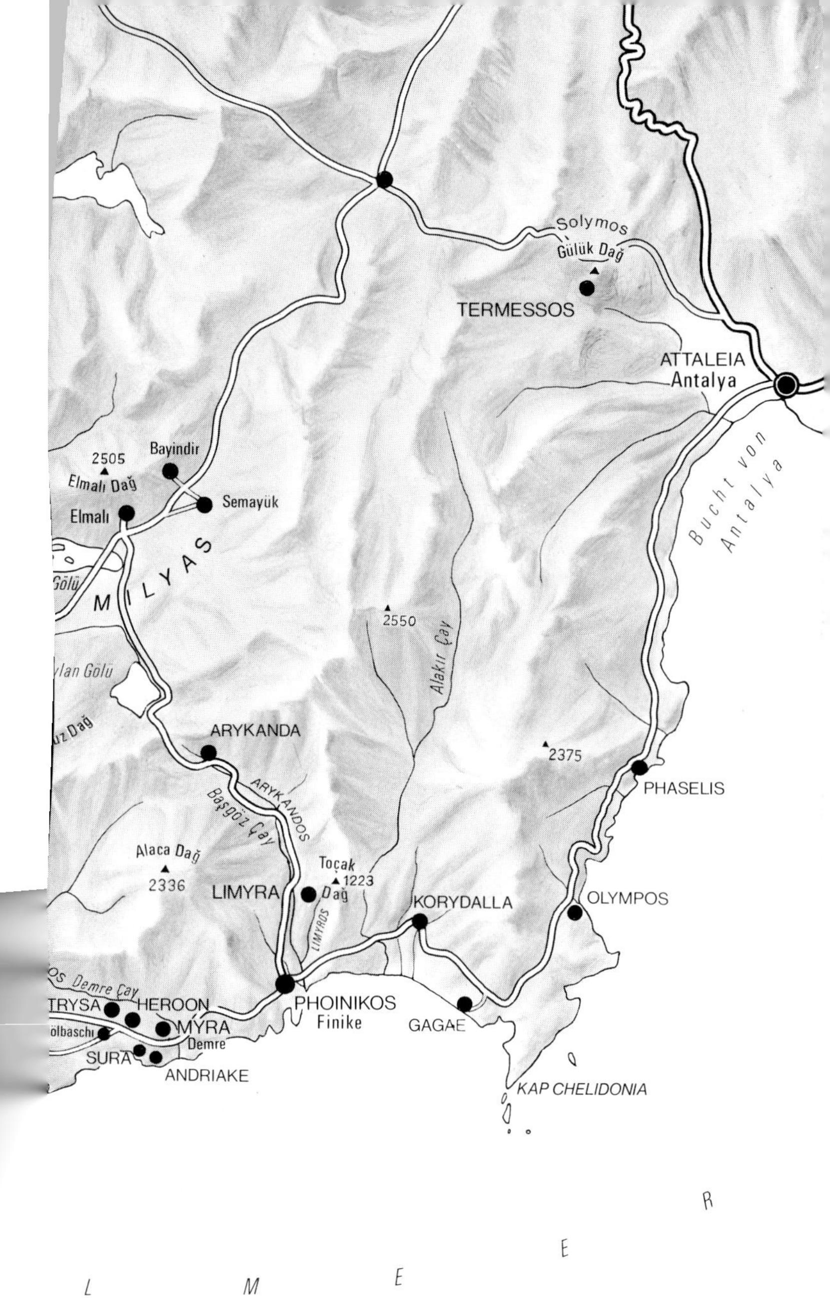

Solymos
Gülük Dağ
TERMESSOS
ATTALEIA
Antalya
Bucht von
Antalya
2505
Bayindir
Elmalı Dağ
Semayük
Elmalı
MILYAS
Gölü
2550
Alakır Çay
ylan Gölü
uz Dağ
ARYKANDA
2375
PHASELIS
ARYKANDOS
Başgöz Çay
Alaca Dağ
2336
Toçak
1223
Dağ
LIMYRA
KORYDALLA
OLYMPOS
LIMYROS
os Demre Çay
TRYSA
HEROON
PHOINIKOS
Finike
GAGAE
MYRA
ölbaschı
Demre
SURA
ANDRIAKE
KAP CHELIDONIA
L
M
E
E
R